MARTIN LUIK

DER SCHWIERIGE WEG ZUR WELTMACHT
ROMS EROBERUNG DER IBERISCHEN HALBINSEL 218–19 V. CHR.

SONDERBÄNDE DER ANTIKEN WELT

Zaberns Bildbände zur Archäologie

VERLAG PHILIPP VON ZABERN · MAINZ AM RHEIN

MARTIN LUIK

Der schwierige Weg zur Weltmacht

ROMS EROBERUNG DER IBERISCHEN HALBINSEL 218–19 V. CHR.

VERLAG PHILIPP VON ZABERN · MAINZ AM RHEIN

IV, 117 Seiten mit 86 Farb-, 38 Schwarzweiß- und 35 Strichabbildungen

Umschlag vorne: Theater von Clunia, Prov. Burgos, wohl 1. Hälfte 1. Jh. n. Chr. (Photo R. Asmus); bronzener Porträtkopf aus Azaila, Prov. Teruel, um 30 v. Chr. Madrid, Museo Arqueológico Nacional. (aus W. Trillmich u. a. [Hrsg.], Denkmäler der Römerzeit. Hispania Antiqua [1993] Taf. 35; Photo G. Fittschen-Badura)

Umschlag hinten: Gefäße aus dem Schatzfund von Tivisa, Prov. Tarragona (vgl. S. 16, Abb. 15).

Vorsatz vorne: Alcántara, Brücke über den Tagus/Tajo, trajanische Zeit. (Photo M. Luik)

Vorsatz hinten: Astorga, Blick auf die im Kern spätrömische Stadtmauer. Im Hintergrund der neugotische Bischofspalast des katalanischen Stararchitekten Antoni Gaudí (erbaut 1889–1913). (Photo M. Luik)

Frontispiz: Ehrenbogen von Barà, Prov. Tarragona, aus der frühen Kaiserzeit; mit trajanischer Inschrift. (aus W. Trillmich u. a. [Hrsg.], Denkmäler der Römerzeit. Hispania Antiqua [1993] Taf. 97; Photo R. Friedrich)

Bibliographische Information der Deutschen Bibliothek

Die Deutsche Bibliothek verzeichnet diese Publikation
in der Deutschen Nationalbibliographie; detaillierte bibliographische Daten
sind im Internet über <*http://dnb.ddb.de*> abrufbar.

© 2005 by Verlag Philipp von Zabern, Mainz am Rhein
ISBN 3-8053-3471-0
Gestaltung: Ilka Schmidt, Verlag Philipp von Zabern, Mainz
Redaktion: Gerhild Klose, Annette Nünnerich-Asmus, Sarah Ruth Stehmeier, Verlag Philipp von Zabern, Mainz
Alle Rechte, insbesondere das der Übersetzung in fremde Sprachen, vorbehalten.
Ohne ausdrückliche Genehmigung des Verlages ist es auch nicht gestattet, dieses Buch oder Teile daraus
auf photomechanischem Wege (Photokopie, Mikrokopie) zu vervielfältigen oder unter Verwendung
elektronischer Systeme zu verarbeiten und zu verbreiten.
Printed on fade resistant and archival quality paper (PH 7 neutral) · tcf

INHALT

VORWORT	3
DIE QUELLEN	4
PHÖNIZIER – IBERER – GRIECHEN – KELTEN– KELTIBERER – RÖMER Die historische Entwicklung bis um die Mitte des 3. Jhs. v. Chr.	6
Gründung der Stadt Karthago	9
Griechische Handelsstützpunkte	11
Die iberischen Stämme	13
Widerstand der Keltiberer	16
2. PUNISCHER KRIEG	19
Eroberungen des Hamilkar Barkas	20
Die Feldzüge unter Hasdrubal	21
Hannibal, Sohn des Hamilkar Barkas	21
Ausbruch des 2. Punischen Krieges	23
Römischer Zugriff auf die Iberische Halbinsel	24
Niederlage der Scipionen	25
Der Aufstieg des P. Cornelius Scipio	27
Die Eroberung von Carthago Nova	28
Der Tod des Hasdrubal	31
Gegenwehr Karthagos	31
Unterwerfung Südspaniens	34
DAS 2. JAHRHUNDERT V. CHR.	36
Organisation der Provinz Hispania	36
Einnahmen aus der Provinz	37
Erhebungen in der Bevölkerung	38
Der spanische Feldzug des M. Porcius Cato	39
Unterwerfung des Landesinneren	41
Römische Militäranlagen in Aguilar de Anguita, Alpanseque und Renieblas	42
Catos Triumph	43
Die Auseinandersetzung der Jahre 195–178 v. Chr.	44
Erster keltiberischer Krieg (193–178 v. Chr.)	44
Erneute Verstärkung der römischen Truppen	46
Friedensvertrag im Jahre 179 v. Chr.	48
Konflikt im Süden	49
Zweiter keltiberischer Krieg (154–150 v. Chr.)	51
dies atri – «Schwarze Tage»	53
Scheitern des Nobilior vor Numantia	56
Unter dem Kommando des M. Claudius Marcellus	58
Lange Kriegsjahre bis zur Eroberung von Numantia	60
Viriatus-Kriege 148–139 v. Chr.	64
Die Führerschaft des Viriatus	66
Friedensabkommen mit Viriatus und dessen Ende	69
Die Unternehmung des Decimus Iunius Brutus in Nordportugal und Galicien 138–136 v. Chr.	71
Dritter keltiberischer Krieg (143–133 v. Chr.)	72
Belagerung von Numantia	74
Übernahme des Oberbefehls durch P. Cornelius Scipio Aemilianus	76
Die Jahrzehnte nach 133 v. Chr.	81
DAS 1. JAHRHUNDERT V. CHR. – BÜRGERKRIEGE UND DIE EROBERUNG DES NORDENS	83
Der Aufstand des Sertorius 82–72 v. Chr.	84
Cn. Pompeius in Spanien	89
Sertorius in der Defensive	92
Die Jahre 75/74 v. Chr. und der Sieg über Sertorius	101
Die Statthalterschaft Caesars in Hispania ulterior	103
Der Bürgerkrieg in Rom und seine Auswirkungen	106
Die Unterwerfung des Nordens (29–19 v. Chr.)	107
Verwaltungsreformen des Augustus	110
Die Anfänge der Romanisierung	111
ZUSAMMENFASSUNG	114
ANHANG	115

VORWORT

Der vorliegende Band behandelt die römische Eroberung der Iberischen Halbinsel (218–19 v. Chr.). Für kein anderes Gebiet rund um das gesamte Mittelmeer hat Rom einen ähnlich langen Zeitraum bis zur vollständigen Unterwerfung benötigt. Ausführlich wird den Gründen für diesen höchst auffälligen historischen Prozeß nachgegangen. Ebenso soll aufgezeigt werden, welch schmerzhafte Erfahrungen für Rom diese Okkupationsgeschichte mit sich brachte. Die in Hispanien errungenen Triumphe und Siege, aber auch die damit verbundenen herben Rückschläge und Niederlagen übten nicht zuletzt großen Einfluß auf die gesellschaftliche Entwicklung bis zum Untergang der römischen Republik aus.

Auch auf diesen Erfahrungen aufbauend, tritt dann später nördlich der Alpen das Rom der Kaiserzeit als imperiale Weltmacht auf, die über nahezu perfekt entwickelte Herrschaftsinstrumente verfügte, mitsamt allen zwangsläufig damit verbundenen ideologischen Ansprüchen. Der vorliegende Band möchte einige wichtige Stationen auf dem Weg dorthin aufzeigen. Zu diesem Zweck stehen für Hispanien reiche literarische Quellen zur Verfügung, die ahnen lassen, welche Verluste auf diesem Gebiet für andere Regionen des Imperium Romanum (z. B. Germanien) zu beklagen sind.

Hinzu kommen die wichtigsten Forschungsergebnisse der Provinzialrömischen Archäologie, der Klassischen Archäologie und der Vor- und Frühgeschichte. Gerade im Bereich der verschiedenen archäologischen Fachdisziplinen sind in den nächsten Jahren weitere wichtige Erkenntnisse zu erwarten.

Die Erstellung des vorliegenden Bandes geht auf eine Idee der Geschäftsführerin des Verlages Philipp von Zabern, A. Nünnerich-Asmus, zurück, der ich auch für zahlreiche freundliche Hinweise zu danken habe. In diesen Dank schließe ich auch die sorgfältige Redaktion durch die Mitarbeiter des Verlagshauses ein.

Bei der Vorbereitung des Bandes haben mich zahlreiche Kolleginnen und Kollegen durch weitere Hinweise, durch Ratschläge und die Überlassung von Bildmaterial unterstützt. Besonders erwähnen möchte ich M. Blech (Madrid) und K. Strobel (Klagenfurt), die sich beide der Mühe einer kritischen Durchsicht des Textes unterzogen haben. Die Fachbibliotheken der Abteilung Madrid und der Römisch-Germanischen Kommission des Deutschen Archäologischen Instituts haben die Entstehung des Bandes durch großzügig gewährte Arbeitsmöglichkeiten, freundliche Auskünfte und durch Bildmaterial sowie Photokopien gefördert.

Martin Luik
Im Mai 2005

DIE QUELLEN

Die schriftlichen Quellen zur römischen Geschichte der Pyrenäenhalbinsel hat bereits Adolf Schulten systematisch gesammelt und vorgelegt. Auf seinen Vorarbeiten bauen alle jüngeren Textausgaben auf, ebenso wie die vielen historischen Übersichten und Einzelstudien, deren Anzahl in den vergangenen Jahrzehnten sprunghaft angestiegen ist. Insgesamt gesehen liegt für die Zeit der römischen Republik eine umfangreiche schriftliche Überlieferung vor, wenn auch von durchaus unterschiedlichem Aussagewert. Die archäologischen Quellen sprudeln für die Zeit vor Christus bisher eher zaghaft, gleichwohl sie für eine solide Gesamtschau immer unverzichtbarer werden. Für die römische Kaiserzeit überwiegen sie dann bei weitem.

Es ist bedauerlich, daß lediglich historische Werke der siegreichen römischen Seite erhalten geblieben sind, was fraglos beträchtliche Auswirkungen sowohl auf die Rekonstruktion der Ereignisse, als auch auf deren Einordnung in übergeordnete historische Zusammenhänge hat. Nachweislich haben Geschichtswerke der Karthager existiert, die hauptsächlich in Punisch verfaßt waren, deren Übertragung in das Griechische, der einzigen Literatursprache jener Zeit, man jedoch anscheinend nicht für notwendig erachtet hat. Das Desinteresse der römischen Seite zeigte sich auch darin, daß man die bei der Eroberung Karthagos 146 v. Chr. erbeuteten Bücher nicht nach Rom überführte, sondern an das numidische Königshaus weiterverschenkt hat. Dort verliert sich ihre Spur.

Ungefähr gleichzeitig mit dem Beginn des römischen Engagements auf der Pyrenäenhalbinsel erwachte gegen Ende des 3. Jhs. v. Chr. in Rom auch das Interesse an einer eigenständigen Historiographie. Es war eine Zeit der andauernden Konfrontation mit den hellenistischen Staaten des östlichen Mittelmeers, die fast alle auf eine längere und viel ruhmreichere Geschichte zurückblicken konnten als der Emporkömmling Rom, der sich gerade eben erst anschickte, Bestandteil der «zivilisierten» (griechischen) Welt zu werden.

Von großer Wichtigkeit ist zunächst das Geschichtswerk des M. Porcius Cato (234–149 v. Chr.), die *Origines*. Eine Urgeschichte Roms und der italischen Stämme, die in lateinischer Sprache niedergeschrieben wurde. Einen viel größeren Namen machte sich Cato als Politiker, von dessen Tätigkeit auf der Iberischen Halbinsel 195 v. Chr. später ausführlich die Rede sein wird (s. S. 39 ff.). Die wenigen erhalten gebliebenen Textfragmente zeigen, daß Cato ganz dem Vorbild der griechischen Geschichtsschreibung folgte, indem er den historischen Stoff nach übergeordneten Gesichtspunkten gliederte und darin geographische, kulturgeschichtliche und völkerkundliche Exkurse einbaute.

Für unsere Kenntnisse des 3. und 2. Jhs. v. Chr. unverzichtbar ist das zeitgenössische Geschichtswerk des Polybios (um 200–120 v. Chr.), eines ranghohen Griechen aus vornehmer Familie, der zunächst als Oberbefehlshaber der Reitertruppen des Achäischen Bundes im 3. Makedonischen Krieg gegen die Römer kämpfte. Nach Beendigung der Auseinandersetzungen 167 v. Chr. gelangte er als Geisel nach Rom, wo er in den folgenden Jahren die Freundschaft des jungen P. Cornelius Scipio Aemilianus für sich gewinnen konnte. Diesem diente er danach als militärischer Berater, vor allem während des 3. Punischen Krieges gegen Karthago (149–146 v. Chr.). An die Arbeitsweise des Historikers stellte Polybios höchste Ansprüche, die auch einem modernen Vertreter dieser Zunft alle Ehre machen würden. Seine Forderungen umfaßten ein ausgiebiges, sorgfältiges und kritisches Studium der Quellen unter Berücksichtigung amtlicher Schriftstücke, außerdem die Aneignung gründlicher geographischer und topographischer Kenntnisse, die Befragung von Zeitzeugen und schließlich persönliche Erfahrungen in der Politik. Über letztere verfügte er in reichem Maße, was ihn zu einer persönlich beteiligten Figur der Zeitgeschichte werden ließ. Trotz aller immer wieder spürbaren Bewunderung bewahrte er sich dennoch stets eine gewisse Distanz zu Rom. Die Annexion Sardiniens 238 v. Chr. bezeichnete er offen als klaren Vertragsbruch. Sein Hauptwerk, die *Historien*, umfaßte vierzig Bücher, von denen die ersten fünf, die den Zeitraum von 264–216 v. Chr. behandeln, vollständig, die übrigen (Bücher 6–40) in Form von Fragmenten und Exzerpten erhalten geblieben sind. Wegen ihrer methodischen Abgeklärtheit stellen die Historien des Polybios sicherlich die bedeutendste hellenistische Universalgeschichte in griechischer Sprache dar. In hohem Alter schrieb Polybios außerdem eine Abhandlung über den Krieg gegen Numantia, die nicht erhalten geblieben ist.

Der Historiker Diodor (Diodorus Siculus) wurde um 90 v. Chr. in Agyrion, dem heutigen Agira/Sizilien geboren und lebte längere Zeit in Rom, wo er unter anderem intensive Quellenstudien betrieb. Ausgedehnte Reisen führten ihn durch ganz Europa bis nach Vorderasien. Die von ihm verfaßte Universalgeschichte von den Anfängen bis zu seiner Zeit, an der er nach eigenen Angaben 30 Jahre lang arbeitete, und die ursprünglich aus 40 Büchern bestand, wurde lange Zeit viel zu negativ beurteilt. Man folgte einer ungerechten Beurteilung durch Theodor Mommsen, der das Werk Diodors als bloße Aneinanderreihung der verschiedensten Quellen ohne eigenständige literarische Leistung betrachtete.

Von dem Schriftsteller Livius (um 59 v. – 17 n. Chr.) aus Patavium/Padua stammt *ab urbe condita*, eines der bedeutendsten lateinischen Geschichtswerke. Es reichte in 142 Büchern bis zur Niederlage des Varus in Germanien 9 n. Chr. Zwei größere Teile, die Bücher 1–10 (bis zum Jahre 293 v. Chr.) und die Bücher 21–45 (218–167 v. Chr.) sind vollständig erhalten. Außerdem existieren mehrere größere und kleinere Textfragmente. Unter diesen befindet sich ein besonders wichtiges aus dem Buch 91, das den Aufstand des Sertorius behandelt. Den Inhalt der übrigen Bücher kennt man aus Zusammenfassungen, die in der Spätantike für ein literarisch nur wenig gebildetes Publikum verfaßt wurden.

Der Autor Livius verkörpert in geradezu klassischer Weise den Schreibtischgelehrten ohne eigene militärische oder politische Erfahrung. Er selbst verfügte über eher bescheidene geographische Kenntnisse, und war daher in starkem Maße von den Quellen abhängig, deren Fehler und Irrtümer, aber auch offensichtliche Verfälschungen nahezu kritiklos von ihm übernommen worden sind. Die Geschichte verstand er als Summe von Einzelschicksalen, die für die Bewältigung der Gegenwart genauso nachahmenswerte wie abschreckende Exempla liefert. Die Verklärung der Frühzeit kontrastierte er mit dem kontinuierlichen moralischen Niedergang bis zur Gegenwart und mahnte zur Rückbesinnung auf die alten Tugenden, die Rom groß gemacht hätten. Der Quellenwert des Geschichtswerks des Livius, sowohl auf schriftstellerischem Gebiet als auch in historischer Weise, ist in der Forschung umstritten. Gleichwohl hat es eine beträchtliche Wirkung erzielt und unser heutiges Bild von der Antike entscheidend mitgeprägt.

«Ich bin Appianos von Alexandria, der in seiner Heimat die höchsten Stellen erreicht hatte und in Rom in Prozessen vor den Kaisern aufgetreten ist, bis sie ihn für würdig fanden, ihr *procurator* zu werden» (Übers. O. Veh). Der Ägypter Appian (um 90 – nach 160 n. Chr.) verfaßte zahlreiche Werke, die nach einem ungewöhnlichen Gliederungsprinzip aufgebaut sind. Er verfolgt die Geschichte einzelner Völker bzw. Landschaften vom Beginn ihrer ersten Kontakte mit den Römern bis zur Eingliederung in das römische Weltreich. Die *Iberiké* ist für die Darstellung der Geschichte der Pyrenäenhalbinsel von allergrößter Wichtigkeit. Auch Appian wurde lange Zeit v. a. wegen seiner weitgehend unkritischen Übernahme seiner Vorlagen eher ablehnend beurteilt. Neuere Arbeiten zeigen nachdrücklich, daß er stärkere Beachtung verdient hat.

Wichtige Informationen über verschiedene Persönlichkeiten, die an den Ereignissen in Hispanien beteiligt waren, wie der bereits erwähnte Cato, außerdem Marius, Sertorius, Pompeius und Caesar sind in den vergleichenden Lebensbeschreibungen berühmter Griechen und Römer zu finden, die aus der Feder von L. Mestrios Plutarchos aus Chaironeia/Böotien (um 45 – nach 120 n. Chr.) stammen. Plutarch war ein hoch gebildeter Autor, der sein Quellenmaterial in den führenden Bibliotheken der damaligen Zeit (z. B. Alexandria) zusammentrug und unter Trajan und Hadrian höchste Würdenämter bekleidete. Die letzten 20 Jahre seines Lebens verbrachte er als Priester des Orakelheiligtums des Apollon in Delphi.

Ein Mann der Tat war schließlich auch Claudius Cassius Dio, genannt Cocceianus (um 150–235 n. Chr.). Vermutlich stammte er aus Nikaia, dem heutigen Iznik/Türkei. Unter den Kaisern des severischen Herrscherhauses bekleidete er zahlreiche hohe Staatsämter, unter anderem als Statthalter mehrerer Provinzen (Africa, Dalmatia, Pannonia superior). Im Jahre 229 n. Chr. wurde ihm sogar die besondere Ehre des zweiten Konsulats zuteil; erhöht wurde diese Ehrung dadurch, daß er dieses Amt gemeinsam mit dem Kaiser Severus Alexander bekleiden durfte. Cassius Dio schrieb eine aus 80 Büchern bestehende römische Geschichte von den Anfängen bis zum Jahr 229 n. Chr. Die Bücher 36–60, in denen der Zeitraum von 69 v. – 46 n. Chr. behandelt wird, sind – wenn auch mit einigen Lücken – erhalten. Von den heute verloren gegangenen, viel umfangreicheren Teilen des Geschichtswerkes liegen Auszüge vor, die in byzantinischer Zeit (11./12. Jh.) angefertigt wurden. Dem Werk Cassius Dios kommt nicht zuletzt deshalb großer Quellenwert zu, da es sich für manche Zeitabschnitte um die einzige überlieferte Darstellung aus der Antike handelt. Cassius Dio wendet sich vorzugsweise an seine Standesgenossen, die Mitglieder der senatorischen Oberschicht. Nach seiner Ansicht vermag die Untersuchung der Vergangenheit Hilfestellungen für die Aufgaben der Zukunft zu geben.

Abb. 1 Landschaftsaufnahme bei Ullastret. Blick nach Südosten in das Tal des Daró.

PHÖNIZIER – IBERER – GRIECHEN – KELTEN– KELTIBERER – RÖMER

Die historische Entwicklung bis um die Mitte des 3. Jhs. v. Chr.

«…Zwei Jahrhunderte lang wurde dort mit soviel Blutvergießen auf beiden Seiten gekämpft, und es kam so weit, daß Roms Herrschaft durch den Verlust von römischen Feldherrn und Armeen häufig Schmach erlitt, ja bisweilen sogar in Gefahr geriet.»
(Vell. Pat. II 90,2; Übers. M. Giebel)

Als Rom seine Aufmerksamkeit auf die Iberische Halbinsel (Abb. 1–4) lenkte, traf es dort eine bunte Mischung verschiedener Völkerschaften, Stämme und Gruppen an, die zum Teil große Unterschiede in ihrer sozialen und kulturellen Entwicklung aufwiesen. Der wichtigste Machtfaktor im Süden des Landes waren die Phönizier, von den Römern auch Punier genannt. Nach der gängigsten Erklärung geht diese Fremdbezeichnung auf die hochentwickelte Textilindustrie, vor allem bei der Herstellung von Purpurgewändern (*Phoinix* = roter Färbestoff), zurück. Die heutige – zumeist negativ geprägte – Einschätzung der Leistungen dieses semitischen Volkes beruht maßgeblich auf der jahrhundertealten Propaganda ihrer Gegner, der Griechen und der Römer. Diese entsprach jedoch kaum den tatsächlichen Verhältnissen. Bei den Römern, den heftigsten Konkurrenten um die Vorherrschaft im westlichen Mittelmeer, war die «*fides punica* – Punische (Un)treue» sprichwörtlich verbreitet, die gegnerischen Anführer (z. B. Hannibal) galten als besonders hinterhältig und grausam.

Anfangs handelte es sich bei dem Siedlungsgebiet der Phönizier um eine Reihe von Stadtstaaten (Arwad, Berytos, Byblos, Sidon, Tyros) entlang der heutigen libanesischen Küste, die unter wechselnder Vorherrschaft einzelner Städte (v. a. Tyros) vorrangig wirtschaftliche Ziele verfolgten. Zu diesem Zweck schloß man Verträge zur Absicherung des Warenabsatzes. Auf größere kriegerische Aktivitäten oder gar auf Eroberungen scheint man damals ganz verzichtet zu haben. Stattdessen benutzte man bereits vorhandene Häfen fremder Völker zur Einrichtung von Handelskontoren. Daneben erfolgte auch der Bau von eigenen Quartieren am Rande bereits bestehender Siedlungen. Erst später ist dann ein gelegentliches Vordringen in das Hinterland festzustellen.

Zu Beginn des 9. Jhs. und verstärkt während des 8. Jhs. v. Chr., erfolgte eine Auswanderung in das westliche Mittelmeer, die ge-

Abb. 2   Landschaftsaufnahme in der Nähe der römischen Goldbergwerke von Las Medulas.

radewegs Züge einer Kolonisationsbewegung trug (Abb. 5). Über die Beweggründe dafür ist schon viel gerätselt worden. Stellte dieser Drang nach Westen tatsächlich, so die häufigste Erklärung, den Versuch dar, dem immer größer werdenden Druck der Assyrer auszuweichen? Jedenfalls gelangten auf diese Weise quasi nebenbei heute so selbstverständliche Dinge wie der Ölbaum, der Esel oder das Haushuhn und grundlegende Kenntnisse von der Eisenmetallurgie bis in die westlichen Mittelmeerregionen.

Von Anfang an hing die besondere Faszination der Pyrenäenhalbinsel mit ihren reichen Vorkommen an Bodenschätzen (Gold, Silber, Zinn) zusammen, da die Phönizier ursprünglich aus einer rohstoffarmen Gegend stammten. Die ältesten phönizischen Siedlungen entstanden entlang der Südküste Spaniens und wurden typischerweise in windgeschützter Lage an Flußmündungen angelegt. An kleinen halbkreisförmigen Buchten, auf Halbinseln oder auf Inseln, die dem Festlandsockel unmittelbar vorgelagert waren, waren sie allseits, sowohl gegen Angriffe auf dem Seeweg als auch vom Hinterland, leicht zu verteidigen (Abb. 6). Erst systematischen archäologischen Forschungen der vergangenen Jahrzehnte v. a. durch das Deutsche Archäologische Institut ist es gelungen, die eminent wichtige kulturelle Bedeutung der phönizischen Gründungen an der Südküste (Provinzen Málaga, Granada, Almería) aufzuzeigen. Ein Thema, zu dem sich die Schriftsteller des Altertums ausschweigen. Man hat sich mittlerweile in der Forschung angewöhnt, in diesem Zusammenhang weniger von Kolonien, sondern mehr von «Faktoreien» zu sprechen, da es sich bei diesen Ansiedlungen in erster Linie um Handelsstützpunkte handelte, in denen gelegentlich auch Metallverarbeitung nachzuweisen ist. Um 800/775 v. Chr. sind die ältesten Gründungen Toscanos, Morro de Mezquitilla, Almuñécar u. a. anzusetzen. In mehreren Stufen wurde bis ca. 675 v. Chr. im Osten die Gegend von Alicante erreicht, so daß diese Stützpunkte schließlich entlang der Südküste aufgereiht lagen. Ein übergeordnetes Zentrum ist nicht klar erkennbar, auch wurden manche dieser Faktoreien schon nach wenigen Jahrzehnten wieder aufgegeben (Chorreras, Montilla). Die kulturelle Ausstrahlungskraft dieser Siedlungen auf die Iberer des Hinterlandes kann kaum hoch genug eingeschätzt werden, zumal auf die dort lebenden Oberschichten der Bevölkerung.

Demgegenüber verhielten sich die Dinge jenseits der Straße von Gibraltar, deren Passage seit jeher gefährliche Strömungsverhältnisse behinderten, ein wenig anders. Die größte Bedeutung kam dort stets der Koloniegründung von Gades (Cádiz) zu, der Legende nach angeblich schon 1104/1103 v. Chr. von Tyros aus angelegt. Durch diese Erzählung sollte die Bedeutung der Stadt mythisch überhöht werden. Archäologische Funde liegen seit dem 9./8. Jh. v. Chr. und dann verstärkt ab dem 6. Jh. v. Chr. vor (Abb. 7. 8). Bereits in der Frühzeit gedieh die Kolonie großartig, da sie als wichtiger Umschlagplatz für den Vertrieb von Metallen (Zinn, Silber) fungierte. Diese Bedeutung behielt die Stadt auch nach der Eingliederung in das Römische Reich bei. Das über die Flußsysteme von Guadalete und Guadalquivir gut zu erschließende Hinterland, das heutige Andalusien, war reich (Abb. 3); landwirtschaftliche Produkte, Wein, Öl, Getreide, dazu Fisch, Schafe und Rinder wurden im Austausch gegen phönizische Luxuswaren wie Gold- und Elfenbeinschmuck, Prunkwaffen und Feinkeramik auf dem Handelsweg bezogen. In der römischen Kaiserzeit wurde die Stadt wegen ihrer Größe und ihres Wohlstandes, ihrer florierenden Schiffswerften und der bedeutenden Fischindustrie gerühmt. Zumindest in augusteischer Zeit wies die Stadt nach dem Zeugnis Strabos noch das typische Gepräge einer karthagischen Handelsstadt auf. Obwohl bereits

Abb. 3   Landschaftsaufnahme von Andalusien. Gegend zwischen Córdoba und Carmona.

rund zweihundert Jahre unter römischer Oberherrschaft, hatte sie damals nur wenig vom charakteristischen Aussehen einer römischen Stadt übernommen.

Heute vermag man sich kaum noch eine Vorstellung von den topographischen Verhältnissen zu verschaffen, welche die Phönizier bei der Gründung der Stadt vorfanden. In der Zwischenzeit hat der in unmittelbarer Nähe der Stadt in den Atlantik mündende Guadalete die Meeresbucht fast vollständig aufgefüllt und so das Festland mit den Inseln verbunden, auf denen die Kolonie gegründet worden war. Erschwerend für archäologische Forschungen kommt hinzu, daß der Ort seit der Antike ununterbrochen besiedelt ist.

Mit Hilfe von Beschreibungen griechischer und römischer Schriftsteller und durch geologische Untersuchungen des Untergrundes läßt sich der damalige Geländezustand halbwegs zuverlässig rekonstruieren. Danach bestand zu dieser Zeit eine ungefähr Nord-Süd orientierte, lange und schmale Insel, die sich an beiden Enden verbreiterte und der im Westen eine Insel (Erytheia, auch Insel der Juno, das heutige Castillo de San Sebastián) vorgelagert war. Auf dieser erhob sich die tyrische Koloniegründung, während zwölf römische Meilen (18 km) davon entfernt auf dem östlichen Ende (Kotinousa) der weithin berühmte heilige Bezirk des Milkashtart/Melqart-Hercules lag, wo angeblich die sterblichen Überreste des Herakles/Hercules ihre letzte Ruhestätte gefunden hatten. Vom Aussehen dieses Heiligtums vermitteln die antiken Schriftsteller eine recht genaue Vorstellung. Danach war im eigentlichen Tempelbau, der ausschließlich von der Priesterschaft betreten werden durfte, semitischen Glaubensvorstellungen folgend kein Götterbild aufgestellt, was bei den griechischen und römischen Reiseschriftstellern immer wieder Erstaunen hervorrief. Die Hauptfront bildeten zwei große, 3 m hohe Bronzesäulen, die phönizische Inschriften trugen, in denen Angaben über die Gründungsgeschichte des Tempels und die Baukosten enthalten waren. Außer seinen religiösen Aufgaben kam dem Heiligtum des Melqart-Hercules aber auch eine große wirtschaftliche Funktion zu: Es erfüllte die Rolle eines Schatzhauses, wo die in Form von Schmuck oder auch Münzgeld abgelieferten Steuern und Abgaben aufbewahrt und von den Priestern verwaltet wurden. Zahlreiche wichtige Persönlichkeiten des Altertums haben das Heiligtum aufgesucht. Hannibal fand sich nach der Eroberung von Sagunt (219 v. Chr.) hier ein, ebenso

Abb. 4   Landschaftsaufnahme der Meseta in der Gegend von Valeria.

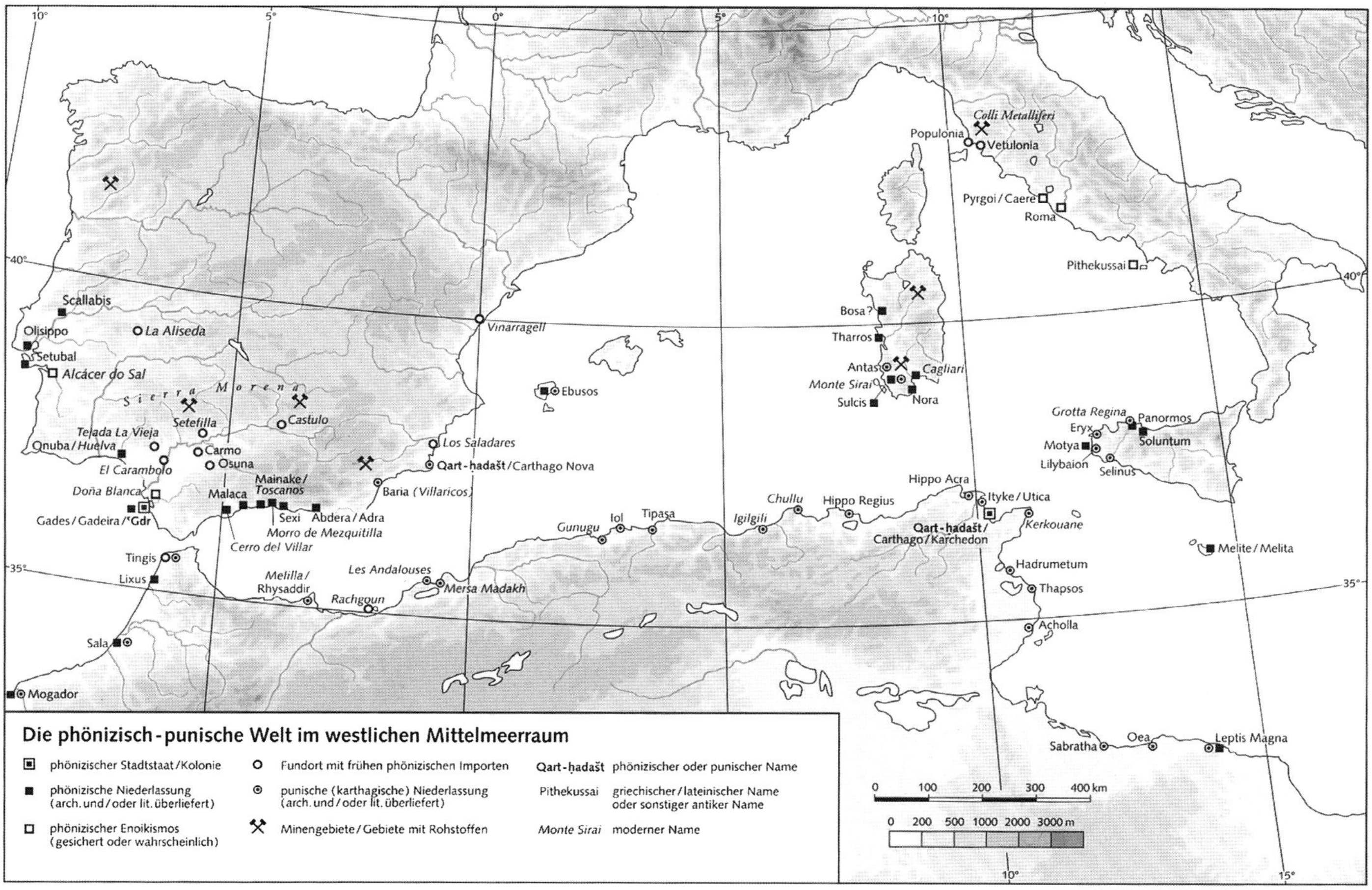

PHÖNIZIER – IBERER – GRIECHEN – KELTEN – KELTIBERER – RÖMER

Abb. 5 Die Karte veranschaulicht die verschiedenen Phasen der phönizisch/punischen Kolonisation des westlichen Mittelmeerraumes.

Fabius Maximus Aemilianus vor Beginn seines Feldzugs (145 v. Chr.) und Polybios. Möglicherweise weilte auch Pompeius hier. Am bekanntesten ist zweifellos der Besuch Caesars, der sich angeblich vor einer Statue Alexanders des Großen stehend darüber beklagt haben soll, daß er noch nichts Herausragendes geleistet habe in einem Alter, in dem Alexander bereits die Welt erobert hatte. Weiter berichten Sueton und Cassius Dio, daß Caesar in der folgenden Nacht einen rätselhaften Traum gehabt habe, der von den Traumdeutern als Versprechen künftiger großer Machtstellung ausgelegt wurde.

Trotz dieser herausragenden Position ist jedoch nicht zu erkennen, daß Gades zu irgendeinem Zeitpunkt eine Art Oberherrschaft über die anderen phönizischen Ansiedlungen im Süden ausgeübt hätte. Das Interesse der Phönizier an dieser Gegend am Ende der bekannten Welt war groß, nicht zuletzt wegen der reichen Bodenschätze im Nordwesten der Halbinsel. Ein Interesse, das sich bald auf die Römer übertragen sollte. Nach Süden hin reichte ihr Einflußgebiet bis in den Norden von Marokko.

Gründung der Stadt Karthago

Im Vergleich mit Gades/Cádiz wurde das später so eminent wichtige Karthago erst relativ spät gegründet (814/13 v. Chr.). Als das phönizische Mutterland zunächst von den Persern, dann von Alexander dem Großen (Einnahme von Tyros 332 v. Chr.) unterworfen wurde, entwickelte sich die Stadt zu einem der wichtigsten Machtfaktoren des gesamten Mittelmeerraumes und behielt diese Stellung über lange Zeit bei. Die Beurteilung wird allerdings ganz erheblich dadurch erschwert, daß die Überlieferungslage beträchtliche Lücken aufweist; Karthago hat immer nur dann das Interesse der Schriftsteller des Klassischen Altertums gefunden, wenn es zum Ausbruch von militärischen Konflikten mit Griechen oder Römern kam, wodurch andererseits manche Verzerrung und Entstellung verständlich wird.

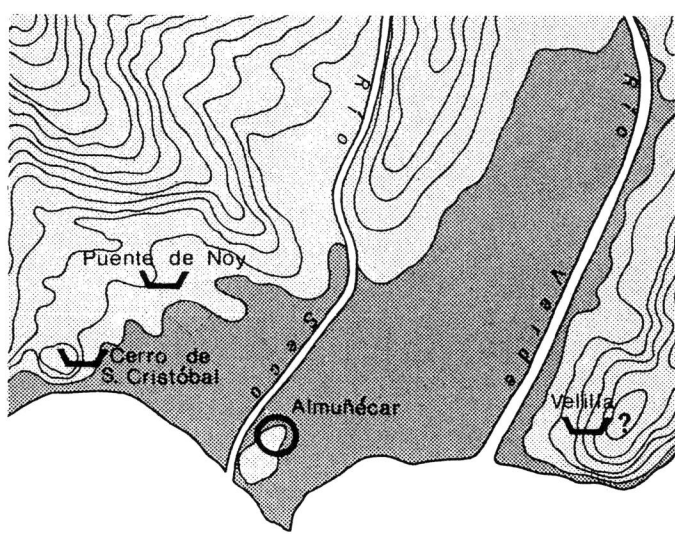

Abb. 6 Landschaftsbild und Lage der Handelsstationen zur Zeit der phönizischen Kolonisation.

Abb. 7   Blick auf Cádiz von Südwesten.

Schließlich war die Stadt Karthago eine der größten Metropolen des Mittelmeers, mit einem blühenden wirtschaftlichen Leben, sowohl als Produktionsstandort, an dem sich zahlreiche Handwerks- und Gewerbearten nachweisen lassen, wie auch als pulsierendes Handelszentrum. Historisch von eminenter Bedeutung ist der grundlegende Wandel weg vom Stadtstaat – der zwar aufgrund von Handelsinteressen über hervorragende Seeleute verfügte, anfangs jedoch jahrzehntelang Tribute an das Hinterland zu entrichten hatte – hin zur afrikanischen Territorialmacht mit einem ausgeprägten Streben nach militärisch-politischer Vorherrschaft. Lange Zeit war auch das Landheer ein buntes Gemisch, das sich aus den verschiedensten Völkerschaften zusammensetzte, die rund um das westliche Mittelmeer lebten, und deren Bewaffnung sich an den Traditionen ihres jeweiligen Heimatgebietes orientierte. Erst spät setzte sich auch hier eine gewisse Einheitlichkeit und vor allem ein stärkeres Engagement der eigenen Bürger durch. Das karthagische Heer wurde von einem Strategen kommandiert, der in seinen Entscheidungen nicht völlig selbständig, sondern von den Anordnungen des Rates abhängig war. Als es zum erbitterten Zweikampf mit Rom um die Vorherrschaft im westlichen Mittelmeer kam, war Karthago gerade auf der Höhe seiner Macht.

Griechische Handelsstützpunkte

Im Vergleich mit den Phöniziern fiel die Rolle der Griechen auf der Pyrenäenhalbinsel viel bescheidener aus. Zwar sind bereits um 760 v. Chr. die ältesten Importe von griechischer Keramik in Huelva nachweisbar, doch politischer Druck im Osten, Überbevölkerung im Mutterland und sicherlich auch Abenteuerlust führten bald zu einer Auswanderung von Bevölkerungsteilen nach Westen. Insgesamt blieb der direkte griechische Einfluß jedoch im Wesentlichen auf den Nordosten der Iberischen Halbinsel beschränkt, wo im 1. Viertel des 6. Jhs. v. Chr. die Kolonie von Emporion/Ampurias gegründet wurde (Abb. 9–11). Einige Zeit später folgte auf der anderen Seite des Golfes Rhode/Rosas, eine Tochtergründung des ebenfalls um 600 v. Chr. gegründeten Massalia/Marseille, der wichtigsten griechischen Siedlung im westlichen Mittelmeer. Wie weit der direkte griechische Einfluß entlang der Ostküste nach Süden reichte und in welcher Intensität, ist in der Forschung umstritten.

Wie schon der Siedlungsname «Emporion» – Handelsplatz besagt, konzentrierte sich das Wirtschaftsleben von Ampurias von Anfang an auf den Handel mit den südlichen Nachbarn, wie im Fundmaterial enthaltene westphönizische und zentralmediterrane Amphoren und später auch iberisch-punische Amphoren anzeigen. Gerade durch die Ausgrabungen der letzten Jahrzehnte ist die eindeutige Klärung der besonderen Siedlungsabfolge gelungen, die in Ampurias vorliegt. Die älteste Ansiedlung der grie-

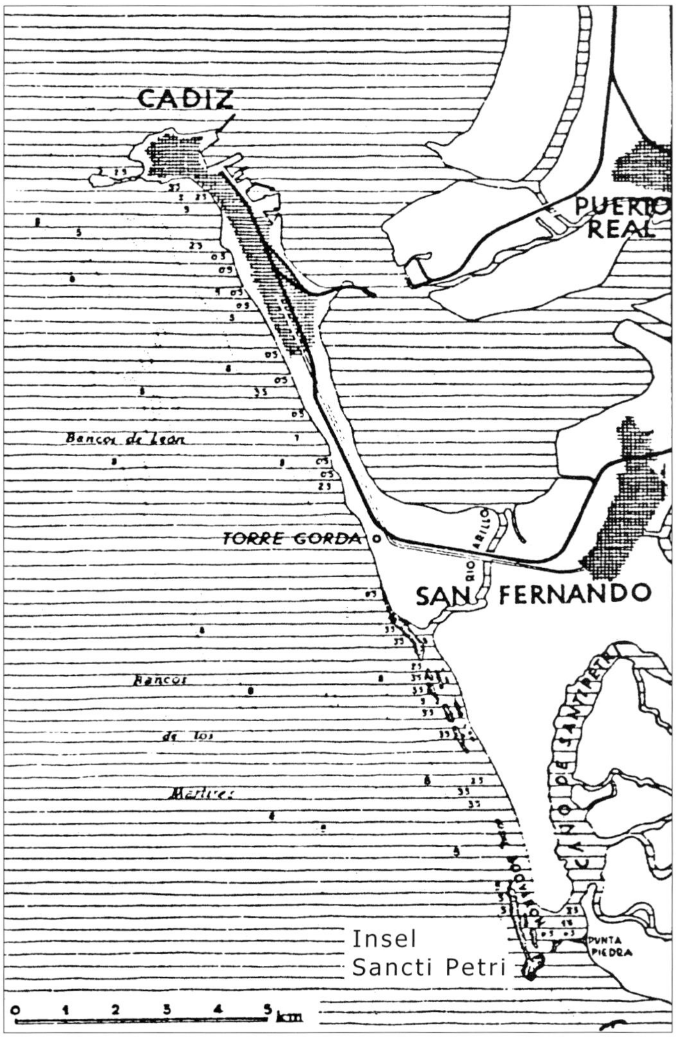

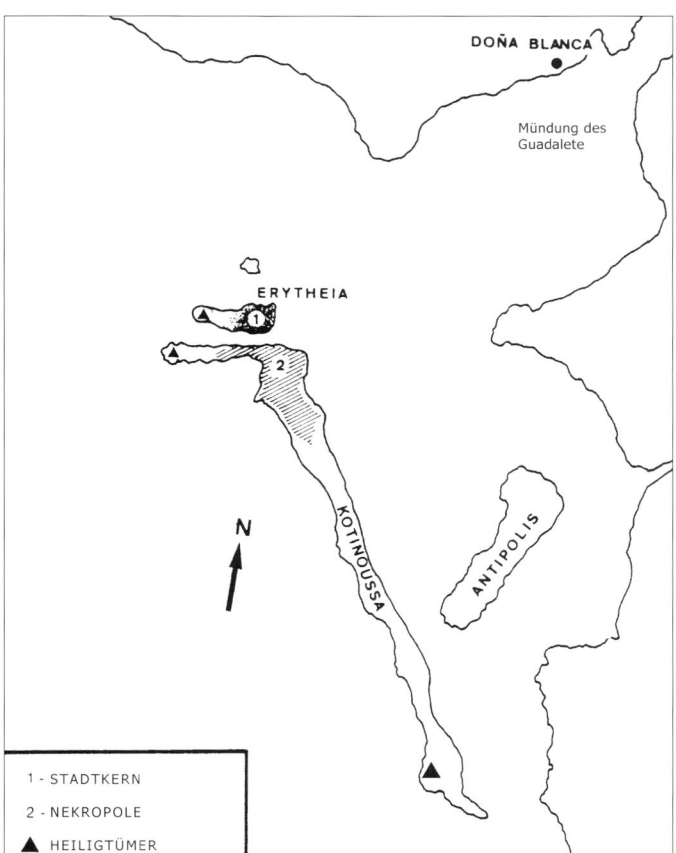

Abb. 8   Gades/Cádiz. Links ist die heutige Geländemorphologie dargestellt, rechts eine von mehreren möglichen Rekonstruktionen des antiken Zustands.

Abb. 9   Römisches Forum von Ampurias.

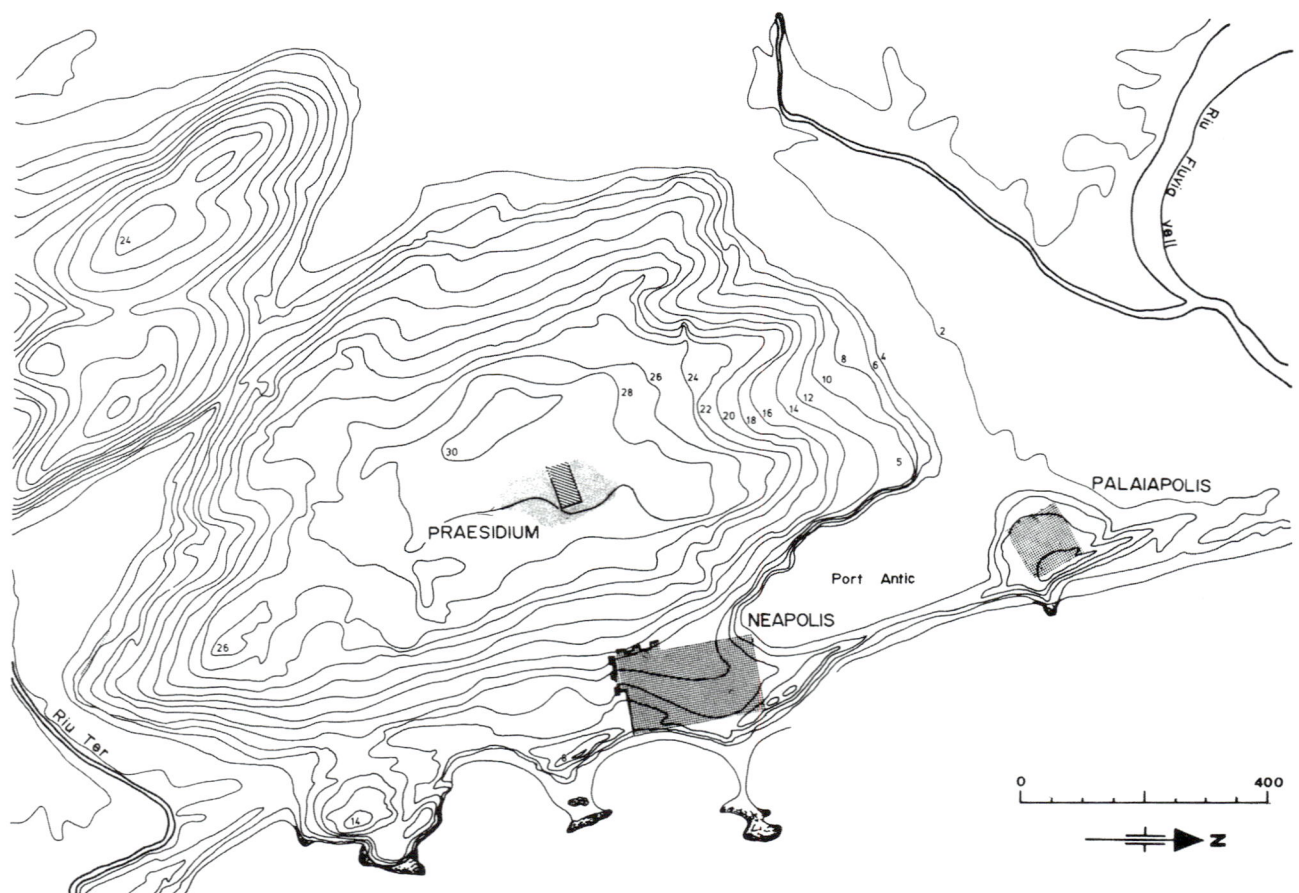

Abb. 10   Plan von Ampurias. Klar zu unterscheiden sind die griechischen Siedlungen, die älteste Kolonie (Palaiapolis) und die Neustadt (Neapolis), außerdem das römische Truppenlager des Cato 195 v. Chr. (Praesidium), über dem später die römische Stadt angelegt wurde.

chischen Händler lag auf einer ursprünglich dem Festland vorgelagerten Insel (Palaiapolis – Sant Martí d'Empúries). Hierin verhielten sie sich den ersten phönizischen Kolonisten sehr ähnlich. Um 550/40 v. Chr. griff die Besiedlung dann auf das benachbarte Festland über (Neapolis – Neustadt). Gegen Ende des 5. Jhs. v. Chr. sind die frühen Stadtmauern der Neustadt zu datieren. Vor der Stadt lag ein heiliger Bezirk (Temenos) mit Tempeln und Altären, der erst im 3. Jh. v. Chr. in den Mauerring einbezogen wurde. Nach dem Zeugnis antiker Schriftsteller (Livius) befand sich in unmittelbarer Nähe davon eine einheimische (iberische) Siedlung.

Gegen die aufstrebenden Griechen verbündeten sich Karthager und Etrusker zeitweise untereinander. Gemeinsam gelang ihnen der Seesieg über die Phokäer 535 v. Chr., was die faktisch bereits zuvor bestehende Zweiteilung des Mittelmeeres bestätigte. Es existierten jeweils feste Handelsrouten, die sich auf ein zuverlässiges Netz von Stationen stützen konnten. Viel stärker als der politische war der ökonomische Einfluß des griechischen Elements, wobei im 4. Jh. v. Chr. Großgriechenland (Süditalien) und Sizilien die dominierende Stellung im Handel mit den westlichen Absatzmärkten übernahmen.

Für die Griechen des Westens blieb die Koloniegründung von Massalia/Marseille von großer Wichtigkeit. Allgemein wird in der Forschung angenommen, daß über die Verkehrsachse des Rhônetals versucht wurde, bestimmenden Einfluß auf den Weg des Zinns von Norden her zu nehmen. Massalia wurde bald auch zum wichtigsten Verbündeten der Römer in diesem Raum. Daß das erste römische Heer auf spanischem Boden 218 v. Chr. in unmittelbarer Nähe der griechischen Kolonie Ampurias landete, beruht gewiß nicht auf bloßem Zufall. Von größeren Auseinandersetzungen zwischen Puniern und Griechen auf der Iberischen Halbinsel wird nichts überliefert. Im Gegenteil, die Übernahme etwa des Längenmaßes des karthagischen Fußes und andere Maßnahmen weisen auf einen Handelsverkehr hin, der sich weitgehend ungestört vollzog. Die friedlichen Zeiten waren erst vorüber, als die Familie der Barkiden damit begann, im Auftrag Karthagos ein großes Kolonialreich auf der Iberischen Halbinsel zu errichten.

Die iberischen Stämme

Im Hinterland der phönizischen und griechischen Stützpunkte, entlang der Südküste, in Andalusien und an der Mittelmeerküste bis nach Südfrankreich (Herault), siedelten die Iberer. Die von den Griechen stammende Bezeichnung benennt eine zersplitterte, heterogene Gruppe von Stämmen, die nie in der Lage waren, zu einer politischen Einheit zu gelangen. Als wichtigstes Bindeglied diente die gemeinsame nicht-indoeuropäische Sprache (Abb. 12). Die Schwerpunkte der Besiedlung waren im Einzelnen entlang der Mittelmeerküste die Gebiete von Murcia, Valencia, Barcelona und das Ampurdán, dazwischen lagen nahezu siedlungsleere Gegenden. Ebenso waren aber auch große Gebiete im Landesinneren, Andalusien, der größte Teil der La Mancha und das Ebrotal etwa bis auf die Höhe von Zaragoza von den Iberern besiedelt. Auf den fruchtbaren Böden des Südens herrschten ideale Bedingungen für den Anbau von Getreide, Wein und Öl sowie für die Gewinnung von Honig und Wachs. Große wirtschaftliche Bedeutung kam auch schon in vorrömischer Zeit der Ausbeutung der Rohstoffvorkommen (Kupfer, Blei, Silber) zu.

Die auffällig starken regionalen Unterschiede in der kulturellen Ausprägung hängen zum einen mit den unterschiedlichen Vorläuferkulturen zusammen, liegen zum anderen aber auch an den verschiedenartigen Einflüssen, die von außen her auf das Siedlungsgebiet der Iberer einwirkten, seien sie nun orientalischen, griechischen, kontinentalen oder auch atlantischen Ursprungs.

Die wichtigsten Stämme waren im einzelnen: die Turdetaner, die das westliche Andalusien bis zum Mittellauf des Guadalquivir bevölkerten, die Bastetaner (Gegend um Basti/Baza), die Oretaner (untere La Mancha – oberer Guadalquivir), die Carpetaner (Gebiet zwischen Tajo und Záncara), an der Küste die Con-

Abb. 11 Statue, die aus verschiedenen Teilen zusammengesetzt ist und vermutlich den Gott Agathos Daimon oder Sarapis darstellt. Auf dem Kopf ursprünglich ein Aufsatz aus Metall. Vermutlich Arbeit des östlichen Mittelmeerraumes, Ende 2. Jh. v. Chr. Barcelona, Museu d'Arqueologia de Catalunya.

Abb. 12 Karte der einheimischen Stämme auf der Iberischen Halbinsel.

testaner (Mündung des Segura – Mündung des Júcar), im Nordosten schließlich die Edetaner, Ilergavonen (Mündung des Ebro – Unteraragón), die Laietaner (Maresme, Vallés), die Indiketen (Ampurdán) und die Ausetaner (Gegend um Vic).

Im Südwesten dieses Siedlungsgebietes (westliches Andalusien) hatten sich große städtische Zentren (bis ca. 50 ha) herausgebildet, die von starken Wehranlagen umgeben waren (z. B. Carmona). Ansonsten waren kleinere befestigte Siedlungen die vorherrschende Siedlungsform, deren Häuser in einer späteren Entwicklungsstufe häufig abgeteilte Wohn- und Handwerksbereiche aufwiesen und durch eine gemeinsame Rückwand verbunden waren (Abb. 13. 14). Durch diese Bauform erzielte man nach außen eine geschlossene, wehrhafte Wirkung. Dieser klare Aufbau der Siedlung, die räumliche Isolierung von Handwerksbetrieben, die eine große Gefahrenquelle (Feuer) darstellten und vorzugsweise am Rand der Siedlungen angelegt wurden, ferner Gemeinschaftseinrichtungen aller Art (Speicher, Ofenanlagen, Zisternen) deuten auf die weit entwickelte Organisationsstruktur der Iberer hin. Sie zeigen auch die in der Spätzeit vor allem entlang des Mittelmeers weit fortgeschrittene soziale Differenzierung, mit einer städtischen aristokratischen Oberschicht an der Spitze. Besonderer Wertschätzung erfreuten sich die Krieger jedes Stammes. Hoch entwickelt war auch das Kunstgewerbe. Speziell die Iberer schufen prachtvolle Arbeiten auf dem Gebiet der Toreutik (Abb. 15) und der Steinplastik (Löwen, Stiere, hybride Wesen wie z. B. Sphingen).

Seit dem späten 5./frühen 4. Jh. v. Chr. scheint es bei den Iberern zu einer größeren politischen und wirtschaftlichen Krise gekommen zu sein, wie Spuren von gewaltsamen Zerstörungen vermuten lassen, die an zahlreichen Siedlungsplätzen nachgewiesen werden können. Die genauen Hintergründe sind unklar, ob die soziale Hierarchie ins Wanken geriet oder ob äußerer Druck vom Binnenland (Kelten) dafür verantwortlich war, läßt sich nur schwer sagen.

In der Spätzeit wurde das Siedlungsgebiet der Iberer immer stärker in den Interessenskonflikt zwischen Rom und Karthago hineingezogen. Die betroffenen Gebiete des Südens und der Küste wurden durch die Punier einer kulturellen Überformung unterworfen, die hellenistischen Vorbildern folgte, und erlebten während dieses Zeitraums einen großen wirtschaftlichen Aufschwung. Durch ihren vereinheitlichenden Charakter bildet die Ausdehnung der punischen Herrschaft in diese Bereiche eine unabdingbare Voraussetzung für die spätere Einverleibung in die römische Machtsphäre, die sich nahezu konfliktlos vollzog.

Große Teile des riesigen Binnenlandes, vor allem die mittleren

Abb. 13 Iberische Höhensiedlung Poblado de San Antonio bei Calaceite, Prov. Teruel.

und westlichen Teile der Pyrenäenhalbinsel, waren von indoeuropäischen Völkern besiedelt worden, deren kulturelle Besonderheiten seit der späten Bronzezeit gut faßbar sind. Offenbar fand ab der Mitte des 1. Jts. v. Chr. außerdem eine Einwanderung von Kelten aus Mitteleuropa statt - in welchem Umfang, läßt sich derzeit kaum genauer angeben - die sich mit der bereits dort ansässigen Bevölkerung vermischt haben. Auch wirkten von Süden (Phönizier, Iberer) und punktuell auch von Osten (Griechen) vielfältige kulturelle Einflüsse auf das Binnenland ein. Der genaue Ablauf der Ereignisse liegt noch im Dunkeln. Noch in römischer Zeit ist eine Zuwanderung von Kelten in den schriftlichen Quellen eindeutig bezeugt (Caes. *Bell. Civ.* 1,51). Insgesamt kann eine stärkere soziale Differenzierung als in Mitteleuropa beobachtet werden, die unter anderem zur Ausbildung einer kriegerischen Führungsschicht führte. Das kriegerische Element spielte auch bei den Lusitanern eine wichtige Rolle. Auf der

Abb. 14 Iberische Höhensiedlung Poblado de San Antonio bei Calaceite, Prov. Teruel.

Abb. 15   Gefäße aus dem Schatzfund von Tivisa, Prov. Tarragona. Anfang 2. Jh. v. Chr. Barcelona, Museu d'Arqueologia de Catalunya.

Bauinschrift der römischen Brücke von Alcántara werden einige dieser Stämme namentlich aufgeführt (*CIL* II 760): die Igaeditani, Lancienses Transcudani, Aravi, Meidubrigenses, Arabrigenses, Banienses und Paesures. Von ihrer Lebensweise her waren die Lusitaner Halbnomaden, die vorzugsweise von der Schafzucht lebten, gelegentlich aber auch Raubzüge unternahmen, die sie bis weit in den Süden der Halbinsel führten, wodurch Konflikte mit der römischen Besatzungsmacht geradezu vorprogrammiert waren.

Widerstand der Keltiberer

Den hartnäckigsten Widerstand gegen die römische Expansion über lange Jahrzehnte hinweg leistete jedoch eine in sich heterogene Stammesgruppe, die unter der Bezeichnung «Keltiberer» in die Geschichte eingegangen ist. Der Geograph Strabo beschreibt diese Stammesgruppe folgendermaßen: «Ungefähr dreißig Völker bewohnen das Land zwischen dem Tajo und Karpetanien. Das Land ist reich an Feldfrüchten und Tieren, an Gold, Silber und dergleichen, und dennoch haben es die meisten aufgegeben, von den Erträgen des Landes zu leben, und haben sich auf ständige Raubzüge und Kriege gegeneinander und, indem sie den Tajo überschreiten, gegen ihre Nachbarn verlegt, bis die Römer ihre Macht brachen, die meisten ihrer Städte zu offenen Siedlungen machten, manche auch an günstigerer Stelle zu neuen Städten zusammenführten. Begonnen hatten mit der allgemeinen Gesetzlosigkeit offensichtlich die Bergbewohner. Sie bewohnten ein hartes, unfruchtbares Land und besaßen wenig, deshalb begehrten sie fremdes Eigentum, die Angegriffenen aber konnten notwendigerweise bei ihrer Abwehr nicht ihrer Arbeit nachgehen, und so kam es, daß das vernachlässigte Land den angestammten Ertrag nicht mehr erbrachte und von Räubern bewohnt wurde.» (Strabo, *Geographika* C 154; Übers. K. Bringmann).

Nach der ersten Erwähnung bei Polybios (Pol. 3,17,2), die im Zusammenhang mit der Belagerung von Sagunt 218 v. Chr. steht, wurden die Keltiberer während der 1. Hälfte des 2. Jhs. v. Chr. zum hartnäckigsten Gegner Roms auf der Iberischen Halbinsel. Ihr Widerstand war auch mit der berühmten Belagerung von Numantia 134/33 v. Chr. keineswegs vollständig gebrochen, sondern flackerte auch danach immer wieder auf. Das Siedlungsgebiet der Keltiberer kann mit Hilfe von verschiedenen Methoden ermittelt werden: Es stehen literarische und epigraphischen Quellen zur Verfügung, an denen vor allem namenskundliche Untersuchungen (z. B. von Ortsnamen mit der Endung -briga = «befestigte Höhensiedlung», wie Segobriga «caput Celtiberiae» [Plin. *Nat.* 3,25]) vorgenommen werden. Die archäologischen Quellen widersprechen allerdings den literarischen gelegentlich bzw. bestätigen diese zumindest nicht unmittelbar. Auf dieser Grundlage wird angenommen, daß das Siedlungsgebiet der Keltiberer im Norden vom Hochgebirge des Picos de Urbión (2225 m) mit seinem großen Mineralreichtum (Kupfer, Blei, Silber) und im Osten vom Mittellauf des Ebros begrenzt werden, dazwischen wurde es in Nordwest-Südost-Richtung vom Iberischen Randgebirge durchzogen, das ebenfalls äußerst reich an Bodenschätzen (Eisen) war. Nach Süden reichte das Gebiet der Keltiberer bis zum Übergang Serranía de Cuenca/La Mancha, im Westen bis zur Tierra de Ayllón. Die stark zerklüftete, nur von wenigen Niederungen und tief eingeschnittenen Flußtälern durchzogene Landschaft bereitete den Römern erhebliche Probleme, so daß eine vollständige Unterwerfung lange Zeit unmöglich schien. Bevorzugte Siedlungsgebiete lagen am Anfang zum einen am oberen

Tajo – Jalón, zum anderen am Oberlauf des Duero, während die ebenfalls siedlungsgünstige Gegend jenseits des Iberischen Randgebirges bis zum Mittellauf des Ebro erst zu einem späteren Zeitpunkt erschlossen wurde.

Den römischen Eroberern offenbarten sich die Keltiberer als ein auf den ersten Blick verwirrender Flickenteppich von größeren und kleineren Stämmen und Stammesverbänden (Abb. 12). Der mächtigste Einzelstamm waren die Arevaker, die im Raum Soria bis einschließlich Clunia im Westen siedelten, nördlich davon lebten die Pelendonen. Jenseits des Iberischen Randgebirges lagen die Siedlungsgebiete der Beller (mittleres Ebrotal – Jalón) und Titther, weiter südlich diejenigen der Lusonen (Oberlauf des Tajo – Mittellauf des Ebros) und der Lobetaner. Im Gebiet des heutigen La Rioja siedelten die Beronen und Autrigonen, an die im Norden die baskischen Völker angrenzten (Vasconen, Suessetaner). Westlich der Arevaker lebte nördlich des Dueros der mächtige Stamm der Vakkäer.

Die Grundlage der Gesellschaft bildete auch bei den Keltiberern der Familienverband. Die zumeist kriegerischen, hin und wieder auch friedlichen Beziehungen mit den Römern spiegeln eine differenziert entwickelte Gesellschaft wider, in der es *reguli* – «Könige» und *principes* – «Fürsten» (Adel) und *equites* – «Ritter» (Magistratsfunktionäre) auf städtischer Ebene gab. Für deren Wirken lassen sich zahlreiche Beispiele anführen. Die Hauptaufgabe der Volksversammlung war wohl die Wahl von Heerführern, die allerdings zeitlich befristet nur dann erfolgte, wenn es die Situation gerade erforderte.

Bei den befestigten Siedlungen lassen sich große Oppida und kleinere Castros unterscheiden, von denen nur wenige näher erforscht sind. Von seinem Umfang her lediglich zur mittleren Größe zählt der am besten erforschte Siedlungsplatz, das Oppidum von Numantia, dessen westliche und südliche Bereiche durch Grabungen des 19. und 20. Jhs. erforscht wurden. Diese Untersuchungen förderten eine dichte Bebauung zutage, die zeitlich bis weit in die römische Kaiserzeit hinein reichte. Dieser Umstand erschwert eine klare Unterscheidung der einzelnen Bauphasen erheblich (Abb. 16. 17). Offenbar verfügte bereits die keltiberische Stadt über ein rechtwinkliges Straßensystem; im Einzelnen wurde die Innenfläche durch zwei von Nordosten nach Südwesten verlaufende Straßen erschlossen, von denen mindestens elf Querstraßen abzweigten. Ringsherum folgte ein weiterer Straßenzug dem Verlauf der Befestigungsmauer, an deren Westseite die Wohnhäuser innen angebaut waren. Die Straßen waren gepflastert und wiesen erhöhte seitliche Gehsteige auf, von denen aus quer verlegte Trittsteine die Überquerung der Fahrbahn ermöglichten. Die Wohninsulae waren dicht mit Häusern der unterschiedlichsten Größe und Form bebaut. Die Befestigungsmauer der Siedlung war massiv und aus unregelmäßigen Steinen errichtet (B. 3,4 m; H. 2 m). Gerade in der Spätzeit wurden die Verteidigungsanlagen der keltiberischen Siedlungen enorm verstärkt, was wohl als Reaktion auf die römische Bedrohung zu werten ist.

Die Lebensgrundlage der keltiberischen Bevölkerung bildete die bäuerliche Subsistenzwirtschaft. Gestützt auf die erwähnten reichen Metallvorkommen hatte sich außerdem seit dem 5. Jh. v. Chr. ein Metallhandwerk entwickelt, dessen qualitätvolle Ar-

Abb. 16   Blick auf das Oppidum von Numantia, Prov. Soria. Gut zu erkennen sind die markante Lage am Zusammenfluß von Duero und Merdancho, das Ausgrabungsmuseum um den höchsten Teil der Hügelkuppe und die starken Befestigungen zur Sicherung des Berges.

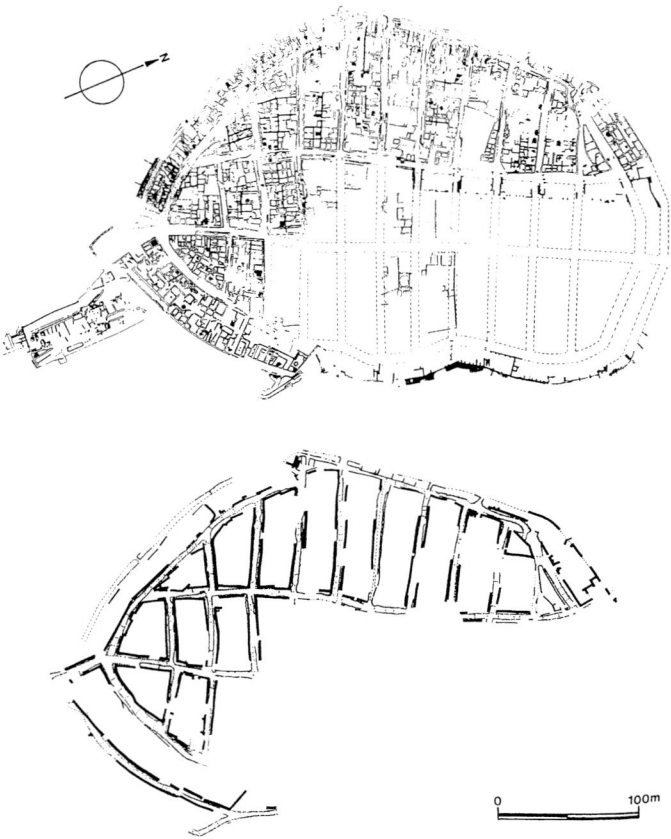

Abb. 17 Plan des Oppidums von Numantia. Abb. unten: Mit Punktreihen sind die Siedlungsstrukturen der keltiberischen Phase, mit Linien die Strukturen der römischen Kaiserzeit angegeben.

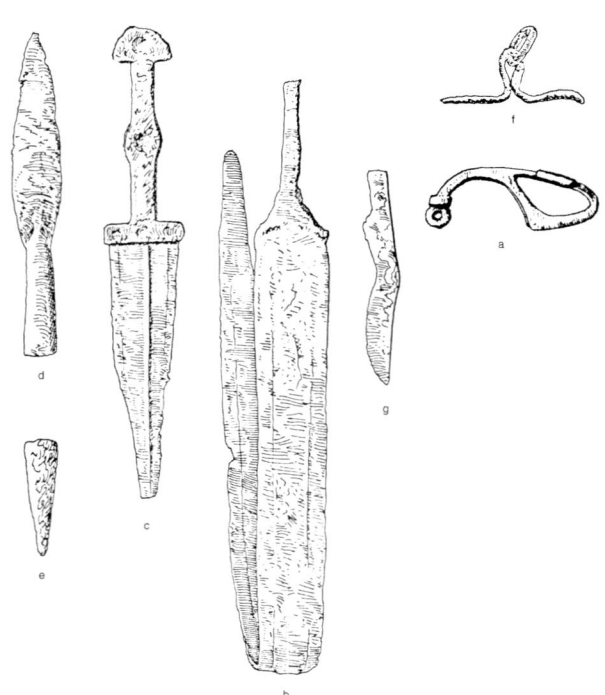

Abb. 18 Grab 13 von Osma, Prov. Soria. Vollständige Waffengarnitur, bestehend aus Lanzenspitze und Lanzenschuh, Zweischeibendolch mit Frontónknopf, intentionell umgebogenem Langschwert. Dazu zählt wohl auch das Messer mit gekrümmtem Rücken. 3./Beginn 2. Jh. v. Chr.

beiten die antiken Schriftsteller rühmend gepriesen haben und die gelegentlich selbst heute noch die Bewunderung erfahrener Spezialisten hervorrufen. Einige der ursprünglich von Keltiberern entwickelten Waffentypen wurden später sogar vom römischen Heer übernommen (*gladius*, *pugio*), weshalb die Bewaffnung der Keltiberer auch von dieser Seite her das besondere Interesse der Forschung gefunden hat. Die älteren Entwicklungsstufen der Waffentypen sollen an dieser Stelle nicht behandelt werden, denn in dem hier besonders interessierenden Zeitabschnitt (Lorrio Phase III; 2./1. Jh. v. Chr.), während der direkten Konfrontation mit Rom kommt den Siedlungsmaterialien sowie den Hortfunden (z. B. Quintana Redonda) größeres Gewicht zu. Die Bedeutung der vorher so wichtigen Grabinventare nimmt in diesem Zeitraum ab. Offenbar, weil damals Waffen als sozialer Indikator durch den Schmuck abgelöst wurden.

Ähnlich wie bei der bereits erwähnten Verstärkung der Wehranlagen führte die Bedrohung durch Rom auch zu Veränderungen bei den Waffen, im Sinne einer konsequenten Vereinheitlichung. Vor allem wurde jetzt der Zweischeibendolch die klassische Nahkampfwaffe. Das Grab 13 von Osma (3./Anfang 2. Jh. v. Chr.) (Abb. 18) zeigt die typische Waffengarnitur jener Zeit. In der Grabausstattung nicht vertreten, aber zu dieser Zeit gleichfalls in regem Gebrauch waren die verschiedensten Stangenwaffen, Messerformen und Schleudergeschosse aller Art aus Stein, Blei und Ton.

Über die Schutzbewaffnung geben nur wenige Originalfunde Auskunft. «Was ihre Rüstung angeht, so verwenden einige Keltiberer leichte Schilde ..., andere wieder kreisrunde und geflochtene ... Ihre Schienbeine umwickeln sie mit härenen Gamaschen und setzen auf ihr Haupt Bronzehelme, die mit purpurroten Büschen versehen sind. Die Schwerter, die sie führen, haben eine doppelte Schneide und sind aus vorzüglichem Eisen geschmiedet, dazu kommen noch spannenlange Dolche, derer sie sich im Nahkampf bedienen» (Diodor 5,33,3; Übers. O. Veh).

Eine einzigartige Quelle zu den Glaubensvorstellungen der Keltiberer sind die Gräberfelder, von denen manche gewaltige Ausmaße erreicht haben (z. B. Aguilar de Anguita mit 5000 Bestattungen, Luzaga mit 2000 beobachteten Gräbern). Die genaue Lagebeziehung von Gräberfeld und Siedlung ist häufig unklar. Sicherlich lagen die Gräberfelder außerhalb der Siedlungsareale, soweit bekannt betrug der Abstand zwischen 150 und 300 m. Daß sich mancherorts mehrere, offenbar gleichzeitig aufgesuchte Gräberfelder in der Nähe einer einzigen Siedlung nachweisen lassen (Uxama, Aguilar de Anguita), spricht für unterschiedliche Bestattungsplätze verschiedener sozialer Gruppen. In der Forschung stand bisher die antiquarische Analyse von Sachgruppen (Fibeln, Waffen, Gürtelteile) im Vordergrund, wohingegen kaum Untersuchungen von Belegungsabfolgen unternommen wurden. Üblich war die Brandbestattung; nach der Verbrennung wurde der Leichenbrand aufgesammelt und in Säckchen, in Kästchen oder in eine Urne gegeben. Dem sozialen Rang des Toten entsprechend wurden Beigaben innerhalb bzw. auch außerhalb des Grabes niedergelegt. Diese waren teils aus Metall (Bronze, Eisen, Silber) gefertigt wie Schmuck/Tracht, Pferdegeschirr oder Waffen, die häufig unbrauchbar gemacht wurden, und weitere Gebrauchsgegenstände. Teils bestanden die Beigaben aber auch aus Keramik (Gefäße mit Speisen, Spinnwirtel, Kugeln) sowie aus Bein, Glaspaste, Stein etc.

Bei den Keltiberern ging die Bedeutung der Waffenbeigabe weit über die reine wehrtechnische Funktion hinaus. Insbesondere das häufig reich verzierte Schwert fungierte als Zeichen einer hervorgehobenen sozialen Stellung in einer Gesellschaft mit altertümlichen Glaubensvorstellungen, in der das kriegerische Ideal wichtig war, und der Tod im Kampf als besonders erstrebenswert galt.

2. PUNISCHER KRIEG

«*Dieses höchst unmenschliche und sehr hochmütige Volk (Anm.: Rom) will überall besitzen, überall entscheiden. Immer maßt es sich die Entscheidung an, mit wem wir Krieg führen, mit wem wir Frieden haben sollen. Es engt und schließt uns in Grenzen von Bergen und Flüssen ein, die wir nicht verlassen dürfen; und selbst achtet es die Grenzen nicht, die es setzte.*»
Fiktive Rede Hannibals, *Liv.* 21,44,5; Übers. J. Feix)

Die Auseinandersetzung zwischen Rom und Karthago um die Vorherrschaft im westlichen Mittelmeer, welche auch die Iberische Halbinsel so hart betreffen sollte, wurde zwischen den beiden Parteien zuletzt unter Einsatz aller nur denkbaren Mittel geführt. Solange Rom eine Landmacht blieb, deren Herrschaftsdurchsetzung sich auf das italische Festland beschränkte, fehlten die klaren Konfliktfelder mit Karthago. Zeitweise war man sogar Bündnisse gegen gemeinsame Gegner wie den König Pyrrhos von Epirus eingegangen, den die Griechen Unteritaliens und Siziliens zu Hilfe gerufen hatten (280/275 v. Chr.). Schließlich entbrannte der Konflikt 264 v. Chr. um Messina und eskalierte rasch zum Zweikampf um die Beherrschung Siziliens im 1. Punischen Krieg. Das Ende des Krieges brachte nach wechselvollem Verlauf 241 v. Chr. die Seeschlacht bei den Ägatischen Inseln. Karthago mußte den Verlust Siziliens anerkennen und Kriegskontributionen in beträchtlicher Höhe leisten, von denen unverzüglich 1000 Talente und weitere 2200 Talente in zehn Jahresraten zu entrichten waren. Karthagos schwierige Lage verschärfte sich in den folgenden Jahren durch den Aufstand der Söldner. Zu allem Überfluß schloß sich auch die libysche Bevölkerung im Hinterland der Stadt dem Aufstand an, was ihn brandgefährlich werden ließ. Die dadurch heraufbeschworene Krise nutzte Rom rücksichtslos aus und annektierte 238 v. Chr. Sardinien, ohne daß man auf karthagischer Seite in der Lage gewesen wäre, größeren Widerstand zu leisten. Ganz im Gegenteil, Karthago mußte sich sogar noch zur Zahlung von weiteren 1200 Talenten bereit finden, eine unverschämte Geldforderung Roms. Diese Summe sollte eine Entschädigungsleistung für einen Krieg darstellen, der in Wirklichkeit nie stattgefunden hatte. Roms Vorgehen stellte einen eklatanten Verstoß gegen geltende Verträge dar, dementsprechend war die Verbitterung Karthagos groß. Nach Ansicht des Polybios war der Verlust Sardiniens der Grund für den Ausbruch des zweiten Punischen Krieges 20 Jahre später.

Um die erdrückenden Verpflichtungen erfüllen zu können, war es für Karthago dringend erforderlich, einen möglichst adäquaten Ausgleich für den Verlust seiner Besitzungen auf Sizilien und Sardinien zu schaffen. Hierfür konnte nach Lage der Dinge nur die Pyrenäenhalbinsel in Frage kommen, wo nach der offiziellen Sprachregelung in einer ersten Phase alle südspanischen Gebiete, die vorgeblich während der vorangegangenen Kriegswirren verloren gegangen waren, «wiedergewonnen» werden sollten. In

Abb. 19   Karthagische Münzprägung. Doppelschekel aus Silber. Vorderseite: Kopf des Melkart-Herakles. Darstellung des Hamilkar Barkas (?). Rückseite: Afrikanischer Elefant mit Treiber. Prägestätte Cartagena, 237/209 v. Chr. Madrid, Museo Arqueológico Nacional.

Abb. 20   Blick auf den Hafen von Carthago Nova/Cartagena.

Wirklichkeit läßt sich dort in den Jahrzehnten zuvor lediglich ein starker kultureller, jedoch kein bestimmender politischer Einfluß Karthagos nachweisen. Der offizielle Auftrag des Rates von Karthago für diese «Rückgewinnungsaktion» erging an Hamilkar (pun. Abd Melquart, d. h. Diener des Gottes Melquart) Barkas (d. h. Blitz), geboren 275 v. Chr., der im 1. Punischen Krieg zunächst seit 247 v. Chr. den Oberbefehl über die Flotte innegehabt hatte. Bei den Kämpfen auf Sizilien gegen die Römer hatte er durch seine große persönliche Tapferkeit von sich reden gemacht (Abb. 19). Die Familie der Barkiden war eine der führenden Familien Karthagos. Zur Bekräftigung dieses Führungsanspruchs zählte sie sich sogar zu den sagenhaften Gründungsfamilien, die Ende des 9. Jhs. v. Chr. aus Tyros eingewandert seien.

Eroberungen des Hamilkar Barkas

Über die Feldzüge des Hamilkar Barkas (237–229 v. Chr.) sind nur wenige Einzelheiten bekannt. Während die Schilderungen der punischen Geschichtsschreibung nicht erhalten geblieben sind, schenken die römischen Autoren den Ereignissen jener Jahre auf der Pyrenäenhalbinsel lediglich geringe Aufmerksamkeit. Entscheidend gelenkt von wirtschaftlichen Interessen (Silberbergbau) und ungestört von römischen Interventionen gelang es in jenen Jahren den karthagischen Machtbereich beträchtlich nach Norden und Osten zu erweitern. Dies geschah unter Anwendung der üblichen militärischen und diplomatischen Mittel, die hier nicht im Einzelnen näher ausgeführt werden sollen. Zur einheimischen Oberschicht wurde ein dichtes Netzwerk von persönlichen Beziehungen geknüpft, z. B. mithilfe von Heiraten, so daß die Familie der Barkiden schließlich eine monarchenähnliche Stellung innehatte. Ihren deutlichsten Ausdruck fand diese Haltung in der Münzprägung, wo die Generäle der Familie wie hellenistische Könige gleichsam gottähnlich dargestellt wurden (Abb. 19. 22–25). Mittlerweile hat sich in der Forschung für diese Phase der karthagischen Herrschaft auf der Pyrenäenhalbinsel sogar der Begriff vom «Barkidenreich» eingebürgert, der freilich jeder staatsrechtlichen Grundlage entbehrt. Den Mittelpunkt der stark erweiterten punischen Herrschaft bildete bald Quarthadasht (d. h. Neustadt), lat. Carthago Nova, das heutige Cartagena. Die Stadt lag hervorragend geschützt auf einer Halbinsel, die im Süden und Westen vom Mittelmeer und im Norden von einer Lagune eingefaßt wurde und den besten Naturhafen an der spanischen Ostküste zu bieten hatte (Abb. 20. 21). Von hier aus war außerdem ein bequemer Zugang zu den zahlreichen Silberbergwerken der Umgebung möglich. Alleine das Bergwerk von Baebelo soll 300 Pfund Silber täglich geliefert haben (Plin. nat. 33,31,97). Mit dem Ertrag aus dem Abbau dieser und anderer Bodenschätze wurden die Söldner des punischen Heeres bezahlt (Diodor 5,38,2), auf diese Weise finanzierte Hannibal maßgeblich seine Aufwendungen im 2. Punischen Krieg. Die gleichzeitig energisch vorangetriebene systematische Punisierung des gesamten Südens aufstellte die Herrschaft Karthagos auf der Pyrenäenhalbinsel auf neue Grundlagen und bedeutete insgesamt eine völlig andere Qualität der Herrschaftsausübung auf der Iberischen Halbinsel.

Trotz allen Desinteresses von Seiten Roms blieb es schließlich dann doch nicht aus, daß die Maßnahmen der Barkiden Mißtrauen hervorriefen. Dies geschah zunächst im romfreundlichen Massalia/Marseille, wo sämtliche Geschehnisse aufmerksam registriert wurden, und bald auch die Aufmerksamkeit Roms weckten, das jedoch gerade in diesen Jahren in schwierige Auseinandersetzungen mit den Kelten Oberitaliens und in Illyrien verwickelt war, so daß die Entstehung eines weiteren Konfliktherdes zum augenblicklichen Zeitpunkt höchst ungelegen kam. Letztendlich waren die karthagischen Erfolge aber so spektakulär, daß man um die Entsendung einer Gesandtschaft nicht mehr herum kam (232 oder 231 v. Chr.). Diese hatte den Auftrag, sich nach den näheren Gründen für die geradezu unheimliche Ausweitung des karthagischen Machtbereichs auf der Pyrenäenhalbinsel zu erkunden. Hamilkar Barkas gab den römischen Gesandten die Antwort, daß der Krieg notwendig sei, um die erforderlichen Mittel für die Kriegsreparationen aufbringen zu können. Dagegen ließ sich wiederum von römischer Seite schlecht etwas einwenden – zumindest vorläufig! Wenige Jahre später, 229 v. Chr., fand Hamilkar den Tod. Dies geschah bei einem Überfall des verräterischen Königs der Orisser (Oretaner) auf das karthagische Heer, das gerade die Stadt Helike/Elche belagerte. Über den genauen Hergang liegen verschiedene Schilderungen vor, wonach er entweder im Kampf fiel oder in einem Fluß ertrank.

Die Feldzüge unter Hasdrubal

Natürlich war es die dringlichste Aufgabe des neuen Oberbefehlshabers Hasdrubal, den Tod Hamilkars zu rächen. Ein vergrößertes karthagisches Heer zog gegen die Oretaner, die am Mittel- und Oberlauf des Guadiana und in der Sierra Morena siedelten, zu Felde und eroberte zwölf Städte. In den folgenden Jahren gelang Hasdrubal die weitere Stärkung der karthagischen Macht hauptsächlich mit friedlichen Mitteln (Heiratspolitik etc.). Schließlich ernannten ihn die iberischen Kleinkönige und Fürsten zum «bevollmächtigten Feldherrn», was vermutlich die vollständige Verfügungsgewalt über ihre gesamten Truppenaufgebote zur Folge hatte. Mit einer weiteren römischen Gesandtschaft, deren Entsendung zeigt, daß man in Rom zunehmend nervöser wurde, schloß man wohl 226 v. Chr. den sog. Hasdrubal- oder Ebrovertrag. Die genauen Bestimmungen dieses «Vertragswerkes», die nicht einwandfrei überliefert sind, und die sich daraus ergebenden historischen Folgerungen werden von der einschlägigen Forschung intensiv diskutiert, da sie für die Beurteilung der Vorgeschichte des 2. Punischen Krieges von entscheidender Bedeutung sind; je nach Interpretation erscheinen nämlich bei der Frage nach der Kriegsschuld bald die Karthager, bald die Römer in einem vorteilhafteren Licht. Allen überlieferten Fassungen des Vertrags (Polybios, Livius, Appian) ist die Nennung des Flusses Iber gemeinsam, der die Grenze zwischen den Machtbereichen bilden sollte. Nach Ansicht der meisten Althistoriker ist er mit dem Ebro gleichzusetzen. Auch andere Deutungen sind erwogen worden (Segura?), vermögen jedoch nicht zu überzeugen. Entscheidend wird dieses Lokalisierungsproblem im Zusammenhang mit einer weiteren angeblichen Bestimmung des Vertragswerkes, wonach die Stadt Sagunt keinem der beiden Machtbereiche angehören, sondern «frei» bleiben solle. Wenn nun mit dem Iber-Fluß tatsächlich der viel weiter nördlich fließende Ebro gemeint ist, würde sich als Konsequenz daraus eine sehr prekäre Stellung von Sagunt inmitten des punischen Herrschaftsbereiches ergeben, eine Konstellation, die künftige Auseinandersetzungen geradezu heraufbeschwören mußte. Daß Hannibal nach Ansicht der römischen Seite diese Vertragsklausel verletzte und 218 v. Chr. Sagunt angriff, stellte schließlich auch den Grund für die römische Kriegserklärung dar.

Hannibal, Sohn des Hamilkar Barkas

Mit Hannibal ist einer der wichtigsten Akteure der nächsten Jahrzehnte genannt. Geboren im Jahre 247 v. Chr. als ältester Sohn des Hamilkar Barkas, begleitete er seinen Vater 237 v. Chr. auf den iberischen Kriegsschauplatz. Vor der Abreise aus Afrika soll es zu jener berühmten Szene gekommen sein, als Hannibal angeblich seinem Vater gegenüber schwören mußte, «niemals den Römern ein Freund zu sein». Die nächsten Jahre verbrachte Hannibal hauptsächlich in Gades/Cádiz, für ihn eine prägende Zeit, in der wichtige Kontakte geknüpft wurden. Als der bisherige karthagische Oberbefehlshaber Hamilkar 221 v. Chr. von einem keltischen Sklaven ermordet wurde, trat Hannibal seine Nachfolge an. Die Zeit für eine erneute Vergrößerung des karthagischen Machtbereichs war günstig, da Rom damals immer noch ganz auf die Auseinandersetzung mit den Kelten in Oberitalien konzentriert war, die noch 225 v. Chr. einen verheerenden Kriegszug nach Süden bis an die Nordgrenze von Latium unternahmen (225–222 v. Chr.).

Einen ersten Feldzug führte Hannibal 221/20 v. Chr. gegen den Stamm der Olkaden, die am Oberlauf des Guadiana/La Mancha siedelten, bisher jedoch nur mittelbar zum karthagischen Machtbereich gehörten und sich der Forderung nach Tributzahlungen widersetzten (Abb. 27). Bei der Eroberung der Stadt Althia/Cartala wurde eine gewaltige Beute gemacht; diese erste Bewährungsprobe hatte der neue karthagische Heerführer glänzend bestanden. Ähnlich wie in Rom waren solche Erfolge auch im innenpolitischen Machtkampf von Karthago fast überlebensnotwendig. Es bleibt im Übrigen unklar, ob Hannibal, wie von römischer Seite immer wieder behauptet, von Anfang an planmäßig auf den offenen Konflikt mit Rom hingearbeitet hat. Mit Hilfe der Schriftquellen lassen sich derartige Planungen weder einwandfrei beweisen noch widerlegen.

Abb. 21 Punische Stadtmauer von Cartagena. Letztes Drittel 3. Jh. v. Chr.

2. PUNISCHER KRIEG

Abb. 22 Vorderseite: Kopf des Herakles-Melkart, Darstellung des Hannibal (?). Rückseite: Afrikanischer Elefant ohne Treiber. Ca. 237/218 v. Chr.

Abb. 23 Vorderseite: Bartloser Mann, Hannibal (?). Rückseite: Pferd, dahinter Palme.

Abb. 24 Vorderseite: Bartloser Mann, Hasdrubal Barkas, Bruder des Hannibal (?). Rückseite: Afrikanischer Elefant ohne Treiber.

Abb. 25 Vorderseite: Bartloser Mann mit Diadem, Mago, Bruder des Hannibal und Hasdrubal (?). Rückseite: Vorderteil eines Kriegsschiffs.

Abb. 22–25 Karthagische Münzprägungen (Schekel) mit Darstellungen berühmter Feldherrn. Prägestätte Cartagena. London, British Museum, Department of Coins and Medals (Photos J. Webb, Brompton Studios).

Einen weiteren Feldzug unternahm Hannibal 220 v. Chr. gegen die Vakkäer, die weit im Norden am Mittellauf des Duero, siedelten. Die Hauptstadt der Vakkäer Helmantike/Salamanca soll nach der Darstellung des Polybios schon beim ersten Sturmangriff genommen worden sein. Beim Rückmarsch durch den südlichen Teil der Sierra de Guadarrama (Segovia – Madrid – Toledo) kam es zu einer großen Schlacht mit den Karpessiern/Carpetanern, die von Olkaden und fliehenden Vakkäern verstärkt wurden. Seine zahlenmäßige Unterlegenheit vermochte Hannibal durch eine geschickte Taktik und den Einsatz seiner Reiterei und Elefanten wettzumachen. Auf diese Weise gelang es ihm, erneut einen großen Sieg davon zu tragen, bevor er das Winterquartier in Carthago Nova bezog.

Inzwischen waren in Sagunt Streitigkeiten innerhalb der Einwohnerschaft ausgebrochen (221/220 v. Chr.) (Abb. 29). Die daraufhin als Schiedsrichter angerufenen Römer ließen einige Anführer der Parteien hinrichten und setzten Rom wohlgesonnene Bürger als Machthaber ein. Diese nutzten die Tatsache, daß Hannibal gerade im Norden beschäftigt war, zu einem Überfall auf Nachbarn, die zur karthagischen Machtsphäre zählten. Inzwischen hatte sich auch die allgemeine Situation für Rom wesentlich verbessert. In Oberitalien und Istrien hatte man eine Beruhigung der Verhältnisse erreicht, so daß endlich der Rücken für andere Aktivitäten frei war: Jetzt dienten die Ereignisse in Sagunt als willkommener Anlaß, um dem immer bedrohlicheren karthagischen Machtzuwachs auf der Iberischen Halbinsel entgegenzutreten. Eine römische Gesandtschaft traf in Carthago Nova mit der Aufforderung an Hannibal ein, er möge sich von Sagunt fernhalten, da sich diese Stadt in einem festen freundschaftlichen Vertragsverhältnis mit Rom befände. Zum einen versuchte man so auf römischer Seite zu überspielen, daß man Karthago bisher keine Verletzung gültiger Verträge nachweisen konnte. Gleichzeitig kalkulierte man jedoch ein, daß die Bereitschaft in Rom offenbar groß war, in einen Krieg gegen Karthago einzutreten. Auf Hannibal mußte der Wunsch der römischen Gesandten wie eine gezielte Provokation wirken. Seinerseits warf er der Gegenseite den Bruch der Verträge vor, indem man unbefugterweise Saguntiner hätte hinrichten lassen, außerdem habe Sagunt das Gebiet karthagischer Untertanen überfallen. Ohne Einigung reiste die römische Gesandtschaft schließlich nach Karthago weiter. Indessen wartete Hannibal die Entwicklung dort nicht einfach ab, sondern informierte seinerseits den Rat über seine Sichtweise der Dinge. Das Ergebnis der weiteren Verhandlungen erschien zunächst durchaus offen, allerdings war allen Beteiligten klar, daß ein Angriff Hannibals auf Sagunt den Krieg bedeuten würde. Schließlich erhielt Hannibal freie Hand. Im Jahre 219 v. Chr. rückte er gegen Sagunt vor, schloß es ein und konnte es nach achtmonatiger mühevoller Belagerung, der Rom tatenlos zusah, erobern. Nachdem die Forderung der Römer nach Auslieferung Hannibals und seiner Berater in Karthago entrüstet abgewiesen wurde, kam es zur Kriegserklärung (2. Punischer Krieg) und zum größten aller bis dahin von Menschen geführten Kriege, wie Livius es formuliert (*Bellum maxime omnium memorabile quae unquam gesta sint*; Liv. 21,1,1).

Ausbruch des 2. Punischen Krieges

Den römischen Angriffsvorbereitungen gegen Afrika und Spanien, von denen er vermutlich nichts erfahren hatte, kam Hannibal instinktiv mit seinem Zug über die Alpen nach Italien zuvor, der später legendär werden sollte. Mit Hilfe dieses Versuches, die Römer vom eigenen und wie sich deutlich erwiesen hatte, äußerst verwundbaren afrikanischen Mutterland fernzuhalten, sollten zugleich die Kämpfe in das Machtzentrum des Feindes hineingetragen werden. Diese sollte nun die verheerenden Auswirkungen des Krieges am eigenen Leib zu spüren bekommen. Auf der anderen Seite wurde so die ursprünglich zum Hauptschlachtfeld bestimmte Iberische Halbinsel zum Nebenschauplatz herabgestuft. Dort harrte der jüngere Bruder Hasdrubal aus, um den weiteren Nachschub (Ausrüstung, Waffen, Lebensmittel) für seinen älteren Bruder zu organisieren, aber auch, um einen römischen Angriff auf die dortigen Stützpunkte Karthagos abzuwehren. Zu diesem Zweck wurde Hasdrubal eine kleine Streitmacht unterstellt, die aus 12 000 Fußsoldaten, 2500 Reitern und 21 Kriegselefanten sowie einem Küstenschutz aus 57 Schiffen bestand, von denen allerdings nur 37 Schiffe einsatzfähig waren (Abb. 26). Dagegen zählte das Hauptheer Hannibals angeblich 90 000 Fußsoldaten, 12 000 Reiter und 37 Elefanten, als man 218 v. Chr. Carthago Nova verließ. Zunächst durchquerte es bis zur Ebromündung die karthagische Einflußsphäre und unterwarf in anschließenden Kämpfen verschiedene Stämme bis zum Südabhang der Pyrenäen (Ilergeten, Bargusier, Airenusier, Andosiner). Hier wurden anschließend zu Kontrollzwecken Truppen unter dem Kommando Hannos stationiert. Ihm wurde auch der Schutz des Trosses übertragen, der in Kissa (nahe Tarragona) zurückblieb. Desweiteren wurden 10 000 Fußsoldaten und 1000 Reiter zurück zu Hasdrubal geschickt. Offenbar hatte Hannibal von den Angriffsplänen der römischen Kriegsseite erfahren. Der weitaus größte Teil des karthagischen Heeres machte sich inzwischen an die Überquerung der Pyrenäen, um von dort aus durch Südfrankreich und über die Pässe der Westalpen bis nach Norditalien vorzudringen. Den Boden der Pyrenäenhalbinsel hat Hannibal nie wieder betreten.

In der Zwischenzeit war auch die römische Kriegsseite nicht untätig gewesen. Der mit der Kriegsführung in Spanien beauftragte Konsul P. Cornelius Scipio legte auf dem Weg nach Westen eine Zwischenstation an der Mündung der Rhône ein. Dort erfuhr er vom Herankommen des karthagischen Heeres, erkannte jedoch bald seine völlige Unterlegenheit. Als das feindliche Heer

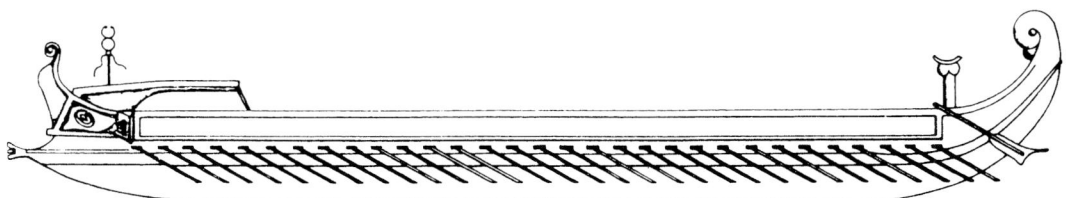

Abb. 26 Rekonstruktionszeichnung einer karthagischen Kriegsgaleere. Die große Kriegsflotte bildete das Rückgrat der karthagischen Militärmacht.

2. Punischer Krieg

Abb. 27   Übersichtskarte zu den Feldzügen Hannibals auf der Iberischen Halbinsel 221–218 v. Chr.

unbehelligt die Rhône überquerte und weiter auf die Alpen zu marschierte, wurde ihm schlagartig der spektakuläre Kriegsplan Hannibals klar. Diesen versuchte er zu durchkreuzen, indem er seinen Bruder Cn. Cornelius Scipio, der ihm unterstellt war, mit der Hälfte der Flotte (30 Schiffe) und des Heeres (eine Legion) nach Spanien voraus sandte, um so wenigstens den Nachschub für die Truppen Hannibals zu stören. Er selbst eilte mit der anderen Hälfte des Heeres nach Italien zurück, um sich mit den römischen Truppen in Oberitalien zu vereinigen und dann dort mit vereinten Kräften Kathago entgegen zu treten, freilich ohne Erfolg. Hannibal gewann sowohl die Schlacht am Ticinus, worauf zu allem Überfluß die Kelten Oberitaliens scharenweise zu ihm überliefen, als auch später die Schlacht an der Trebia. Anschließend fiel er in Mittelitalien ein.

Römischer Zugriff auf die Iberische Halbinsel

Die Landung des Cn. Cornelius Scipio bei Emporiae/Ampurias im September 218 v. Chr. markiert den Beginn der über 600 Jahre andauernden Präsenz Roms auf der Iberischen Halbinsel. Anfangs diente Ampurias als wichtigste römische Operationsbasis.

Bald wurde diese jedoch in das weiter südlich und zentraler gelegene Tarraco/Tarragona verlegt. Danach behielt die Stadt ihre herausragende ökonomische Bedeutung für die Römer weiterhin bei (z. B. als Münzprägestätte und für den Zwischenhandel). Von Tarragona aus unternahm Cn. Scipio bald einige Fahrten entlang der Küste und ging wiederholt auch an Land, dabei freilich wenig friedliche Absichten verfolgend. Einige Städte leisteten Widerstand, manche ergaben sich freiwillig. Bei einem Vorstoß in das Landesinnere kam es zur Schlacht mit den Truppen des Hanno, die mit einem römischen Sieg endete, worauf alle Stämme nördlich des Ebros zu den Siegern überliefen. Auf diese schlechten Nachrichten hin eilte zwar Hasdrubal aus Carthago Nova mit seinen Truppen heran, traf allerdings zu spät ein, um noch entscheidend eingreifen zu können. Bei einem Überfall auf römische Seesoldaten bei Tarraco verloren zwar viele ihr Leben, jedoch konnten die römischen Schiffe nicht eingenommen werden. Die folgende Winterpause verbrachte Cn. Scipio in Tarraco. Zu jener Zeit beschränkte sich das römische Herrschaftsgebiet auf einen schmalen Küstenstreifen um Emporiae und Tarraco. Alle römischen Eroberungen darüber hinaus sind reine Spekulation, die jeglicher sicheren Grundlage entbehren.

Im nächsten Frühjahr (217 v. Chr.) griff Hasdrubal mit einer verstärkten Streitmacht in das Geschehen ein, wobei er jetzt 40 Schiffe zur Verfügung hatte. Nahe der Ebromündung begab man sich solange in Lauerstellung, bis die römischen Streitkräfte nahten, die ihrerseits durch Schiffe der Bürger von Massalia/ Marseille Verstärkung erhielten. Bei der anschließenden Seeschlacht verlor die karthagische Seite 25 Schiffe. Im Laufe des Sommers traf dann Publius Scipio aus Italien mit Truppenverstärkungen (20–30 Schiffe, 8000 Soldaten) ein. Wenn man den antiken Quellen (v. a. Livius) Glauben schenken will, überquerten die beiden Brüder anschließend den Ebro und marschierten entlang der Küste bis nach Sagunt.

Die Ereignisse des Jahres 216 v. Chr. – als Rom mit der Schlacht von Cannae und über 90000 Gefallenen seine fürchterlichste Niederlage aller Zeiten erfuhr – waren zunächst im Westen Andalusiens durch einen großen Aufstand im Gebiet der Tartessier bestimmt, der von Hasdrubal blutig niedergeschlagen wurde. Erneut überschritten die Scipionen den Ebro, um die Stadt Ibera anzugreifen. Vielleicht wußten sie davon, daß Hasdrubal aus Karthago die Weisung erhalten hatte, möglichst rasch seinem in Italien kämpfenden Bruder zu Hilfe zu kommen. Weiter berichten Livius und andere Autoren, die Römer hätten, als Hasdrubal daraufhin eine andere, namentlich nicht überlieferte Stadt angegriffen habe, die Belagerung von Ibera aufgehoben und sich direkt gegen das punische Heer gewandt und es in einer Schlacht besiegt. Allerdings erscheint vor dem Hintergrund der dramatischen Ereignisse in Italien die römische Überlieferung für dieses Kriegsjahr entstellt und verdient deshalb nur wenig Vertrauen. Wenn es schon aus der Heimat nur wenig Erfreuliches zu berichten gab, dann sollten wenigstens die Ereignisse in der Ferne in ein besseres Licht gerückt werden. Tatsächlich läßt sich gar keine Ausdehnung des römischen Herrschaftsbereichs feststellen, der sich weiterhin auf die Gebiete nördlich des Ebros beschränkte, während man nach Süden offenbar lediglich begrenzte Vorstöße riskierte. Diese Feststellung gilt auch für das folgende Kriegsjahr 215 v. Chr., für das von einem Vorstoß der Römer nach Süden bis in die Gegend von Castulo berichtet wird. Die Erzählungen von heldenhaften Taten trotz drückender gegnerischer Überlegenheit wollen freilich nicht dazu passen, daß zur selben Zeit der karthagische Oberbefehlshaber Hasdrubal ausreichend Gelegenheit dazu fand, mit seinem Heer das Land zu verlassen, um in Afrika den Aufstand der Numider zu bekämpfen.

Erst im Jahre 214 v. Chr. veränderte sich die Lage zugunsten der römischen Seite, als P. Scipio den Ebro überquerte und nach Süden zog, wo er bei Castrum Album (Alicante) sein Lager aufschlug; wenig später trat auch Castulo zu den Römern über. Anschließend kam Cn. Scipio dem belagerten Iliturgi zu Hilfe und bereitete den Karthagern eine schwere Niederlage, der weitere im Süden folgten. Die Feldzugskampagne dieses erfolgreichen Jahres beschloß die römische Eroberung von Sagunt.

Für die beiden folgenden Jahre 213 bzw. 212 v. Chr. sind keine nennenswerten Ereignisse überliefert. In jenen Jahren konzentrierte sich das Geschehen vollständig auf den italischen Kriegsschauplatz.

Niederlage der Scipionen

211 v. Chr. gingen die Scipionenbrüder zur entschlossenen Offensive über, was jedoch für beide mit der persönlichen Katastrophe enden sollte. Zu Beginn der Feldzugssaison hatte man keltiberische Truppen in beträchtlichem Umfang (25000 Mann) angeworben und in den römischen Militärdrill eingewöhnt; solchermaßen mannschaftlich verstärkt glaubte man zum Angriff übergehen zu können. Das römische Heer wurde zu diesem Zweck in zwei Hälften geteilt (Abb. 31). Zunutze machen wollte man sich dabei den Umstand, daß die drei punischen Heere weit voneinander entfernt stationiert waren: Hasdrubal bei der Stadt Amtorgis, deren genaue Lage unbekannt ist, sein Bruder Mago und Hasdrubal, der Sohn des Gisgo, fünf Tagesmärsche davon entfernt. Gegen letztere entschloß sich P. Scipio ins Felde zu ziehen; unablässig von der gegnerischen numidischen Reiterei attackiert, wollte er dem anrückenden iberischen Heer aus Ilergeten und Suessetanern entgegen rücken, geriet aber unterwegs in eine Falle und fiel schließlich im Kampf. Sogleich marschierten die beiden siegreichen punischen Feldherrn nach Amtorgis, um sich mit dem Heer des Hasdrubal zu vereinigen. Angesichts der nunmehr drohenden Umklammerung versuchte Cn. Scipio, dessen Lage inzwischen durch den Abfall der keltiberischen Sol-

Abb. 28 Die Puerta de Sevilla in Carmona, Prov. Sevilla. Der bastionsartige Vorbau in der Bildmitte stammt aus dem 3. Jh. v. Chr.

2. PUNISCHER KRIEG

Abb. 29   Blick auf Sagunt, Prov. Valencia. Im Hintergrund der Burgberg mit der antiken Stadtanlage, davor das römische Theater.

Abb. 30   Iberische Siedlung von Ullastret, Prov. Girona. Blick auf Tor 1 (Westseite).

daten äußerst kritisch geworden war, sich in der Nacht von den punischen Streitkräften zu lösen. Diese gelang jedoch nicht, sondern die Römer wurden bald eingeholt, auf einem kahlen Hügel, der nur unzureichende Deckung bot, eingekesselt und zuletzt trotz verzweifelter Gegenwehr bis auf wenige Überlebende niedergemetzelt. Unter den Toten befand sich auch der Oberbefehlshaber Cn. Scipio. Beide Brüder fanden kurz hintereinander auf dem Schlachtfeld den Tod. Trotz ihrer eindeutigen Vorteile waren die Karthager nicht in der Lage, ihren Triumph vollständig auszunützen, denn es gelang ihnen nicht, sich von Spanien zu lösen und nach Italien überzusetzen. Auch reagierte die römische Seite rasch und schickte ihrerseits in Italien frei gewordene Truppen unter dem Kommando des Propraetors M. Claudius Nero über das Meer. Diesem gelang es schließlich, Hasdrubal in den Wäldern der Umgebung einzuschließen. Alle angeblich oder auch wirklich eroberten Gebiete im Süden gingen allerdings wieder verloren. Lediglich der Küstenstreifen um Tarraco und Emporiae verblieb weiterhin unter römischer Kontrolle. Die Römer waren wieder auf die Ausgangssituation der Jahre 218/17 v. Chr. zurückgeworfen worden.

Der Aufstieg des P. Cornelius Scipio

Fast einem Wunder kommt es gleich, daß im folgenden Jahr (210 v. Chr.) der Oberbefehl für die Kriegsführung in Hispanien dem jungen P. Cornelius Scipio übertragen wurde. Ein Vorgang, welcher geltendem Recht und Gesetz widersprach, da es dieser allein schon aufgrund seiner Jugend bisher nur bis zum Ädilen gebracht hatte (Abb. 34). Die tatsächlichen Beweggründe für diese ungewöhnliche Maßnahme werden stets im Verborgenen bleiben. Für den neuen Oberbefehlshaber selbst mögen vor allem persönliche Gründe eine Rolle gespielt haben. Insbesondere die Vergeltung des Todes seines Vaters und seines Onkels im Jahr zuvor. Um der

Abb. 31 Römische Soldaten des 3. Jhs. v. Chr. Rechts ein Hastatus oder Princeps, mit Helm, Brustpanzer bzw. Kettenhemd und Scutum (Schild), Schwert (gladius) sowie zwei Pila. Die Hastati und Principes (jeweils 1200 Mann) stellten die ersten beiden Treffen der Infanterie. Das dritte bildeten die Triarii, erfahrene Soldaten, die anstatt der Pila Lanzen bei sich trugen. Dazu kamen 600 Leichtbewaffnete (Velites) und 300 Reiter. Da die Waffen selbst zu stellen waren, mußte der wehrpflichtige römische Bürger über einen gewissen Besitzstand verfügen. Zum Dienst herangezogen wurde man im Alter zwischen 17 und 46 Jahren (iuniores) bzw. 60 Jahren (seniores). Nach Angaben des Polybios betrug die Gesamtstärke der Legion zu jener Zeit 4200 Infanteristen, die in Ausnahmefällen auf 5000 Mann aufgestockt werden konnte. Wichtigste taktische Einheit war das Manipel.

Abb. 32 Bronzestatue eines Mannes in Toga mit Rednergestus. Florenz, Arch. Museum. H. 1,70 m. Um 100 v. Chr.

berechtigten Kritik, für dieses Vorhaben mangele es ihm an militärischer Erfahrung, zu begegnen, wurde Scipio der *adiutor* M. Iunius Silanus an die Seite gestellt. Das in Hispanien stationierte römische Heer sollte mit 10 000 Mann und 1000 Reitern verstärkt werden (Abb. 31. 33). Desweiteren war für die Kriegskasse ein Betrag von 400 Talenten bestimmt. Bei der Organisation des Transports nach Spanien, für den 30 Schiffe vorgesehen waren, traten schwerwiegende Probleme auf, als es um die Bezahlung der dafür notwendigen Ruderer ging. Es zeigte sich, daß nach dem langen und strapaziösen Krieg, der zur Verwüstung weiter Landstriche in Italien geführt hatte, die finanzielle Leistungsbereitschaft der Bürger an den Rand der Erschöpfung gerückt war. Außerdem bereitete die Versorgung der Soldaten, aber auch der Zivilbevölkerung immer größere Schwierigkeiten. Seit Jahren waren viele Felder in Italien unbestellt geblieben, da die Bauern zum Heeresdienst eingezogen waren oder sich vor marodierenden Soldaten in Sicherheit bringen mußten.

Nach seiner Ankunft (209 v. Chr.) verwendete P. Cornelius Scipio zunächst die Zeit, um die Truppen exerzieren zu lassen und die vorgefundenen verschiedenen Heeresteile – Überreste der Einheiten seines Vaters und seines Onkels, die Truppen des Claudius Nero und die von ihm selbst mitgebrachten Soldaten – zu einer homogenen Einheit zu verschmelzen (Abb. 35).

Die Eroberung von Carthago Nova

Mit dieser ansehnlichen Streitmacht faßte er den tollkühnen Plan eines Angriffs auf Carthago Nova, um die karthagische Machtbasis in ihren Grundfesten zu erschüttern (Abb. 36). Diese Stadt bildete nicht nur den wichtigsten Stützpunkt der Karthager auf der Iberischen Halbinsel, da sie als Aufbewahrungsort der Kriegskasse fungierte. Hier befanden sich auch der Schwerpunkt der punischen Waffenindustrie, der Verwahrungsort der iberi-

Abb. 33 Auf der ältesten römischen Goldprägung (218 v. Chr.) sind zwei römische Soldaten dargestellt, die unterschiedlich alt und auch verschieden bewaffnet sind (Bundesgenosse bzw. römischer Vollbürger?). Mit Schwertern stechen sie zur Beschwörung der gegenseitigen Treue in ein Schwein, das ein kniender Diener in der Mitte vor sich hält. Legende: ROMA.

Abb. 34 Porträtdarstellung des Scipio Africanus (?) auf einem goldenen Siegelring. Seitlich die Beischrift des Herakleidas. Fundort Capua. Wende 3./2. Jh. v. Chr. Dem genialen Feldherrntalent des Scipio haben die Römer schließlich ihre Siege über Karthago in Hispanien und Africa zu verdanken. Neapel, Archäologisches Nationalmuseum.

schen Geiseln, und das Zentrum des Warenhandels und die Sammelstelle für die Bodenschätze, die in unmittelbarer Nähe abgebaut wurden (v. a. Silber). Völlig ahnungslos lagen die punischen Heere über den gesamten Südteil der Halbinsel verstreut. Mago mit seinen Truppen im Land der Konier (Südwest-Portugal), Hasdrubal, Sohn des Gisgo, weiter nördlich an der Mündung des Tajo und schließlich Hasdrubal im Gebiet der Carpetaner; hinzu kam, daß man sich untereinander nicht einig war, sondern im Zwist lebte. Alle Abteilungen lagen mindestens zehn Tagesmärsche von Carthago Nova entfernt, welches selbst nur von 1000 Soldaten bewacht wurde. Unter strengster Geheimhaltung wurde der kühne Plan ausgeführt; nur eine kleine Truppe blieb am Ebro zurück. Im Widerspruch zu den Angaben der antiken Schriftsteller (Livius) wurde das römische Heer sicherlich auf dem Wasserweg herantransportiert, um auf diese Weise den Überraschungseffekt zu erhöhen, auf den es schließlich bei diesem Kriegsplan entscheidend ankam.

Wie bereits an anderer Stelle ausgeführt (s. S. 20), lag Carthago Nova auf einer Halbinsel, die im Süden und Westen vom Mittelmeer, im Norden von einer seichten Lagune umgeben war. Auf ihr erhoben sich fünf Hügel, die jeweils von signifikanten Bauwerken bekrönt wurden: dem Cerro de la Concepción (Tempel des Eshmun-Asklepios) zum offenen Meer hin, genau gegenüber liegend dem Cerro del Molinete mit der palastartig ausgebauten Burg, sowie, jeweils deutlich niedriger, dem Monte Sacro (Tempel des Baal Hammon-Kronos), dem Monte San José (Aletestempel) und schließlich dem Castillo de Despena Perros (Hephaistostempel) exakt an der schmalen Landbrücke nach Osten, wo das römische Heer nach seiner Ankunft ein Feldlager errichtete. Von den antiken Autoren wurde die Wehrhaftigkeit der gesamten Stadtanlage betont. Wie bei neueren Ausgrabungen festgestellt wurde, umgab die Stadt ein Mauerring hellenistischer Bauart (Breite: 6 m) (Abb. 21).

Nach dem Eintreffen der römischen Truppen hatte sich die anfänglich große Überraschung unter den punischen Verteidigern bald wieder gelegt. Zusätzlich zu den ursprünglich 1000 Soldaten hatte Mago 2000 Bürger mit Waffen ausrüsten können, so daß den Römern eine durchaus ansehnliche Streitmacht entgegen trat. Vielleicht wurde die geplante Eroberung also doch kein einfacher Spaziergang?

Vom Ablauf des Geschehens findet sich bei Polybios eine höchst anschauliche Darstellung. Trotz des unvermuteten Erscheinens der Römer quasi aus dem Nichts und trotz aller zahlenmäßigen Überlegenheit konnte ihr erster Sturmangriff auf die Stadt blutig abgewiesen werden. Bei Polybios heißt es weiter: «Publius (Scipio) aber, der jetzt auf den Eintritt der Ebbe wartete, stellte an der Lagune fünfhundert Mann mit Leitern bereit, auf der Landzunge aber setzte er zum Angriff auf das Tor frische

Abb. 35 Übersichtskarte zu den Feldzügen der Jahre 209–207 v. Chr.

Truppen an, richtete ermunternde Worte an sie und gab ihnen noch mehr Leitern mit als zuvor, so daß die Mauer in ihrer ganzen Ausdehnung von emporklimmenden Soldaten bedeckt war. Als das Signal zum Angriff erscholl, die Leitern angelegt wurden und der Sturm überall von neuem und mit frischem Mut einsetzte, entstand bei den Verteidigern Angst und Schrecken. [...] Gerade in dem Augenblick aber, als der Kampf auf den Leitern auf dem Höhepunkt angelangt war, setzte die Ebbe ein, das Wasser trat allmählich vom Rand der Lagune zurück und ergoß sich in voller, starker Strömung durch die Mündung in das benachbarte Meer, ein Schauspiel kaum glaublich für alle, die nicht vorbereitet waren. Aber Publius hieß die zu diesem Unternehmen Kommandierten unter Führung Ortskundiger [...] unverzagt das Watt zu betreten [...] Sie gehorchten also und wetteiferten, rasch durch das seichte Wasser zu laufen, das ganze Heer dachte nicht anders, als daß hier ein Gott in das Geschehen eingegriffen habe. Da sie sich nun dessen erinnerten, daß ihnen Publius in seiner Ansprache die Hilfe des Poseidon (Neptun) in Aussicht gestellt hatte, wuchs ihr Mut so sehr, daß sie unter dem Dach von Schilden gegen das Tor vordrangen und von außen mit Beilen und Äxten die Torflügel einzuschlagen versuchten. Die andere Abteilung kam unterdessen durch das Watt an die Mauer heran, fand die Zinnen unbesetzt und konnte nicht nur in aller Ruhe die Leitern anlegen, sondern auch hinaufsteigen und kampflos besetzen [...].

Als die Römer die Mauer genommen hatten, gingen sie zuerst oben auf dieser entlang und säuberten sie von den Feinden. [...] Beim Tor angelangt, stiegen sie hinunter und zerschlugen die Riegel, worauf ihre Kameraden eindrangen, während gleichzeitig die, welche von der Landseite her auf den Leitern zu stürmen versuchten, den Widerstand der Verteidiger brachen und die Zinnen erstiegen. [...] Als Publius genügend Truppen in der Stadt zu haben glaubte, schickte er die meisten, wie es bei den Römern üblich ist, gegen die Einwohner aus, mit dem Befehl, zu töten wen sie träfen und keinen zu schonen, auf Plünderungen aber vorerst sich nicht einzulassen, bis das Zeichen gegeben würde. [...] Publius selbst wandte sich mit tausend Mann gegen die Burg. Als er heran war, dachte Mago zuerst an Verteidigung; da er jedoch sah, daß die Stadt bereits im festen Besitz der Feinde war, schickte er einen Boten, bat um sein Leben und übergab die Burg. Nun ließ Scipio das Zeichen geben, worauf die Soldaten mit dem Morden aufhörten und mit dem Plündern begannen. [...]» (Pol. 10,14 f.; Übers. H. Drexler)

Die Beute war immens. Im Einzelnen genannt werden 600 Talente, 270 goldene Schalen zu je einem Pfund, 18 300 Pfunde geprägten und unverarbeitetes Silber, die gesamte Kriegskasse der Karthager und große Mengen an Getreide. Beträchtlich war auch der erbeutete Bestand an mechanischen Wurfgeschützen aller Art, was für die Fortsetzung des Krieges von nicht zu unterschätzender Bedeutung war.

Anschließend bewies Scipio Milde. Diejenigen Bürger von Carthago Nova, die das entsetzliche Massaker durch die römischen Eroberer überlebt hatten, ließ er gemeinsam mit ihren Frauen und Kindern frei. Die Handwerker wurden zu Staatssklaven gemacht und dazu verpflichtet, nunmehr Waffen für ihre neuen Herren anzufertigen, wofür man ihnen jedoch die Freilassung nach Kriegsende in Aussicht stellte. Die jüngsten und kräftigsten Gefangenen wurden als Ruderer auf die Schiffe geschickt. Die 300 iberischen Geiseln, die sich in der Stadt in karthagischem Gewahrsam aufgehalten hatten, gelangten zunächst in römischen Gewahrsam. Eine Entlassung kam erst in Frage, wenn der jeweilige Heimatstamm offen bereit war, auf die römische Seite überzuwechseln. Um aller Welt die Größe des soeben errungenen Erfolges vor Augen zu führen, wurden schließlich der karthagische Stadtkommandant Mago, zwei Mitglieder des Rates der Alten und 15 Mitglieder des Großen Rates, die man während der Kampfhandlungen festgenommen hatte, als Gefangene nach Rom geschickt.

Auch unter römischer Herrschaft behielt Carthago Nova seine große Bedeutung bei. Im weiteren Verlauf des zweiten Punischen Krieges diente die Stadt als wichtigster Stützpunkt der Römer im Süden. Seit dem frühen 2. Jh. v. Chr. war sie dann Hauptstadt der Provinz Hispania citerior, ein Rang, den sie allerdings unter Augustus an Tarraco/Tarragona abtreten mußte. Trotz mancher Ausgrabungen der letzten Jahre im Stadtzentrum weiß man bisher kaum Genaueres über den Umwandlungsprozeß in eine römische Stadt, der hier so präzise wie nur an wenigen anderen Plätzen studiert werden könnte. Wohl im Zusammenhang mit einem Aufenthalt Caesars im Jahre 45 v. Chr. erfolgte schließlich die Erhebung der Stadt zur Colonia Urbs Iulia Nova Carthago.

Gegen die punischen Positionen auf der Iberischen Halbinsel war P. Scipio damit ein entscheidender Schlag geglückt. Außer allen herben militärischen und wirtschaftlichen Verlusten war vor allem der Prestigeverlust Karthagos bei den einheimischen Stämmen nicht wiedergutzumachen. Im Jahr darauf (208 v. Chr.) wagte es als erster Iberer, ein Fürst der Edetaner mit Namen Edeko oder Edesco, dessen Frau und Söhne in römischer Geiselhaft waren, einen Vertrag mit Scipio zu schließen. Kurze Zeit

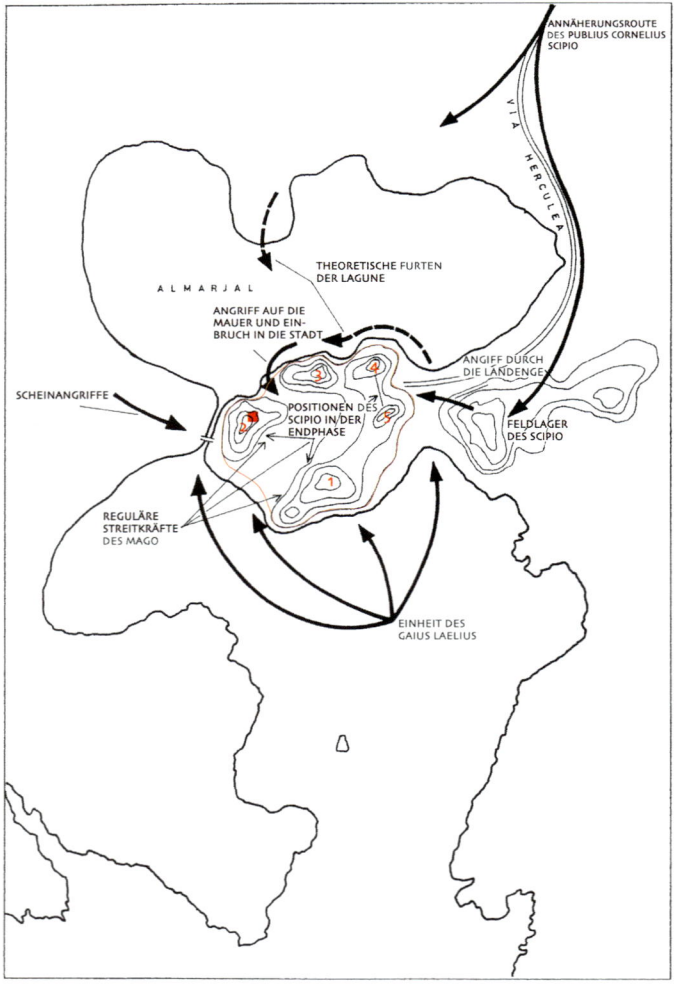

Abb. 36   Skizze zum Überraschungsangriff des Scipio auf Cartagena. 1 Monte Concepción – Tempel des Asklepios, 2 Monte Molinete – Burg, 3 Monte Sacro – Tempel des Kronos, 4 San José – Tempel der Aletes, 5 Castro de Despeña Perros – Tempel des Hephaistos.

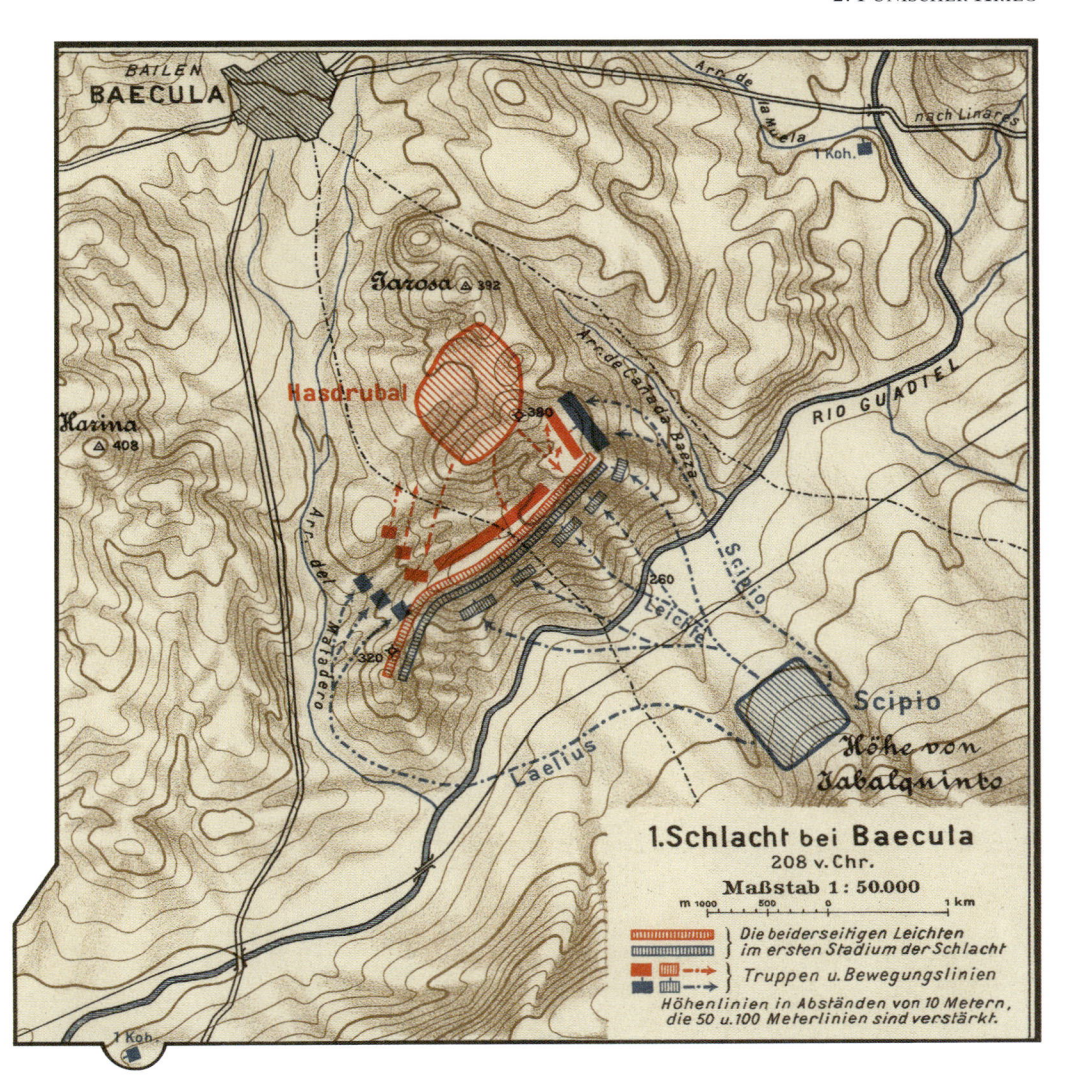

Abb. 37 Skizze der Schlacht von Baecula.

später liefen mit Indibilis und dessen Bruder Mandonius, beide Fürsten der Ilergeten, ausgerechnet diejenigen Würdenträger zu den Römern über, die bisher als die treuesten Verbündeten Karthagos gegolten hatten. Mit ihren Truppen flüchteten sie in schwer zugängliches Gebiet; mit ihrem Abfall lösten sie eine regelrechte Absetzbewegung von Karthago aus.

Der Tod des Hasdrubal

Der karthagischen Seite blieb jetzt nichts anderes übrig als zu versuchen, noch das Beste aus der verfahrenen Situation zu machen. Offenbar schon bald reifte bei Hasdrubal der Plan, mittels einer erneuten Alpenüberquerung seinem Bruder Hannibal zu Hilfe zu kommen. Zur Vorbereitung dieses Vorhabens warb er unter den Iberern zahlreiche Kriegssöldner an. Selbst angesichts der empfindlichen Rückschläge der letzten Zeit ließ sich vielleicht auf diese Weise die ersehnte Kriegsentscheidung herbeiführen, wenn nicht auf spanischem Boden, dann eben in Italien. Diese Maßnahmen störte Scipio, der sein Winterlager in Tarraco verließ und Hasdrubal angriff. In der Schlacht von Baecula (Bailén) änderten die Römer ihre sonst übliche Vorgehensweise. Diesmal wurden im Zentrum die Leichtbewaffneten aufgestellt, während das Schwergewicht auf den Truppen der beidseitigen Heeresflügel lag, die den Hügel, auf dem sich die Karthager verschanzt hatten, von den Seiten her hinaufstürmten (Abb. 37). Es dauerte nicht lange, bis die Karthager überwältigt waren. Hasdrubal gelang es, sich vor den römischen Truppen zu retten und sich nach Osten, in Richtung der Pyrenäen bzw. Italien abzusetzen. In der Schlacht am Metaurus im Sommer 207 v. Chr. erlebte er eine Niederlage und verlor sein Leben, ohne seinen Bruder Hannibal jemals wiedergesehen zu haben. Daß Scipio ihn, den Unterlegenen, nicht verfolgte, sondern abziehen ließ, trug ihm später schwere Vorwürfe ein. Offenkundig waren ihm jedoch damals die Pläne Hasdrubals nicht bekannt, sonst hätte er sicherlich versucht, diesem den Weg zu verstellen. Die beiden anderen karthagischen Feldherren verhielten sich währenddessen abwartend-passiv, was ihr schlechtes Zusammenwirken erneut vor Augen führte. Für die gesamte übrige Feldzugssaison sind keine weiteren Kampfhandlungen überliefert. Scipio begab sich auch am Ende dieses Jahres wieder in das Winterquartier nach Tarraco/Tarragona (Abb. 38–40).

Gegenwehr Karthagos

Allerdings gaben die Karthager den Krieg in Hispanien auch jetzt noch nicht verloren. Im Frühjahr 207 v. Chr. entschloß man sich zu einer weiteren Initiative und entsandte als Verstärkung den General Hanno zu Mago. Beide Heerführer wurden beauftragt, nochmals keltiberische Truppen in Zentralspanien anzuwerben. Scipio, dem diese Bemühungen sehr bald zu Ohren ka-

2. Punischer Krieg

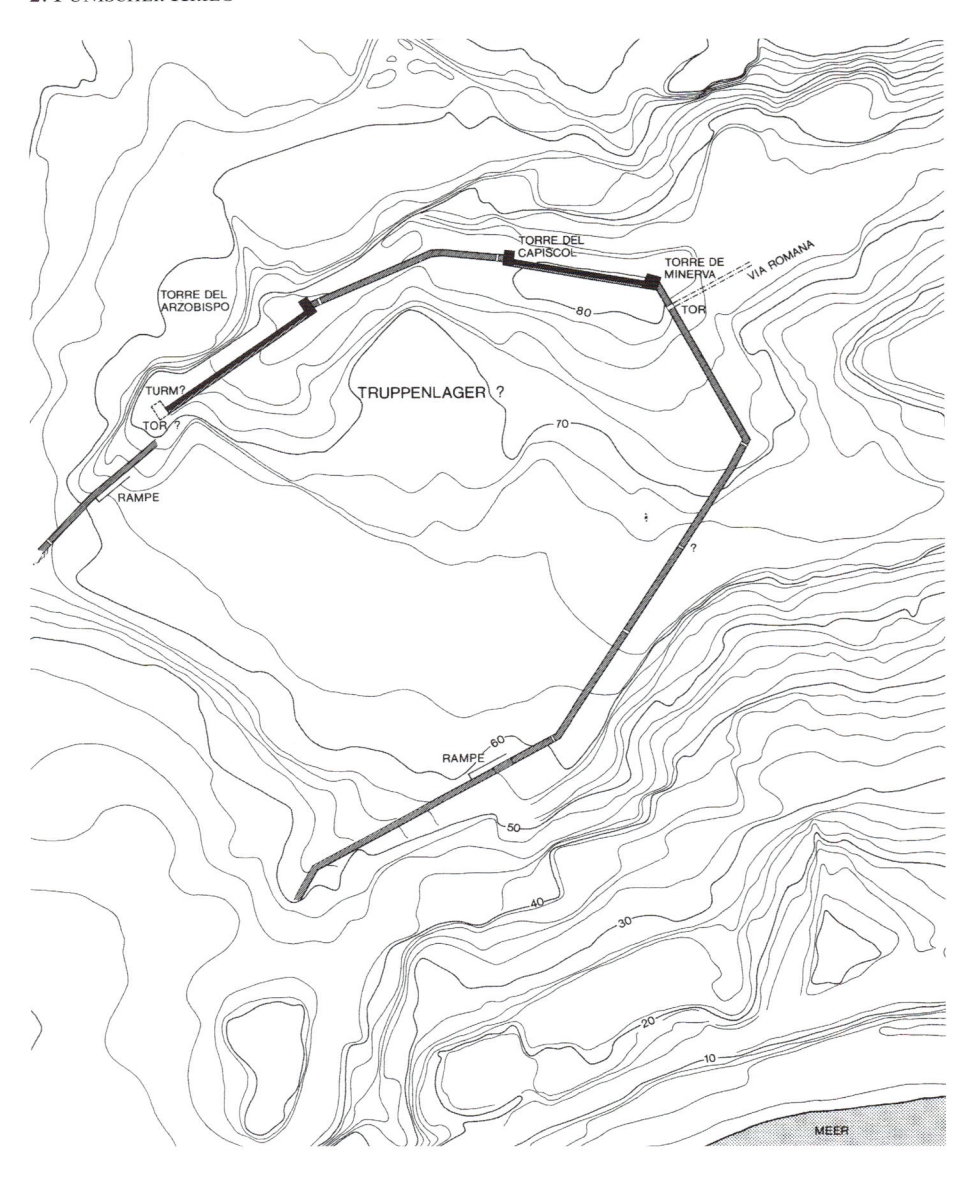

Abb. 38 Plan der römischen Stadtmauer von Tarragona. Die ältesten Teile sind hervorgehoben.

Abb. 39 Römische Stadtmauer von Tarragona. Blick auf die «Torre de Minerva». Das dort angebrachte, namengebende Relief mit der Darstellung der Göttin Minerva zählt zu den ältesten römischen Denkmälern auf der Iberischen Halbinsel. Um 200 v. Chr.

Abb. 40   Tarragona. Blick von der Stadtmauer auf das Amphitheater (Wende 1./2. Jh. n. Chr.).

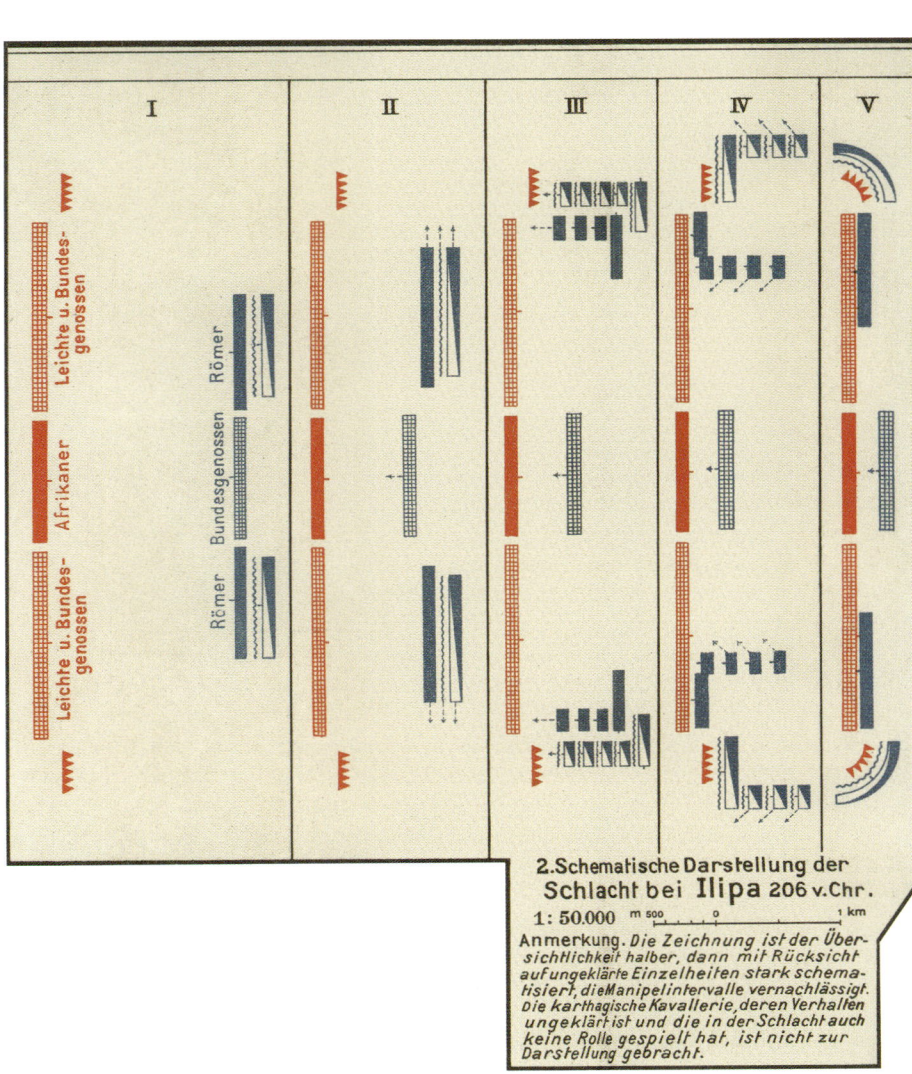

Abb. 41   Skizze der Schlacht von Ilipa, 206 v. Chr.

men, schickte daraufhin den M. Iunius Silanus in diese Gegend, der das unerfahrene, gerade in der Mobilisierung begriffene Heer vernichtend schlug. Während Hanno in römische Kriegsgefangenschaft geriet, konnte Mago entkommen, die keltiberischen Söldner wurden verschont und in die Heimat entlassen. Jetzt war nur noch ein einziges punisches Heer in Hispanien stationiert, das unter dem Kommando des Hasdrubal, Sohn des Gisgo, im Süden lag und welches es jetzt noch auszuschalten galt. Um den römischen Angriff zu erschweren, und auch weil der Krieg möglichst in die Länge gezogen werden sollte, hatte Hasdrubal seine Truppen auf mehrere befestigte Plätze der Baetica verteilt. Aber auch vor dieser Aufgabe schreckte Scipio keineswegs zurück.

Abb. 42 Blick über das Stadtgelände von Itálica, Prov. Sevilla, dem späteren Geburtsort der Kaiser Trajan und Hadrian. Gut erkennbar ist die Anlage der Stadt auf einer Hochterrasse über dem Tal des Baetis/Guadalquivir.

Zunächst beauftragte er seinen Bruder Lucius mit der Eroberung der Stadt Orongis/Oningis, in deren Nachbarschaft reiche Silberbergwerke lagen. Nach heftigen Kämpfen gelang es, diese strategisch wichtige Stadt zu erobern. Die Einwohner wurden diesmal nicht, wie es ansonsten leider übliche Praxis geworden war, ermordet oder versklavt, sondern verschont und am Leben gelassen. Mit diesem Zeichen der Milde sollten die wenigen Anhänger, die den Karthagern verblieben waren, von der Aussichtslosigkeit ihrer Lage überzeugt werden. Daraufhin entschloß sich Hasdrubal, die Entscheidungsschlacht zu suchen. Durch Sammlung aller Truppen und weitere Anwerbungen soll sein Heer schließlich nach Livius eine Gesamtstärke von 50 000 Fußsoldaten, 4500 Reitern und 32 Elefanten erreicht haben, womit das karthagische Heer dem römischen zahlenmäßig sogar leicht überlegen gewesen wäre. Dessen Größe wird lediglich mit 45 000 Fußsoldaten und 3000 Reitern angegeben.

Die Schlacht nahe dem Ort Ilipa, dessen genaue Lage unbekannt ist (nördlich von Sevilla?), wurde durch tagelanges Geplänkel der Reiterei vorbereitet. Überraschend griffen dann die Römer in der Morgendämmerung an, den Karthagern blieb keine Zeit, sich ordentlich zu versammeln (Abb. 41). Wieder griff Scipio zu einer Kriegslist: Genauso wie in Baecula war auch dieses Mal die schwere römische Infanterie auf die Flügel verteilt und kämpfte gegen die iberischen Hilfstruppen der Gegenseite. Schließlich gelang das erhoffte Einschlußmanöver, während der gesamten Dauer der Schlacht war das punische Zentrum nicht zum Einsatz gekommen. Der Sieg der römischen Seite war groß, ein Debakel der Karthager wurde nur durch einen Gewitterregen verhindert. Hasdrubal rettete sich nach Gades, nunmehr die letzte verbliebene Basis der Karthager.

Unterwerfung Südspaniens

Im nächsten Frühjahr unternahm Scipio eine Gesandtschaftsreise zum Numiderkönig Syphax. Erst im weiteren Verlauf des Jahres setzte er die Bekämpfung der letzten punischen Widerstandsnester fort. Zunächst wurde die Stadt Ilurgeia angegriffen, der man eine beträchtliche Mitschuld am Tod der Scipionenbrüder zuschrieb. Trotz heftigem Widerstand eroberte man die Stadt und vernichtete sie anschließend mit größter Brutalität. Milder verfuhr Scipio im Fall der Stadt Kastax, die sich freiwillig unterwarf. Anschließend veranstaltete er in Carthago Nova Leichenspiele zu Ehren seiner gefallenen Verwandten. Währenddessen unternahm L. Marcius einen Vorstoß über den Guadalquivir. Als Grund dafür wurden angebliche Raubzüge der Einwohner von Ostippo angegeben, die, als sie die Niederlage unausweichlich auf sich zukommen sahen, lieber den Tod in der Schlacht bzw. den Freitod suchten, anstatt sich zu ergeben, vermutlich aus Furcht vor der römischen Grausamkeit und Unberechenbarkeit. Als letztes karthagisches Widerstandszentrum blieb schließlich Gades/Cádiz übrig. Honoratioren aus der Stadt suchten Scipio in Carthago Nova auf und boten ihm die Übergabe an. Gades war immer noch ein strategisch äußerst wichtiger Platz, der nur mühsam einzunehmen war, so daß Scipio sofort auf dieses Angebot einging. In der Umgebung der Stadt zog Mago nun alle verbliebenen Truppen und Schiffe zusammen, als am Sucro auf Gerüchte über den angeblichen Tod Scipios hin und wohl auch wegen fehlender Soldzahlungen in dem römischen Heeresverband eine Meuterei ausbrach, entsandte er die Offiziere L. Marcius mit Truppen und Laelius mit Schiffen. Die dadurch verursachte Verzögerung genügte, um die Verschwörung in Gades aufzudecken, deren Anführer verhaftet und sofort nach Karthago geschafft wurden, während die beiden römischen Heerführer unverrichteterdinge nach Carthago Nova zurückkehren mußten.

Die Unterwerfung Südspaniens war noch gar nicht abgeschlossen, da entzündete sich bereits der erste Aufstand gegen die römische Herrschaft. Unter den Ilergeten gärte es, worauf diese unter ihren Anführern Indibilis und Mandonius aufbegehrten; es gelang ihnen sogar, weitere Stämme wie die Ausetanen aufzuwiegeln. Die Aufständischen konnten erst in einer blutigen Schlacht niedergeworfen werden. Auch der Anführer Indibilis kam ums Leben, Mandonius und weitere Anführer wurden ausgeliefert und wenig später hingerichtet. Die Kapitulationsbestimmungen waren sehr hart. Sie verlangten die Zahlung von doppeltem Tribut, die Lieferung von Getreide für sechs Monate sowie von Bekleidung für das römische Heer. Inzwischen bröckelten die Restpositionen der karthagischen Macht immer weiter, immer mehr ihrer Verbündete fielen ab, so daß man schließlich in Karthago die Sache verloren gab und Mago den Befehl erteilte, nach Italien zu kommen und Hannibal mit einem verstärkten Heer zu unterstützen. Zu diesem Zweck wurden nochmals Geldmittel aus Karthago zur Verfügung gestellt. Zusätzliche Mittel wurden auf jede nur denkbare Art und Weise aufgebracht, selbst vor der Plünderung der Tempelschätze von Gades schreckte Mago nicht zurück. Während der Überfahrt nach Ibiza versuchte er dann eine Wiederholung des Überraschungscoups des Scipio und griff handstreichartig Carthago Nova an. Dort waren die Römer jetzt allerdings auf der Hut und brachten Mago eine empfindliche Niederlage bei. Dieser setzte – so die wahrscheinlichste Version der Überlieferung – seine Seereise fort und verbrachte den Winter auf Menorca. Das im Stich gelassene Gades kapitulierte schließlich. Entgegen allen Zusagen wurde eine Besatzung in die Stadt gelegt, da man auf römischer Seite jedes unnötige Risiko vermeiden wollte.

Für Scipio war der Krieg in Hispanien beendet, noch im gleichen Jahr legte er für kranke und verwundete Soldaten westlich von Sevilla eine Siedlung an, die den programmatischen Namen Italica («neues Italien») erhielt. (Abb. 42. 43) Die Kommandogewalt wurde an die beiden Prokonsuln L. Cornelius Lentulus und L. Manlius Acidinus übergeben, die neuerlich ausgehobene Truppen aus Italien mitbrachten. Nach der Rückkehr des Scipio nach Rom fand eine Sondersitzung des Senats in dem außerhalb des *pomerium* (heilige Stadtgrenze) gelegenen Tempel der Bellona statt, in der Scipio seine sensationellen Erfolge aufzählte. Auch wurde die riesige Beute vorgeführt und vornehme Gefangene zur Schau gestellt. Ein ordentlicher Triumph wurde Scipio gewährt, da seine rechtliche Stellung schwierig war und lediglich der eines homo privatus cum imperio (Privatmann mit Kommandogewalt) entsprach. Gleichzeitig bekleidete er kein ordentliches Magistratsamt, was die unbedingte rechtliche Voraussetzung für die Gewährung einer derartigen Ehrung darstellte.

Der weitere Verlauf des 2. Punischen Krieges kann nicht das Thema des vorliegenden Bandes sein. Seine Beendigung im Jahre 201 v. Chr. bedeutete das Ende der karthagischen Großmachtpolitik. Unter anderem hatte es seine vollständige Kriegsflotte bis auf zehn Schiffe abzuliefern und ungeheure Reparationsleistungen zu erfüllen. Nunmehr war Rom endgültig zur unumschränkten Herrscherin des westlichen Mittelmeers geworden.

Abb. 43   Römische Stadt Itálica. Mit Mosaiken prunkvoll ausgestattete Wohnhäuser des 2./3. Jhs. n. Chr.

DAS 2. JAHRHUNDERT V. CHR.

«Πύρινος πόλεμος, ‹der feurige Krieg› wurde der Krieg zwischen Römern und Keltiberern genannt, so unglaublich war sein Charakter und die ununterbrochene Dauer der Kämpfe».
(Pol. 35,1; Übers. H. Drexler)

Während der 1. Hälfte des 2. Jhs. v. Chr. erlebte die römische Republik die dynamischste Expansionsphase ihres Bestehens. Rom stieg von der Vormacht des westlichen Mittelmeers zur alleinigen Beherrscherin des gesamten Mittelmeerraums auf und seine Bedeutung erreichte zuvor niemals gekannte Ausmaße; Hauptmotor der Dynamik war die komplizierte innere Struktur der römischen Republik, mit den unablässig um äußere und innere Erfolge rivalisierenden führenden Adelsfamilien (Nobilität). Diese historische Entwicklung ist wohl kaum als Ausdruck eines unumstößlichen Willens zur absoluten Herrschaftsausübung aufzufassen. Viel mehr bildete sie das Ergebnis einer komplizierten Verknüpfung von einzelnen Ereignissen, die anfangs oft unüberwindbare Herausforderungen darzustellen schienen, letztendlich aber alle erfolgreich bewältigt wurden («Römischer Imperialismus»). Von diesen Herausforderungen müssen drei besonders hervorgehoben werden: Zunächst die Niederwerfung der hellenistischen Großreiche im östlichen Mittelmeer (Makedonien, Seleukidenreich), die schließlich mit der Annexion von weiten Teilen Griechenlands und Kleinasiens endete. Weiterhin die Auslöschung des lange Zeit ebenbürtigen Rivalen um die Vorherrschaft im Westen, Karthago, ein Vorgang von nahezu unerhörter mentaler Wirkung und schließlich – weniger spektakulär, dennoch mit mindestens eben so gravierenden Auswirkungen auf die innere Entwicklung des römischen Staatswesens – die langjährigen und wechselhaften, mitunter sogar qualvollen Kriege auf der Iberischen Halbinsel.

Die eroberten Gebiete wurden der Verwaltung nach verschiedenen Provinzen zugeschlagen. Der Begriff *provincia* meint dabei zunächst ganz allgemein lediglich den verwaltungstechnischen oder militärisch-räumlichen Aufgabenbereich (Kriegsschauplatz) eines römischen Magistrates. Erst später wurde «Provinz», dem heutigen Sprachgebrauch entsprechend, vorrangig als Bezeichnung für ein klar abgegrenztes Territorium verwendet, in dem der betreffende Beamte zivile Aufgaben (Rechtssprechung, Überwachung des Steuer- und Tributwesens, Verwaltung) wahrnahm, aber auch die höchste militärische Kommandogewalt ausübte. Nach römischer Rechtsvorstellung war es nur möglich, Truppen in Gebiete, die als *provincia* bezeichnet wurden, zu entsenden.

Zeitlich und regional konnte die Vorgehensweise Roms während dieses Expansionsprozesses jeweils höchst unterschiedlich ausfallen. So lassen sich in Griechenland und Kleinasien am Beginn des 2. Jhs. v. Chr. keine Anzeichen einer dauerhaften Präsenz feststellen. Vielmehr wurden die Griechen geradewegs in die feierlich verkündete «Freiheit» entlassen. Erst nachdem sich diese Maßnahmen als untauglich herausgestellt hatten, ging man zu offenen Gebietsannexionen über. In Afrika wurde sofort nach der Auslöschung von Karthago 146 v. Chr. eine römische Provinz eingerichtet; offenbar als Ergebnis eines Lernprozeßes aus den Erfahrungen, die man inzwischen zum einen in Griechenland/Kleinasien, zum anderen auf der Iberischen Halbinsel gewonnen hatte.

Organisation der Provinz Hispania

Für die Verwaltung von Hispanien wurde um 197 v. Chr. die Anzahl der römischen Magistrate in den Provinzen eigens von zwei auf vier Praetoren erhöht. Gleichzeitig wurde auch die Zahl der Quaestoren vermehrt, die für den gesamten Finanzbereich zuständig waren. Weitere Unterstützung leisteten Legaten und andere Hilfskräfte (Ausrufer, Liktoren, Schreiber, Dolmetscher, Amtsdiener), aber auch Angehörige des privaten Haushaltes sowie Peregrine vor Ort, die den Statthalter bei seiner betont standesgemäßen Lebensführung in der Provinz unterstützten; Cato soll dafür immerhin fünf Diener zur Verfügung gehabt haben (Plut., *Cato mai.* 10). Einem weiteren Ausbau des Verwaltungsapparats, der grundsätzlich wünschenswert gewesen wäre, nicht zuletzt zum Vorteil des römischen Staates, stand allerdings die

Abb. 44 Münzprägung von Ampurias. Vorderseite: Frauenkopf mit Ähren, dreiteiligen Ohrringen und Halskette, umgeben von drei Delphinen. Rückseite: Pegasus, unten Legende [Ε]ΜΠΟΡΙΤΩΝ-(Prägung) der Emporitaner. Silberdrachme. 3./2. Jh. v. Chr. Madrid, Museo Arqueológico Nacional.

aristokratische Gesellschaftsstruktur der Republik entgegen; stattdessen wurden wichtige Staatsaufgaben an Privatleute oder Gesellschaften verpachtet (Eintreibung von Steuern, Zöllen). Bei genauerer Betrachtung der Statthalter Hispaniens während des 2. Jhs. v. Chr. läßt sich feststellen, daß die Amtsinhaber häufig ziemlich unerfahren oder für die Ausübung ihrer Tätigkeit in einem solch schwierigen Umfeld gänzlich ungeeignet waren. Offenbar spielten bei der Auswahl vor allem innenpolitische Gesichtspunkte eine Rolle. Wichtig war außerdem die loyale Unterstützung durch den Verband der adligen Großfamilie, woran viele soziale Emporkömmlinge (*homines novi*) schließlich gescheitert sind. Vielfach erklären sich die zu beobachtenden Anlaufprobleme beim Antritt der Statthalterschaft mit den erwähnten Eigentümlichkeiten der Gesellschaft der römischen Republik, welche die notwendige Ausbildung eines differenzierten Herrschaftsapparates verhinderten. Ein anderer wichtiger Faktor war die Milizstruktur des römischen Heeres, die mit den Anforderungen einer Weltmacht immer unvereinbarer wurde. Auch bereitete die Versorgungslogistik derartiger Truppenmassen im Felde – vor allem wenn sie fernab der Küste oder von größeren Flußläufen, dazu noch in schwierigem Gelände, eingesetzt wurden – fortwährend ernsthafte Schwierigkeiten.

Die Amtszeit der praetorischen Statthalter betrug zunächst nur ein Jahr, wurde jedoch ab 192 v. Chr. nahezu ausnahmslos verlängert (Promagistratur), was der weiten Anreise von Italien besser Rechnung trug. Die jeweiligen Amtsinhaber hatten jetzt aber auch mehr Möglichkeiten, während ihrer Tätigkeit fernab von Rom Erfahrungen zu sammeln, die für ihre weitere politische Karriere wichtig werden konnten. In militärischen Ausnahmesituationen konnte die Provinz zum Aufgabenbereich eines ehemaligen Konsuls erklärt werden (konsularische Provinz), was in Hispanien im Zeitraum von 195–136 v. Chr. immerhin neunmal der Fall war (195 v. Chr. M. Porcius Cato, 153 Q. Fulvius Nobilior, 152 M. Claudius Marcellus, 151–150 L. Licinius Lucullus, 143 Q. Caecilius Metellus, 141 Q. Pompeius, 139 M. Popillius Laenas, 137 C. Hostilius Mancinus, M. Aemilius Lepidus Porcina, 136 L. Furius Philus), woran erneut die gravierenden Probleme sichtbar werden, die dort permanent auftraten. War die Lage noch prekärer, konnte zum äußersten Mittel der Provinzzuteilung durch Senatsbeschluß und Plebiszit *extra sortem* bzw. *extra ordinem* gegriffen werden, wie es bei der Übertragung des Oberbefehls an P. Cornelius Scipio Aemilianus im Krieg gegen Numantia 134 v. Chr. geschehen ist.

Um 190 v. Chr. erfolgte die verwaltungstechnische Einteilung des bisher okkupierten Territoriums, das sich auf die Landstriche entlang der Mittelmeerküste und auf den Süden beschränkte, in die Provinzen Hispania citerior (Katalonien, Mittelmeerküste bis westlich von Carthago Nova) und Hispania ulterior, die den Großteil des fruchtbaren, bisher punisch beherrschten Südens umfaßte, sie wurden jeweils von einem Praetoren verwaltet. Wichtigste Aufgabe war die Erhebung von Steuern und Abgaben, die durch private Pächtergesellschaften (*publicani*) erfolgte. Diesen Vorgang hat Cicero später zynisch, aber treffend als *Victoriae premium ac poena belli* (Des Sieges Lohn und Strafe des Krieges) bezeichnet. Während des 2. Punischen Krieges sind des öfteren Nachschublieferungen aus Italien für das römische Heer bezeugt, die im Bedarfsfall durch Tributleistungen unterworfener Völker und Stämme ergänzt wurden. Nach der Beendigung des Krieges mit Karthago wurde zunächst weiterhin das karthagische Abgabensystem angewandt, das die Ablieferung eines festgelegten Anteils des Ernteertrags, in diesem Fall von fünf Prozent, vorsah. Anscheinend um 180/179 v. Chr. wurde dann ein Tribut festgesetzt, dessen Geldwert nicht genau angegeben werden kann. Weitere Möglichkeiten der Geldbeschaffung waren die Verpachtung von staatseigenen Ländereien und die Erhebung von Zöllen; wie dies im einzelnen genau geschah, ist unklar. Die Eintreibung der Abgaben durch Pächtergesellschaften war jedenfalls bald Anlaß für manche Klagen, da diese Regelung zu allerhand Mißbrauch führte. Bereits für das Jahr 171 v. Chr. ist die Beschwerde einer hispanischen Gesandtschaft in Rom überliefert. Erst die von dem Volkstribunen Lucius Calpurnius Piso 149 v. Chr. eingebrachte *lex Calpurnia de repetundis* führte zur Einrichtung eines ständigen Gerichtshofes aus Geschworenen, der den Provinzialen theoretisch die Möglichkeit eröffnete, bei Verstößen von Statthaltern in zivilrechtlichen Erstattungsverfahren Schadensersatz zu verlangen. Allerdings standen die Aussichten der Provinzialen von vornherein sehr schlecht, sich auf dem Prozeßweg gegen die Willkür eines Statthalters erfolgreich zur Wehr zu setzen. In der Regel entstammten die Stadthalter den führenden Gesellschaftsschichten, die selbstverständlich alles daran setzten, einem Angehörigen ihres Standes aus Schwierigkeiten herauszuhelfen. So kamen anfangs keine Verurteilungen zustande, bis die Senatoren vom Richteramt ausgeschlossen wurden. Im Regelfall bot das Amt des Statthalters gute Gelegenheit, sich finanziell gründlich zu sanieren und auf diese Weise einen gewissen Grundstock für die weitere politische Karriere zu legen. *Tributum pretium pacis est!* – Tribute sind der Preis für den Frieden, urteilte der spätrömische Historiker Orosius, der aus dem portugiesischen Bracara Augusta/Braga stammte (5,1,10).

Einnahmen aus der Provinz

Aus welchen Gründen die Römer nach dem blutig erkämpften Sieg über Karthago auf der Iberischen Halbinsel verblieben sind und ihre dort gemachten Eroberungen nicht wieder preisgaben,

Abb. 45 Iberische Imitation der Münzprägung von Ampurias (Abb. 44): iberische Drachme. Vorderseite: Frauenkopf mit Ähren, umgeben von drei Delphinen. Rückseite: Pegasus, Legende unleserlich. Bronze mit Silberüberzug, Ende 3./ 1. Viertel 2. Jh. v. Chr. Madrid, Museo Arqueológico Nacional.

Das 2. Jahrhundert v. Chr.

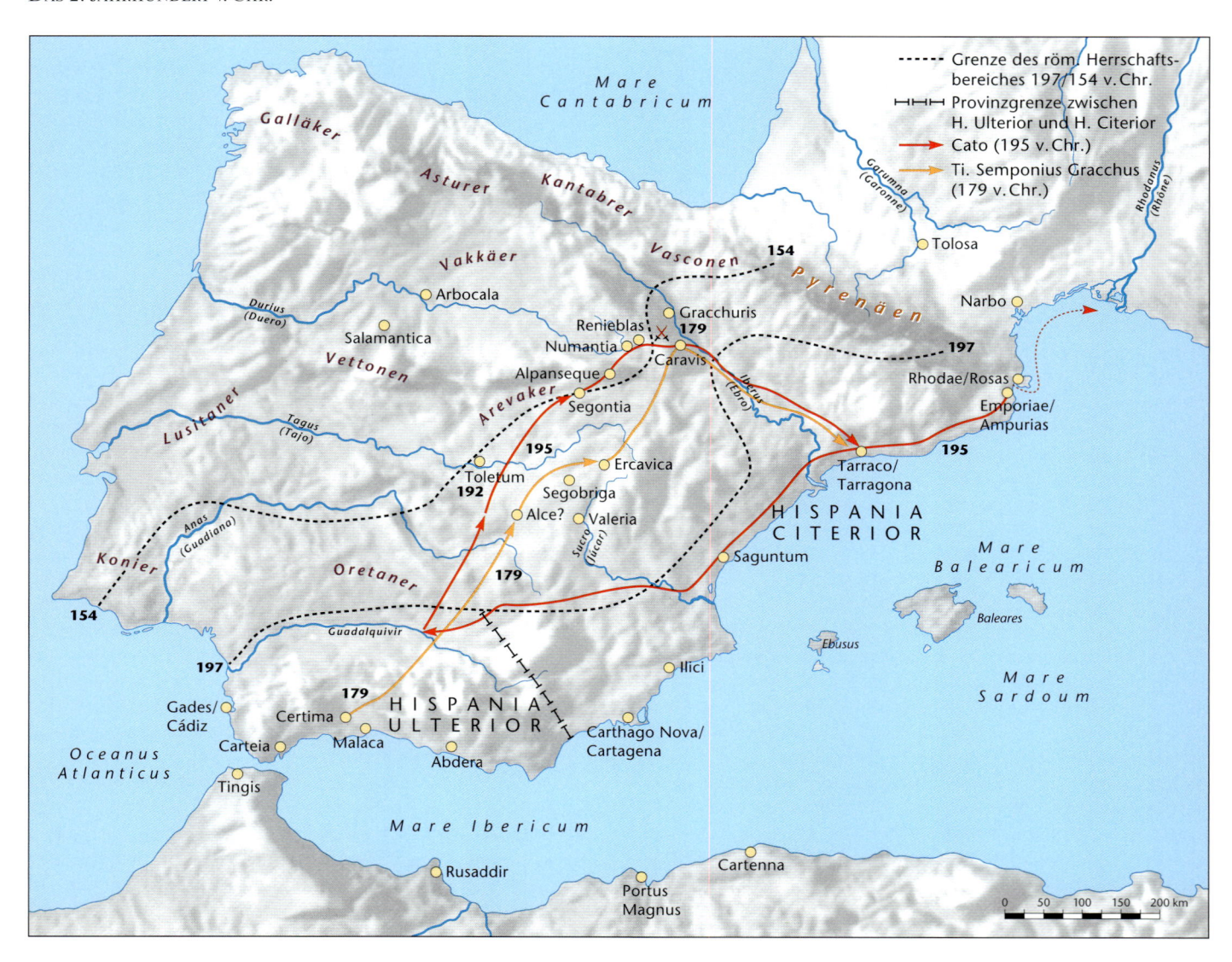

Abb. 46   Übersichtsplan zu den römischen Feldzügen der Jahre 197–154 v. Chr.

steht nicht mit Sicherheit fest. Gewiß hatte Rom während des 2. Punischen Krieges beträchtliche Mittel an Mensch und Material investiert; Kosten, die es zu amortisieren galt. Angesichts der vorherrschenden Keltenphobie in Rom spielte auch die Furcht vor einer Vereinigung der iberischen und vor allem der keltischen Stämme mit ihren Verwandten in Gallien und Norditalien eine nicht zu unterschätzende Rolle. Ähnlich wie für die Karthager zuvor, stellte Hispanien für das Heer ein wichtiges Rekrutierungsgebiet dar, vor allem für Leichtbewaffnete und die Reiterei. Ein weiterer wichtiger Beweggrund war der allgemeine Wohlstand vor allem der südlichen Landesteile. Die spätere Baetica erbrachte die bereits geschilderten Einkünfte vor allem durch die Besteuerung ihrer reichen Bodenschätze. Allerdings wurden im frühen 2. Jh. v. Chr. offenkundig lediglich die reichen Vorkommen (Silber, Blei) um Carthago Nova/Cartagena abgebaut, während man die Abbauaktivität um Castulo und weiter westlich erst später aufnahm und die reichen Vorkommen des Nordwestens (Gold, Eisen) sogar erst unter Augustus endgültig vollständig erschlossen wurden. Die Organisation des Abbaubetriebes und der Handel mit den Nebenprodukten etwa des Silberabbaus (Blei) lag in Händen von *publicani* (Staatspächtern), wie durch Stempel auf Barrenfunden hinlänglich erwiesen ist.

Schon nach wenigen Jahrzehnten (um 140 v. Chr.) waren, wie Polybios schreibt, in den Bergwerken von Carthago Nova angeblich 40 000 Arbeiter tätig, die täglich Mineralien im Gegenwert von 25 000 Drachmen zutage gefördert haben sollen. Nach dem Zeugnis Diodors herrschten dabei unbeschreibliche Arbeitsbedingungen: « Die mit Arbeit in Bergwerken beschäftigten Sklaven liefern ihren Herren unglaublich hohe Einkünfte, sie selbst aber, die in den Gruben unter der Erde ihre Körper Tag und Nacht aufreiben müssen, sterben in großer Zahl unter dem außerordentlich harten Einsatz, denn ihnen wird bei ihrer Tätigkeit keine Erholung oder Pause gewährt, sie müssen vielmehr unter den Schlägen ihrer Aufseher, die sie zwingen, ihre fürchterliche Lage zu ertragen, auf solch elende Weise ihr Leben opfern, wobei freilich einige dank ihrer Körperkräfte und Seelenstärke imstande sind, derartige Strapazen über einen langen Zeitraum hin auszuhalten. Der Tod ist ihnen jedenfalls wegen der Größe ihrer Leiden erstrebenswerter als das Leben.» (Diodor 5,38,1; Übers. O. Veh)

Erhebungen in der Bevölkerung

Schon nach wenigen Jahren wurde der Bevölkerung Hispaniens klar, daß die Römer keineswegs die erhofften Befreier vom punischen Joch darstellten, sondern ihrerseits bei den einheimischen Stämmen unnachsichtig regelmäßige Abgaben zum Unterhalt des Heeres erhoben, ja einfach nicht damit aufhören wollten, unablässig weitere Forderungen zu stellen. Bereits im Jahre 205 v. Chr. war es zu einem ersten Aufstand gekommen, von dem bereits in anderem Zusammenhang die Rede war (s. S. 35). Diese Unruhen scheinen länger angedauert zu haben. In den Quellen sind darüber jedoch nur wenige Angaben enthalten, was außer einigen Überlieferungslücken auch daran liegt, daß sich die Aufmerksamkeit der antiken Schriftsteller zu jener Zeit ganz auf die Geschehnisse im Osten, auf die glorreichen Siege der Römer über Makedonien und das Seleukidenreich konzentrierte. Beträchtliche Beute in Form von Edelmetallen, aber auch von Gefangenen, die auf dem Sklavenmarkt gewinnbringend verkauft werden konnten, war zwar in Hispanien durchaus zu holen. Spektakulärer Kriegsruhm, der sich innenpolitisch mindestens ebenso nutzbringend einsetzen ließ, war viel seltener zu erringen. Für die römische Öffentlichkeit stellten die sich auf Alexander den Großen berufenden hellenistischen Großreiche des Ostens historische Bezugsgrößen von ganz anderem Kaliber dar.

Ein besonders heftiger Aufruhr, «ein gewaltiger Krieg», ist dann von Livius für die Jahre 197/196 v. Chr. bezeugt, von dem der gesamte Süden erfaßt worden zu sein scheint: (Abb. 46) « Er (Anm.: der Praetor M. Helvius) benachrichtigte den Senat in einem Brief, daß die Fürsten Culchas und Luxinius zu den Waffen gegriffen hätten, mit Culchas 17 Städte, mit Luxinius die mächtigen Städte Carmo/Carmona und Baldo, an der Meeresküste die Malaciner (Anm.: Málaga) und Sexetaner und ganz Baeturien und Gebiete, die ihre Gesinnung noch nicht zu erkennen gegeben hätten, aber bei Aufständen der Nachbarn sich erheben würden.» (Liv. 33,21,6; übers. H. J. Hillen) Die Unruhen griffen schließlich auf das Gebiet der Hispania citerior über, wo der Prätor C. Sempronius Tuditanus in Kämpfe verwickelt wurde und schließlich den dabei erlittenen Verwundungen erlag. Trotz der Erfolge, die sein Nachfolger Q. Minucius Tremus 196 v. Chr. mit verstärkten römischen Truppen in einer großen Schlacht bei Turda erringen konnte, scheint keine wirkliche Beruhigung der Lage eingetreten zu sein. Schließlich sah man sich in Rom zu einem außerordentlichen Eingreifen veranlaßt und beschloß, zu diesem Zweck eines der schon erwähnten vorübergehenden konsularischen Sonderkommandos einzurichten. Der Losentscheid fiel auf einen der bereits damals berühmtesten Politiker jener Zeit, M. Porcius Cato, der gerade eben mit dem Konsulat des Jahres 195 v. Chr. einen ersten Höhepunkt seiner politischen Laufbahn erreicht hatte (Abb. 47).

Der spanische Feldzug des M. Porcius Cato

Im Jahre 234 v. Chr. in Tusculum geboren, entstammte Cato dem niederen römisch-italischen Landadel. Einer über 2000 jährigen Propaganda, die sich dabei nicht zuletzt auf die eigenen Schriften Catos stützen kann, ist es erfolgreich gelungen, glaubhaft die Vorstellung von einem wahrhaften Bilderbuch-Römer zu vermitteln: ein bewußt schlicht denkender und fühlender, sparsamer Landmann, der seinen Lebensunterhalt vorwiegend mit der redlichen Arbeit seiner eigenen Hände verdiente. Tatsächlich war jedoch Cato eine Persönlichkeit, die sehr wohl über den ganzen Katalog von Eigenschaften verfügte, auf die es im damaligen politischen Tagesgeschäft ankam. Er war juristisch sehr erfahren und ein vorzüglicher Redner, aber auch ein tüchtiger Offizier, der sich durch persönliche Tapferkeit hervorgetan hatte. Auch das Klischee vom einfachen Landmann trifft in Wirklichkeit so nicht zu. Vielmehr war Cato ein vermögender Großgrundbesitzer, der über einen regen Geschäftssinn verfügte. Zum Beispiel vergab er mittels Strohmänner Darlehen für Seehandelsgeschäfte. Mit dieser Praxis umging er Bestimmungen, welche die Betätigung des Senatorenstandes im wirtschaftlichen Leben einschränkten und erzielte eine Maximierung seiner Gewinne. Schließlich war der erklärte Hasser alles Griechischen und der angeblich davon ausgehenden negativen kulturellen Einflüsse auf die Tugenden, die Rom groß gemacht hatten, in Wirklichkeit hoch gebildet und ein guter Kenner der griechischen Literatur und Kultur.

Für die Leitung des hispanischen Sonderkommandos schien Cato aufgrund seiner bisherigen Vita bestens geeignet. Im 2. Punischen Krieg diente er als Militärtribun, wo er unter anderem an der Eroberung von Tarent 209 v. Chr. und an der Schlacht am Metaurus 207 v. Chr. teilnahm, in der Hannibals Bruder fiel. Anschließend bekleidete er 204 v. Chr. die Quaestur im Stabe von Scipio Africanus und nahm an dessen Vorbereitungen der Invasion Afrikas teil. Er ging schließlich sogar mit nach Afrika, kehrte dann aber vorzeitig nach Italien zurück, da er mit der Amtsführung und dem aristokratischen Lebensstil seines Oberbefehlshabers nicht einverstanden war. Bei dem daraus entstandenen Konflikt nahm er die Position der senatorischen Gegenpartei ein. Als Ädil 199 v. Chr. fiel Cato durch die Stiftung besonders prächtiger Spiele – ähnlich wie manch anderer ehrgeiziger Nachwuchspolitiker, der ihm später darin nacheifern sollte (z. B. Caesar) – und die Abhaltung der *ludi plebeii* auf, der großen Kultfeier mit der öffentlichen Göttermahlzeit für Jupiter. Hier konnte er seine peinlich genaue Einhaltung althergebrachter religiöser Vorschriften unter Beweis stellen.

Bisher fand die Zeit Catos in Hispanien nur wenig Beachtung in der Forschung. Tatsächlich markiert sein Aufenthalt den Beginn der planmäßigen Eroberung des Landesinneren der Pyrenäenhalbinsel durch Rom. Die ausführlichste Schilderung findet sich im Geschichtswerk des Livius, dessen Angaben wohl vor allem auf den Schriften Catos beruhen, so daß dessen persönlicher Anteil an den Ereignissen gelegentlich sicher etwas über-

Abb. 47   Porträtkopf Catos des Älteren (?). Paris, Louvre.

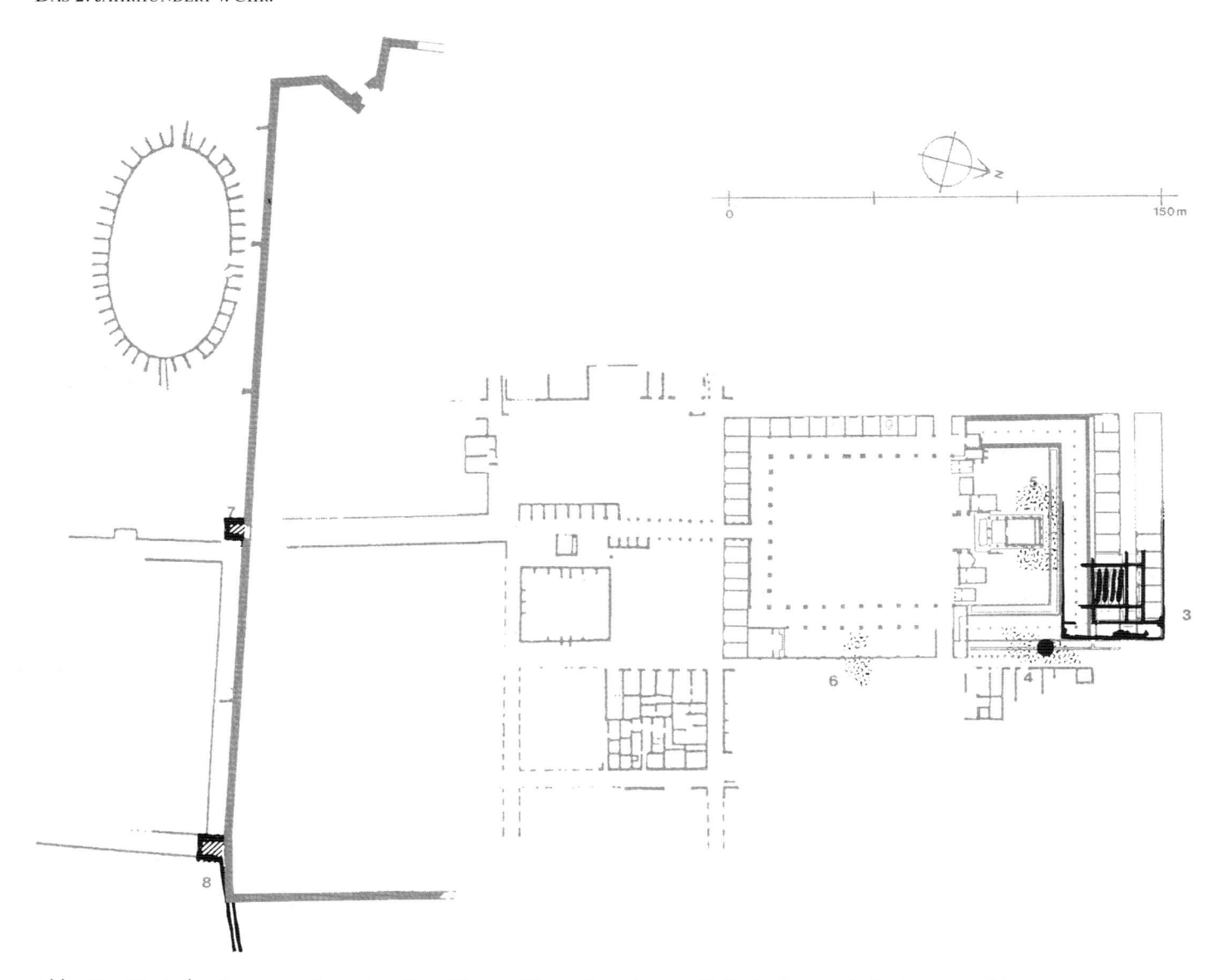

Abb. 48 *Römisches Lager von Ampurias, Prov. Girona. Die nachgewiesenen Teile des Lagers sind schwarz markiert.*

trieben dargestellt wird. Diese Vermutung wird besonders durch eine Textstelle bei Plutarch gestützt, wo die phantastische Zahl von 400 einheimischen Städten genannt wird, die binnen eines einzigen Jahres(!) erobert worden seien. Angesichts des gleichzeitig im Osten herrschenden Krieges war jedoch der publizistische Kampf um die Aufmerksamkeit der Bevölkerung Roms in vollem Gange – und zu diesem Zweck war offenbar in der Antike propagandistisch nahezu jedes Mittel recht!

Der Kern von Catos Streitkräften bestand aus zwei Legionen, ferner aus 15 000 Soldaten der italischen Bundesgenossen und 800 Reitern, denen außerdem 25 Kriegsschiffe zugeteilt waren. Der Aufbruch dieser Streitmacht verzögerte sich wegen der Sammlung der Schiffe und religiöser Feiern, der genaue Zeitpunkt läßt sich nur schwer angeben (April/Mai). Auf eine abschließende Musterung der Truppen in Luna/Luni folgte die Überfahrt auf dem Tyrrhenischen Meer, die 50–60 Tage dauerte und mit der Landung in Portus Pyrenaei/Port Vendres endete, von wo aus der Landweg eingeschlagen wurde. Dabei dienten die Kriegsschiffe als Flankenschutz. Nach der Darstellung des Livius hatte sich inzwischen die Lage in Hispanien dramatisch zugespitzt. Lediglich der Stamm der Ilergeten war nördlich des Ebros noch in Gehorsam verblieben. Zunächst verjagte Cato die hispanische Besatzung aus Rhode, wo sie sich widerrechtlich festgesetzt hatte. Viel ruhiger verlief dann der Empfang in Ampurias. «Cato blieb dort wenige Tage, bis er erkundet hatte, wo sich die Streitkräfte der Feinde befanden und wie stark sie waren. Um auch die Rast nicht ungenutzt verstreichen zu lassen, verbrachte er die ganze Zeit damit, seine Soldaten zu drillen. Es war damals die Jahreszeit, daß die Spanier das Getreide auf der Tenne hatten. Deshalb verbot er den Lieferanten, Getreide zu kaufen und entließ sie nach Rom mit den Worten: *bellum se ipsum alet* – Der Krieg wird sich selbst nähren (der berühmteste aller überlieferten Aussprüche Catos). Er brach von Emporion auf, verbrannte und verwüstete das Land der Feinde und erfüllte alles mit Flucht und Schrecken.» (Liv. 34,9,11–13; Übers. H. J. Hillen). Nebenbei belegt diese Textstelle (gemeinsam mit einer weiteren von 181 v. Chr.), daß eine ausreichende Versorgung des römischen Heeres mit Getreide zu jener Zeit mit Hilfe von Lieferungen aus Anbaugebieten außerhalb Spaniens gewährleistet werden konnte, wofür Sizilien, Sardinien und bedingt auch Afrika in Frage kamen.

Unterdessen traf aus dem Süden kommend M. Helvius, der Statthalter der Hispania ulterior von 197 v. Chr., ein, der über das Ende seiner Amtszeit hinaus durch eine schwere Erkrankung im

Lande festgehalten worden war und unterwegs mit seiner Begleitmannschaft von 6000 Soldaten, die ihm sein Nachfolger als Leibwache mitgegeben hatte, die eingefallenen Keltiberer bei Iliturgis in Andalusien besiegt hatte. Livius berichtet ferner, daß man nach der Eroberung von Iliturgis erbarmungslos alle erwachsenen Männer getötet habe: Nach der Ankunft im Lager des Cato entließ Helvius seine Begleitung und reiste allein nach Rom weiter. Als Beute aus diesen Unternehmungen sollen nach Livius insgesamt 14 732 Pfund ungemünztes Silber, 17 023 Denare und 119 439 Silberlinge aus Osca, d. h. insgesamt ein Wert in der Höhe von rund 1,4 Mio Denare, in die Staatskasse geflossen sein.

Inzwischen war das Jahr schon so weit fortgeschritten, daß Cato ein festes Truppenlager errichten ließ, das vor allem als Winterquartier gedacht war und das sich «drei Meilen von Emporion entfernt» (Liv. 34,13,2) befand. Durch Ausgrabungen unter der Nordostecke des späteren Forums der römischen Stadtanlage scheinen 1982/83 Überreste nachgewiesen worden zu sein (Abb. 48). Noch im gleichen Jahr kam es zum offenen Kampf mit den aufständischen Iberern, bei dem sich sogleich die vorangegangene gründliche Schulung der römischen Soldaten, vor allem die zahlreichen nächtlichen Trainingseinheiten, auszahlten. Die Schlacht wurde durch einen nächtlichen Angriff auf das Lager der Feinde eröffnet. Zunächst wurden die über die Flügel heranrückenden Reiter in die Flucht geschlagen, was wiederum die Aufstellung der römischen Infanterie so verwirrte, daß Cato die Situation mit Hilfe eines gewagten Umgehungsmanövers retten mußte. Die Schlacht schwankte lange Zeit unentschieden hin und her. Vor allem auf dem rechten Flügel ihrer Schlachtaufstellung gerieten die Römer in Bedrängnis. Eine Entscheidung wurde erst dadurch herbeigeführt, daß Cato unter hohem persönlichen Einsatz Reservekohorten heranführte, die eine Lücke in die gegnerische Schlachtordnung rissen. Zuletzt gelang sogar die Eroberung des feindlichen Lagers. Von da an befand sich die gesamte Umgebung von Ampurias fest in römischer Hand. Der Sieg wurde dadurch vervollständigt, daß sich während des darauffolgenden Marsches nach Tarraco/Tarragona unterwegs zahlreiche weitere Städte ergaben.

Unterwerfung des Landesinneren

Unterdessen war es im Süden den Feldherrn P. Manlius und App. Claudius Nero trotz der Vereinigung ihrer Truppen nicht gelungen, die aufständischen Turdetaner zu unterwerfen. Zwar galten die Turditaner allgemein als nicht sehr kriegerisch, hatten aber zur Unterstützung ihres Aufstands 10 000 keltiberische Söldner angeworben. Daraufhin entschloß sich Cato zum Eingreifen, vorher mußte er allerdings den Aufstand der Bergistaner niederwerfen, die sich auf das Gerücht von seiner Abreise hin erhoben hatten. Auch ein zweiter, nach kurzer Zeit unternommener Aufstandsversuch dieses Stammes scheiterte kläglich. «Aber (Anm.: erneut) besiegt fanden sie nicht dieselbe Gnade; sie alle wurden in die Sklaverei verkauft, damit sie nicht öfter den Frieden stören.» (Liv. 34,16,10; Übers. H. J. Hillen) Schließlich konnten weite Gebiete nördlich des Ebro als unterworfen gelten. Zur Sicherung der römischen Herrschaft mußten die Städte und Siedlungen der Unterworfenen ihre Befestigungen niederreißen, außerdem hatten die Einwohner die Waffen abzuliefern. Anschließend machte

Abb. 49 Blick in das Tal des Cinca.

Abb. 50 Blick auf Sigüenza, das antike Segontia.

sich Cato auf den Weg. Die Zahl der ihm jetzt zur Verfügung stehenden Streitkräfte wird auf immerhin 30 000 Mann geschätzt. Vermutlich zog diese Streitmacht entlang der Küste. Wie weit sie dabei nach Süden vordrang, ist allerdings ungewiß. Während die Turdetaner in mehreren Scharmützeln besiegt werden konnten, erwiesen sich die keltiberischen Söldner immer mehr als der eigentliche Kern des Widerstandes. Nach der Darstellung des Livius, von der sich die Angaben bei Frontinus und Plutarch kaum unterscheiden, ließ Cato ihnen folgendes Angebot unterbreiten: Entweder sollten sie die Turdetaner verlassen und für verdoppelten Sold den Römern dienen. Oder ihnen wurde freier Abzug zugesichert, und wenn es tatsächlich zum Krieg komme, könnten die Keltiberer den Tag und Ort der Entscheidungsschlacht frei bestimmen. Eine definitive Antwort der Keltiberer ist nicht überliefert. Überhaupt weist die Überlieferung dieser wie auch der folgenden Ereignisse manche Lücken auf. Als nächstes sicher bezeugt sind Aktivitäten Catos, die sich in einer ganz anderen Gegend, nämlich im Heimatgebiet des Gegners, also in Keltiberien selbst, abgespielt haben. Im einzelnen ist überliefert, daß das Heer des Cato vermutlich durch das Tal des Jiloca nach Segontia marschiert sei, angeblich weil dort die Keltiberer ihren Troß zurückgelassen hätten. Höchstwahrscheinlich handelte es sich um das heutige Sigüenza (Abb. 50). Diese Stadt konnte jedoch offenbar von den Römern nicht eingenommen werden. Mit dieser Aktion war der Feldzug des Jahres 195 v. Chr. im wesentlichen abgeschlossen. Cato zahlte die eigenen Truppen sowie diejenigen des Manlius aus und marschierte unter Mitnahme von sieben Kohorten an den Ebro zurück, um entweder in Tarragona oder im Lager bei Ampurias zu überwintern.

Offenkundig führte dieser Rückweg nicht geradewegs auf dem schnellsten Weg nach Südosten zur Küste, sondern in einem weiten Bogen Richtung Nordosten, unmittelbar an Numantia vorbei, in dessen Umgebung Cato nach einer häufig zitierten Textstelle bei Gellius eine Rede an die Kavallerieeinheiten seines Heeres hielt. Ein Versuch, die Stadt zu erobern, die bei diesem Anlaß erstmals in den Quellen erwähnt wird, ist nirgends überliefert. Dafür war die römische Streitmacht auch viel zu klein. Viel eher ist zu vermuten, daß auf diese Weise topographisch schwieriges Gelände weiter südlich (z. B. im Tal des Jalón) umgangen werden sollte, das bei späteren Gelegenheiten römischen Heeren häufiger große Probleme bereiten sollte.

Mit der ihm verbliebenen Streitmacht, die durch Truppen der verbündeten Stämme verstärkt wurde, führte Cato wohl noch im Herbst 195 v. Chr., vielleicht auch erst im folgenden Frühjahr, einen Feldzug gegen die Lacetaner, die im Vorland der Pyrenäen lebten und seine Abwesenheit zu räuberischen Einfällen in das römisch beanspruchte Gebiet ausgenutzt hatten. Bei der Einnahme einer namentlich nicht genannten befestigten Siedlung dieser Lacetaner spielten die verbündeten Suessetaner die Rolle des Lockvogels, die man zum Schein angreifen ließ, um die feindliche Besatzung zu einem unbedachten Ausfall zu verlocken. Daraufhin konnten die Lacetaner durch versteckt lagernde römische Truppen überrascht und niedergeworfen werden. Aufsehenerregend verlief auch die Eroberung der Hauptfestung der Lacetaner, Bergium, deren Einnahme durch Überläufer aus den eigenen Reihen erleichtert wurde und die man deshalb von den üblichen schweren Strafen verschonte (Verkauf in die Sklaverei etc.). Auch im Verlaufe dieser Kämpfe zeichnete sich Cato durch große Umsicht und persönlichen Einsatz aus.

Römische Militäranlagen in Aguilar de Anguita, Alpanseque und Renieblas

Mit den Feldzügen des Cato wird die Errichtung gleich mehrerer römischer Militäranlagen in Zusammenhang gebracht. In Frage kommt zunächst die Befestigung «La Cerca» von Aguilar de Anguita (Prov. Guadalajara), die rund 20 km östlich von Sigüenza in einem Geländevorsprung an einem natürlichen Weg angelegt wurde, der vom Tal des Jalón zur Hochfläche der Meseta hinaufführt. Hier fanden in den Jahren 1912–1915 Ausgrabungen statt, bei denen eine Anlage mit unregelmäßigem Grundriß (12,4 ha) nachgewiesen wurde, die insgesamt sieben Tore aufwies und von einem zweischalig konstruierten Steinwall (Br. 2,2 m) umfaßt wurde. Eindeutig identifizierbares Fundmaterial aus den Altgrabungen liegt nicht mehr vor. Die Interpretation als römisches Lager beruht allein auf formalen Überlegungen. Auch die Deutung der polygonalen Befestigung von Alpanseque (Prov. So-

Abb. 51 Blick auf das Gelände des römischen Lagers von Alpanseque, Prov. Soria.

ria), als römisches Lager muß beim derzeitigen Kenntnisstand als unsicher eingestuft werden, da auch in diesem Fall vor allem formale Überlegungen für eine solche Einordnung sprechen (Abb. 51. 52).

Den derzeit sichersten Fall stellt das Lager I von Renieblas dar, das während der Ausgrabungen von Schulten 1909–1912 untersucht wurde (Abb. 73). Das ganz am Nordabhang der Hügelkuppe, also auf der von Numantia gänzlich abgewandten Geländeseite errichtete Lager war von den später an gleicher Stelle errichteten Militäranlagen stark gestört und konnte nur noch in seiner West-Ost-Ausdehnung (ca. 345 m) vollständig nachgewiesen werden. Der Außenwall war zweischalig konstruiert und geschwungen geführt (Breite: 2–2,5 m). Zwischentürme konnten überhaupt nicht nachgewiesen werden, lediglich die Toranlage an der Nordwestecke war zweifelsfrei zu erkennen. Auch von der Innenbebauung konnten nur wenige Überreste dokumentiert werden. Aus einigen spärlichen Mauerzügen im Westteil des Lagers rekonstruierte der Ausgräber Schulten (Abb. 79) hufeisenförmige Kasernen aus je zwei Nord-Süd orientierten Gebäudeflügeln (35 x 5–6 m), die nach Süden von einem Mittelflügel (Länge: 35 m) abgeschlossen worden seien, wie sie ganz ähnlich aus dem Lager Renieblas III bekannt sind. Im vorliegenden Materialspektrum sind Funde des frühen 2. Jhs. v. Chr. durchaus vorhanden. Obgleich diese nur noch in sehr geringer Anzahl dem Lager I zugewiesen werden können, erscheint eine Datierung der gesamten Militäranlage in diesen Zeitabschnitt durchaus möglich.

Catos Triumph

Den Winter 195/194 v. Chr. verbrachte Cato mit Reorganisationsmaßnahmen der hispanischen Salinen sowie der Silber- und Eisenförderung, die er in staatliches Eigentum überführte. Damit soll er deren Leistungsfähigkeit und die daraus erzielten Erträge entscheidend vergrößert haben. Wie Livius überliefert, habe daraufhin auch der Senat in Rom ein dreitägiges Dankfest angeordnet, was bestimmt nicht ohne ausreichenden Grund geschah. Die Unternehmungen des Frühjahrs 194 v. Chr. sind kaum genauer bekannt. Möglicherweise fand jetzt erst der schon erwähnte Feldzug gegen die Lacetaner statt. Im Mai feierte Cato einen überaus prächtigen Triumphzug in Rom, bei dem er als Kriegsbeute immerhin 1400 Pfund Gold, 25 000 Pfund unverarbeitetes Silber, 123 000 Denare und 540 000 Silberlinge aus Osca mitführte, von denen an jeden Fußsoldaten 270 As bzw. an jeden Reiter 810 As verteilt wurden. Ähnliche Angaben zum Umfang der Beute finden sich auch anläßlich weiterer Triumphzüge, die in den folgenden Jahrzehnten über Hispanien gefeiert wurden. Offenkundig entwickelten sich die dortigen Feldzüge zu einem lukrativen Geschäft für die römische Staatskasse.

Die weitere politische Laufbahn Catos soll an dieser Stelle nur kurz gewürdigt werden. Gegen Ende seines Lebens weilte Cato 152 v. Chr. im Rahmen einer römischen Gesandschaft in Afrika,

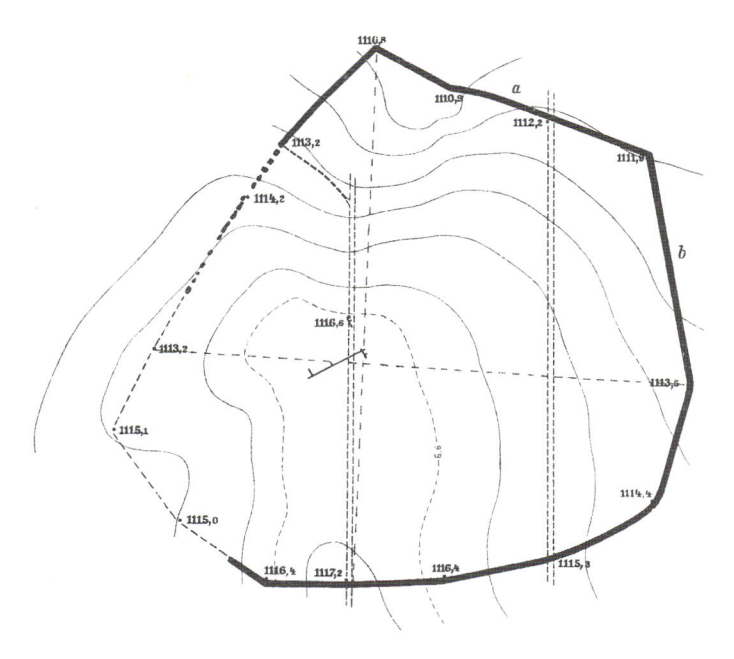

Abb. 52 Plan des römischen Lagers von Alpanseque.

um zwischen dem Numiderkönig Massinissa und Karthago zu vermitteln. Offenbar machte bei dieser Gelegenheit das wiedererstarkte Karthago einen solchen Eindruck auf ihn, daß er sich seitdem vorbehaltlos für die endgültige Vernichtung des alten Widersachers einsetzte. Das von nun an jeder Wortmeldung im Senat hinzugefügte «*Ceterum censeo, Carthaginem esse delendam* – Im übrigen meine ich, daß Karthago zerstört werden muß» ist geradezu zum geflügelten Ausspruch geworden. Ob insgesamt gesehen Cato in Hispanien wirklich so erfolgreich war, wie von den antiken Schriftstellern dargestellt, muß allerdings bezweifelt werden. Nach seiner Rückkehr nach Rom, bei der er einen Großteil seines Heeres mit sich führte, waren jedenfalls die beiden Statthalter P. Cornelius Scipio Nasica (Hispania ulterior) und Sextus Digitius (Hispania citerior), die beide über sehr viel weniger Truppen verfügten, in heftige Aufstände verwickelt, die auch in den folgenden Jahren nicht nachließen.

Die Auseinandersetzung der Jahre 195–178 v. Chr.

194 v. Chr. nutzten die Lusitaner, die damit erstmals erwähnt wurden, die Abwesenheit des Nasica für Einfälle in das Tal des Guadalquivir. Erst auf dem Rückweg konnten sie bei Ilipa gestellt und zur Herausgabe der Beute gezwungen werden.

Diese und die nachfolgenden Ereignisse illustrieren sehr gut die besondere Kampfesweise der Lusitaner, die sich durch die Vermeidung offener Feldschlachten bei ungewissem Ausgang, durch häufige, eine hohe Mobilität an den Tag legende Streifzüge unter hervorragender Ausnutzung des Geländes, plötzliche Überfälle und zügellose Plünderungen auszeichnete. Keinesfalls sind darin Elemente eines von nationalen Motiven bestimmten Befreiungskampfes zu erkennen, wie sie gelegentlich von der heutigen Forschung unterstellt werden. Verursacht wurde dieser Drang zur Ausdehnung wahrscheinlich durch Überbevölkerung in ihrem angestammten Siedlungsgebiet, das zwischen Tagus/Tajo und Durius/Duero lag. Während der 1. Hälfte des 2. Jhs. v. Chr. besiedelten sie auch die Landstriche südlich des Tajo bis zum Anas/Guadiana. Unklar bleibt die Bedeutung einiger Vorstöße noch weiter nach Süden sowie nach Osten in das Gebiet der Vettonen.

Die Heftigkeit der Auseinandersetzungen zeigt sich auch darin, daß von den 23 Praetoren und Expraetoren, die in den Jahren zwischen 197 und 180 v. Chr. nach Hispanien entsandt wurden, alle außer vier in irgendeiner Form an derartigen Kämpfen beteiligt waren. Während des Zeitraums von 195–178 v. Chr. wurden insgesamt sieben Triumphe und vier Ovationen (kleine Triumphe) über Hispanien gefeiert.

Erster keltiberischer Krieg (193–178 v. Chr.)

Neue Konflikte entzündeten sich zunächst im Südosten der Halbinsel, wo die Statthalter der Jahre 193/92 v. Chr., M. Fulvius Nobilior (Hispania ulterior) und C. Flaminius (Hispania citerior) mit den Stämmen, die jenseits des römisch kontrollierten Gebietsstreifens entlang des Mittelmeers lebten, aneinander gerieten. In erster Linie wurde Fulvius Nobilior aktiv, der sich zunächst in den Kämpfen mit Oretanern und Carpetanern erfolgreich durchsetzte. Zerstörungsspuren in den Siedlungen von Amarejo (Prov. Albacete), Coimbra del Barranco Ancho (Prov. Murcia), Serreta de Alcoy (Prov. Alicante) und an weiteren Plätzen im Norden der Provinz Granada deuten möglicherweise auf seine Eroberung hin. Von dort aus rückte der römische General über die Sierra Morena bis zum Tajo vor, wo er schließlich die Belagerung von

Abb. 53 Blick auf Toledo.

Toletum/Toledo einleitete (Abb. 53). Als die belagerten Einwohner daraufhin die benachbarten Stämme der Vettonen und Vakkäer zu Hilfe riefen, schlug er auch das Entsatzheer und eroberte anschließend unter dem Einsatz von Belagerungsgeräten die Stadt Toletum. Der Raum um Toledo nahm zu jener Zeit eine hervorragende strategische Schlüsselposition ein, da seine Beherrschung die unumschränkte Kontrolle der südlichen Meseta erlaubte und sich von hier aus gute Zugangsmöglichkeiten in die Täler von Tajo, Henares und Jalón boten. Der Triumphzug des Fulvius Nobilior in Rom, eine *ovatio*, gestaltete sich als eine prächtige Parade, anläßlich derer 127 Pfund Gold, 12 000 Pfund Silber und 130 000 Denare als Beute zur Schau gestellt wurden.

Weiter südöstlich lag das Operationsgebiet des Flaminius, der die Städte Inlucia (bei Castulo?) und das stark befestigte Licabrum (Livius), wohl identisch mit Igabrum/Labra, einnehmen konnte. Fulvius Nobilior wurde abgelöst durch L. Aemilius Paullus, den späteren Sieger der Schlacht von Pydna (167 v. Chr.) gegen Makedonien, während Flaminius noch ein weiteres Jahr amtierte. Jeder Statthalter erhielt zur weiteren Verstärkung 3000 Soldaten und 300 Reiter, von denen ein Drittel römische Vollbürger, der Rest italische Bundesgenossen waren. Nennenswerte Aktivitäten des Aemilius Paullus sind erst für das Jahr 190 v. Chr. bekannt, als es nahe der Stadt Lycon zur offenen Feldschlacht gegen die Lusitanier kam, bei der 6000 römische Soldaten gefallen sein sollen. Erst im folgenden Jahr wandte sich das Kriegsglück wieder mehr der römischen Seite zu, als Aemilius Paullus mit Hilfe drastischer Mittel die gesunkene Moral der römischen Truppen wieder hob und ein großer Sieg über die Lusitaner gelang. Aemilius Paullus mußte dann noch einige Monate länger als vorgesehen in seinem Kommando ausharren, da sein designierter Nachfolger L. Bebius Divitus, der bereits auf dem Weg nach Spanien war, unterwegs einem Mordanschlag zum Opfer fiel.

Auch die Kämpfe der nächsten Jahre konzentrierten sich auf die bereits hinlänglich bekannten Brennpunkte. Zum einen währte im Norden weiterhin der Konflikt gegen die Keltiberer, wo erst runde 60 Jahre später – nach dem Fall von Numantia 133 v. Chr. – eine wirkliche Beruhigung der Lage eintreten sollte (Abb. 54–57). Zum anderen gab es weitere Auseinandersetzungen mit den Lusitanern im Südwesten der Iberischen Halbinsel, die großen Druck auf die Gebiete südlich des Guadalquivirs ausübten und dabei von einigen Städten dieser Region unterstützt wurden. Bei der Belagerung von Hasta zog sich der Statthalter der Hispania ulterior von 188/187 v. Chr., C. Atinius, eine tödliche Verwundung infolge eines Pfeilschusses zu, der er wenig später erlag. Währenddessen lieferte sich L. Manlius Acidinus bei Calagurris eine große Schlacht mit Keltiberern, die mit der fast völligen Vernichtung der Feinde endete.

Die beiden Statthalter von 186/185 v. Chr., C. Calpurnius Piso (Hispania ulterior) und L. Quinctius Crispinus (Hispania citerior), eröffneten eine neue Phase der Auseinandersetzungen, indem sie zur kombinierten Operationsführung beider Provinzialheere übergingen; durch Erfolge in Norditalien hatte man jetzt den Rücken für derartige umfangreiche Operationen frei. Vom Oberlauf des Guadalquivirs aus vorrückend sah dieser Feldzugsplan einen Marsch nach Norden vor. Zwischen den Städten Dipo(?) und Toletum entwickelte sich zunächst zwischen den Futterbeschaffern beider Seiten ein Scharmützel, das sich zur offenen Feldschlacht ausweitete. Da sich die gegnerischen Truppen ausgezeichnet dem Gelände anzupassen vermochten, verloren die Römer diese schließlich. In der Nacht zogen sie heimlich ab, so daß die Feinde das Lager morgens verlassen vorfanden.

Nachdem die römische Seite durch Hilfeleistungen verbündeter Stämme die alte Stärke wiedergewonnen zu haben glaubte, kam es nahe des Tajo zu einer weiteren heftigen Schlacht. Durch Flankenangriffe der römischen Reiterei gegen den Angriffskeil

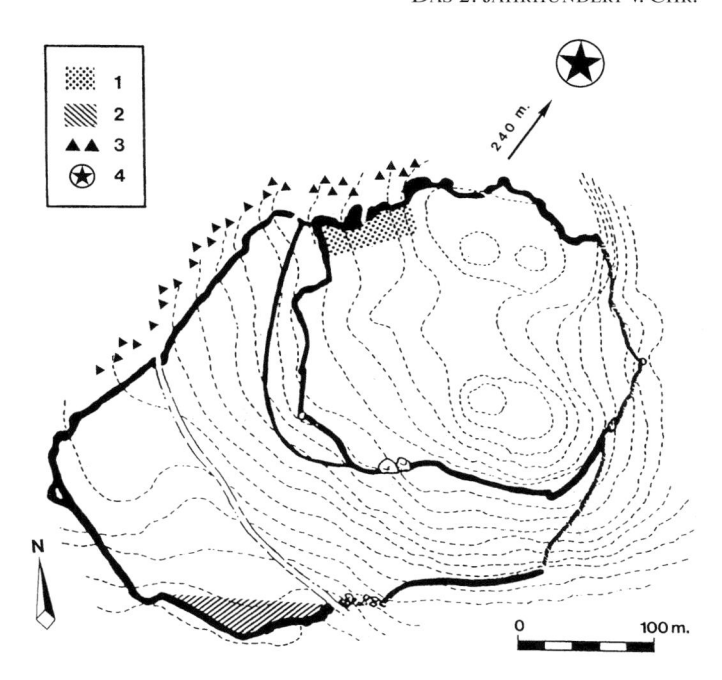

Abb. 54 Übersichtsplan des Oppidum von Las Cogotas (Prov. Ávila). 1: Durch J. Cabré untersuchtes Gelände; 2: Gebiet moderner Sondagen; 3: Sog. «Piedras Hincadas» (senkrecht gestellte Steine, die als Annäherungshindernis dienen sollten); 4: Gräberfeld. Las Cogotas, Chamartín (Abb. 55–57) und Contrebia Leukade/Inestrillas (Abb. 58–60) sind wichtige, z. T. umkämpfte Siedlungen der Keltiberer.

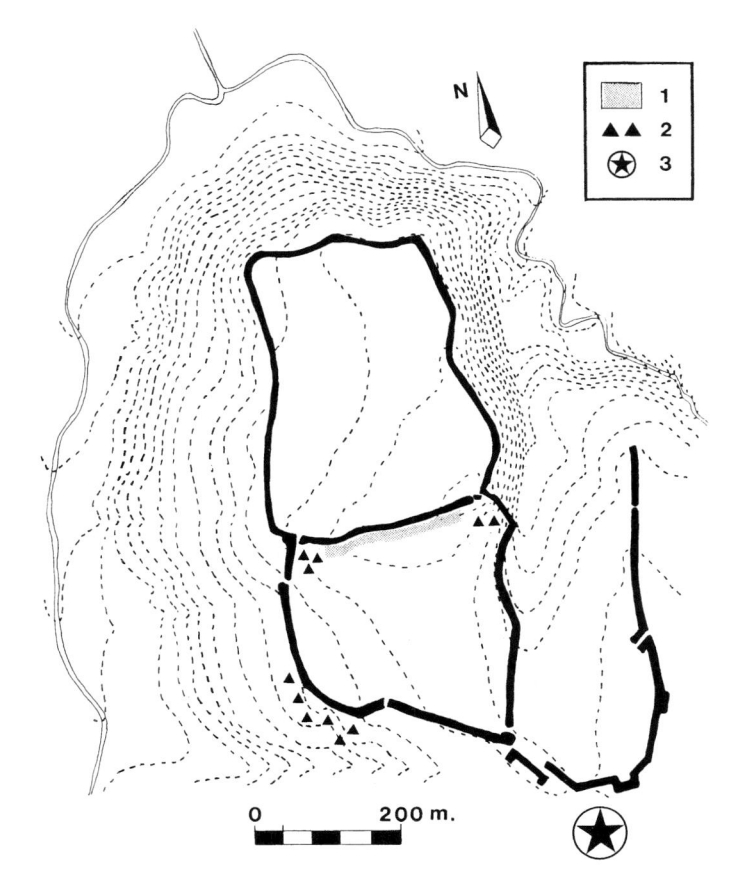

Abb. 55 Übersichtsplan des Oppidum von Mesa de la Miranda, Chamartín de la Sierra (Prov. Ávila). 1: Grabensystem; 2: Sog. «Piedras Hincadas» (s. o.); 3: Gräberfeld.

Abb. 56 Oppidum von Chamartín de la Sierra. Inneres Zugangstor. Blick von Westen.

der Feinde, der bereits tief in das Zentrum der römischen Schlachtaufstellung vorgedrungen war, wurde der Kampf schließlich entschieden und endete mit der blutigen Eroberung des Lagers. Die Nachricht über den Sieg wurde in Rom mit großer Erleichterung aufgenommen; sogleich wurde ein zweitägiges Dankfest angeordnet. Bei diesem Anlaß gab es im römischen Senat längere Diskussionen darüber, ob die langgedienten, kampferprobten Soldaten beim nunmehr anstehenden turnusmäßigen Wechsel der Statthalterschaft nach Italien zurückkehren oder im Lande verbleiben sollten. Dadurch sollte den neu gewählten Praetoren P. Sempronius Longo (Hispania ulterior) und A. Terentius Varro (Hispania citerior) der Amtsantritt erleichtert werden. Rein theoretisch rekrutierten sich die römischen Soldaten jener Zeit immer noch aus Milizionären (v. a. Bauern), die bei längerer Abwesenheit ihre wirtschaftliche Existenz ernsthaft aufs Spiel zu setzen drohten. Schließlich wurde diese Streitfrage so geregelt, daß jeder Praetor 4000 neu rekrutierte römische Legionäre und 500 Reiter bzw. 5000 Fußsoldaten und 500 Reiter der Bundesgenossen erhalten sollte. In erster Linie konnten so die besonders lang gedienten Soldaten, die teilweise schon über sechs Jahre im Einsatz waren, an zweiter Stelle deren besonders verdiente Kameraden ausgetauscht werden.

Die nächsten Jahre herrschte im Süden Ruhe, da beide Kriegsparteien erschöpft waren und eine Pause benötigten. Während die Lusitaner offensichtlich durch die kürzlich erlittenen hohen Verluste geschwächt waren, schien die römische Seite durch eine plötzliche schwere Krankheit des Praetors Sempronius Longo wie gelähmt. Nur im Nordosten führte Terentius Krieg gegen die Suessatonen (Tal von Sangüesa), wobei die Stadt Corbion im Sturm genommen wurde, sowie gegen die Ausetaner, die weiter südlich im Ebrotal lebten.

Erneute Verstärkung der römischen Truppen

Größere Operationen fanden erst wieder 182/81 v. Chr. unter den Praetoren P. Manlius (Hispania ulterior), der bereits 195 v. Chr. unter Cato in Hispanien als Praetor gewesen war, und Q. Fulvius Flaccus (Hispania citerior) statt. Die besondere Bedeutung, die man in Rom diesen Operationen beimaß, zeigt sich auch darin, daß die römischen Truppen nochmals verstärkt wurden und jetzt jeder Praetor über zwei Legionen, Auxilien und beträchtliche einheimische Kontingente verfügen konnte. Außerdem gehörten allein dem Heer des Flaccus mindestens zwei Expraetoren als Militärtribunen an, so daß ein erfahrenes Offizierskorps vorhanden war. Die Gesamtzahl der römischen Soldaten auf der Iberischen Halbinsel zu jener Zeit wird auf insgesamt 45 000 – 60 000 Mann geschätzt! Auf der anderen Seite sollen auch die Keltiberer insgesamt 35 000 Mann, also soviel wie nie zuvor, mobilisiert haben.

Der genaue Verlauf der Ereignisse läßt sich nicht mehr mit absoluter Gewißheit rekonstruieren: Im ersten Jahr richtete sich die Tätigkeit des Fulvius Flaccus offenbar gegen aufständische Stämme im Ebrotal; vor allem gegen die im Jilocatal lokalisierten Lusonen, denen an einem unbekannten Ort eine empfindliche Niederlage bereitet wurde. Im nächsten Jahr verlagerten sich die Aktivitäten dann weiter nach Westen zu den Carpetanern. Wiederum von Livius liegt ein ausführlicher Bericht über diesen Feldzug vor, wonach es nahe der Stadt Aebura zu ersten größeren Kampfhandlungen kam. Ganz in der Nähe der von den Römern besetzten Stadt bezogen die Keltiberer ein großes Lager zu Füßen eines Berges. In den folgenden Tagen beschränkten sich die römischen Maßnahmen darauf, das Terrain vor dem feindlichen Lager immer wieder von zwei Reiterschwadronen erkunden zu lassen. Diese ritten in einer stets gleich ablaufenden Prozedur bis dicht an die feindlichen Linien heran, schlugen alle Angebote der Keltiberer zur Schlacht aus und wichen wieder zurück. Durch diese Taktik versuchte Flaccus, die Keltiberer in Sicherheit zu wiegen, während er zur gleichen Zeit anordnete, in einem Nachtmarsch eine Reitereinheit und 6000 einheimische Soldaten auf den Berg zu führen, der sich hinter dem feindlichen Lager erhob. Am nächsten Morgen provozierte eine Attacke der bundesgenössischen Reiterei die Keltiberer zu einem Gegenangriff, den diese auch prompt siegesgewiß und wenig geordnet in breiter Front antraten. Gerade als sie bis zum römischen Feldlager vorgedrungen waren, stürmten die auf dem Berg versteckten römischen Truppen herab und machten die Überraschung perfekt, da das feindliche Lager fast völlig verlassen zurückgeblieben war und jetzt von den eingedrungenen Römer eingeäschert wurde, fast ohne auf Gegenwehr zu stoßen. Doch selbst als das Lager bereits lichterloh brannte, gaben die Keltiberer den Kampf zunächst nicht auf, sondern stürzten sich mit dem Mut der Verzweiflung in die Schlacht, die jedoch schließlich mit einem fürchterlichen Blutbad endete.

Anschließend wurde das römische Heer gegen Contrebia, einem anderen, nicht näher lokalisierten Widerstandszentrum in Marsch gesetzt. Diese Episode schildert Livius so eindrucksvoll, daß sie in Auszügen wiedergegeben sei, da hier sehr gut die besonderen Bedingungen der Kriegsführung auf der Pyrenäenhalbinsel geschildert werden: «Diese Stadt wurde belagert und hatte die Keltiberer um Hilfstruppen gebeten. Die blieben aber aus [...], weil durch ununterbrochene Regengüsse ungangbare Wege und angeschwollene Flüsse sie aufhielten, nachdem sie von Hause aufgebrochen waren. Da verzweifelte die Stadt an der Hilfe ihrer Landsleute und ergab sich. Auch Flaccus führte sein ganzes Heer, durch das starke Unwetter genötigt, in die Stadt. Die Keltiberer, die von Hause aufgebrochen waren und von der Kapitulation nichts wußten, konnten endlich, sobald die Regengüsse nachließen, die Flüsse überwinden und gelangten nach Contrebia. Als sie kein Lager außerhalb der Mauern sahen, glaubten sie, es sei entweder auf die andere Seite verlegt oder die Feinde seien abgezogen, und näherten sich in Sorglosigkeit ungeordnet der Stadt. Gegen sie machten die Römer aus zwei Toren einen Ausfall, griffen den ungeordneten Haufen an und jagte ihn in die Flucht [...].» (Liv. 40,33,1–5; Übers. H. J. Hillen)

Im Frühling des folgenden Jahres 180 v. Chr. schließlich hatte Fulvius Flaccus begonnen, die entfernteren Teile Keltiberiens, wo zuvor noch niemals ein römischer Soldat gewesen war, zu durchziehen und alles systematisch verwüsten zu lassen. Als ihm die Aufforderung seines designierten Amtsnachfolgers Sempronius Gracchus überbracht wurde, er möge sich zur Amtsübergabe in Tarraco/Tarragona einfinden, ordnete er den Rückmarsch an. Die Keltiberer, die das bemerkten, jedoch als Fluchtbewegung mißdeuteten, versuchten daraufhin, das römische Heer bei der Durchquerung des Berglandes in eine Falle zu locken, was nochmals eine brenzlige Situation heraufbeschwor, jedoch mit einer weiteren verlustreichen Niederlage der Keltiberer endete. In Tarraco übergab dann Fulvius Flaccus sein Heer an seinen Nachfolger. Ein Teil der Soldaten wurde ehrenvoll entlassen, der andere verblieb weiter im aktiven Dienst. In Rom stiftete Flaccus aus der reichen Kriegsbeute einen prächtigen Tempel für die Göttin Fortuna Equestris, einem Gelübde folgend, das er auf dem Rückmarsch während der erwähnten Kämpfe im Bergland gegeben hatte. Sein Beispiel wirkte anspornend auf die Bemühungen anderer Kollegen, ebenfalls Kriegsruhm in Hispanien zu erringen und dort möglichst genauso viel Beute zu holen. In diesem Sinne gingen bereits die Nachfolger im Amt, L. Postumius Albinus (Hispania ulterior) und Ti. Sempronius Gracchus (Hispania citerior), tatkräftig vor (180/179 v. Chr.). Im Vordergrund stand ein erneuter Angriff auf die Keltiberer, die man eindeutig als den hartnäckigsten Gegner identifiziert hatte. Postumius Albinus rückte wieder von Süden vor, indem er das Tal des Baetis/Guadalquivir als Basislinie nutzte und durchquerte die Gebiete der lusitanischen Stämme und das Stammesgebiet der Vakkäer. Dort soll er angeblich die Unterwerfung von 130 Städten erreicht haben. Schließlich gelangte er in das mittlere Duerotal. Weitere Einzelheiten sind nicht bekannt.

Sein Amtskollege Sempronius Gracchus hat weniger durch seine militärisch-politischen Leistungen, sondern vor allem durch seine vielfältigen familiären Verbindungen Berühmtheit erreicht: Zum einen durch seine Heirat mit Cornelia, der jüngsten Tochter des P. Cornelius Scipio Africanus, zum anderen durch

Abb. 57 Oppidum von Chamartín de la Sierra. Innere Befestigungsmauer.

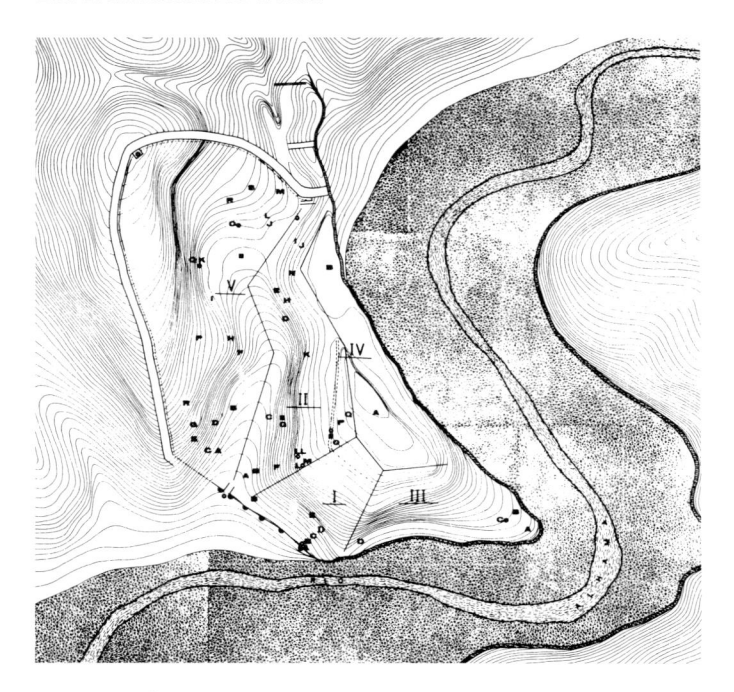

Abb. 58 Übersichtsplan des Oppidum von Contrebia Leukade/ Inestrillas mit Eintragung der wichtigsten Fundstellen.

seine Kinder, die Brüder Ti. und C. Sempronius Gracchus, die eine wichtige Rolle im römischen Bürgerkrieg spielen sollten (Agrarkrise 133 v. Chr.), und als Schwiegervater des P. Scipio Aemilianus, des Eroberers von Karthago 146 v. Chr. und Bezwingers von Numantia 133 v. Chr. Jedoch zu Unrecht, denn durch bedächtige Umsicht, durch Verschlagenheit und List, nicht zuletzt aber auch mit Hilfe von brutaler Härte und roher Gewalt gelang ihm binnen kurzem die Unterwerfung großer Teile Keltiberiens. Nach Livius wurden zunächst die Stadt Munda im Sturm erobert und weite Landstriche systematisch verwüstet, bis das römische Heer vor die Stadt Certima gelangte, mit deren Belagerung unverzüglich begonnen wurde (Von Appian werden andere Stadtnamen angegeben, außerdem unterscheidet sich seine Schilderung der Ereignisse von der des Livius). Nachdem die Keltiberer, die ursprünglich den Einwohnern von Certima die Entsendung eines Entsatzheeres zugesagt hatten, durch eine Schauparade des römischen Heeres vom Eingreifen zurückgehalten wurden, unterwarf sich die Stadt, welche anschließend die horrende Entschädigung von 2400000 Sesterzen bezahlen mußte und vornehme Geiseln abzustellen hatte.

Bei der Stadt Alce kam es zu erneuten Auseinandersetzungen. Zunächst fügte Gracchus denselben Keltiberern, mit denen er es bereits vor Certima zu tun hatte und die in der unmittelbaren Nähe der Stadt lagerten, schwere Verluste zu, indem er sie zu einem unvorsichtigen Angriff auf das römische Lager provozierte und dadurch in einen Hinterhalt locken konnte. Anschließend durchzog er das keltiberische Siedlungsgebiet, das er verwüsten ließ, worauf sich ihm viele unterwarfen. Sodann kehrte er nach Alce zurück, das sich schließlich ergeben mußte, wobei einer der wichtigsten keltiberischen Stammesführer in Gefangenschaft geriet und daraufhin in den Dienst des römischen Heeres trat. Durch diese Erfolge beeindruckt, ergab sich schließlich auch die berühmte und mächtige Stadt Ercavica. Entschieden wurde der Krieg aber erst in einer mehrtägigen, blutigen Schlacht am Mons Chaunus (Moncayo?), welche die Römer am dritten Tag für sich entscheiden konnten, woraufhin die Keltiberer zum Friedensschluß bereit waren (Abb. 61). Mit den Stämmen des diesseitigen Keltiberien, die am oberen Ebro siedelten, den Lusonen, Bellern und Titthern, wurden die Zahlung von Tributen in nicht genannter Höhe sowie die Stellung von Hilfstruppen vereinbart, wobei diese beiden Bestimmungen schon nach wenigen Jahren wieder aufgehoben wurden. Außerdem mußte auf die Errichtung neuer Städte (Befestigungen) verzichtet werden. Mit den Arevakern, einem westlich davon, also weiter vom römischen Herrschaftsbereich entfernt lebenden keltiberischen Stamm, wurde ein Freundschaftsvertrag geschlossen. Im oberen Ebrotal wurde außerdem 179 v. Chr. eine Siedlung offenbar für die einheimische Bevölkerung gegründet, die den Namen des Stadtgründers erhielt und «Gracchuris» genannt wurde.

Friedensvertrag im Jahre 179 v. Chr.

Für seine Erfolge in Hispanien feierte Sempronius Gracchus 177 v. Chr. in Rom einen glänzenden Triumphzug, bei dem er 40000 Pfund Silber zur Schau gestellt haben soll. Für die römische Eroberung Hispaniens stellt das Jahr 179 v. Chr. einen wichtigen Einschnitt dar, da es gelang, einen umfassenden Friedensschluß vor allem mit den Keltiberern zu erreichen. In den letzten zwanzig Jahren war das römische Herrschaftsgebiet beträchtlich erweitert worden und hatte inzwischen eine Ausdehnung erreicht, die alle Gebiete südlich einer Linie umfaßte, die von den mittleren Pyrenäen über das obere Ebrotal bei Calahorra bis zum Tajo westlich von Toledo und von dort aus weiter bis zum Mittellauf des Guadiana reichte. Natürliche Grenzen waren an keiner Stelle erreicht, so daß die nächsten Konflikte vorprogrammiert waren.

In den nächsten Jahrzehnten ließ das Interesse der antiken Geschichtsschreibung, jedenfalls soweit sie erhalten geblieben ist, an Hispanien stark nach, was in erster Linie dadurch begründet ist, daß Rom damals in Griechenland besonders gefordert war und man sich ganz auf die Darstellung der dortigen Ereignisse konzentrierte. Die Vermutung, es könnten jetzt friedvollere Zeiten über das gequälte Land gekommen sein, trifft leider nicht zu, denn bereits vom Nachfolger des Gracchus, M. Titinius Curvus, (178/75 v. Chr.) ist die Feier eines Triumphes über Hispanien bezeugt, wenn auch aus nicht näher bekannten Gründen. Wiederum dessen Nachfolger, App. Claudius Centho (175/174 v. Chr.), mußte nach dem Zeugnis des Livius einen Aufstandsversuch der Keltiberer blutig niederschlagen, worauf ihm ein kleiner Triumph (*ovatio*) gewährt wurde. Die bei dieser Gelegenheit mitgeführte Beute erreichte die Summe von 5880000 Denaren und überstieg im Gesamtwert alle übrigen Beträge, die für den Zeitraum 206–174 v. Chr. überliefert sind, was auf wenig friedvolle Zeiten schließen läßt.

Im Zeitraum von 171–168 v. Chr. wurden dann beide Provinzen von einem einzigen Praetor verwaltet. Für die Jahre 171/170 v. Chr. ist als Statthalter L. Canuleius Dives bezeugt, wobei es 170 v. Chr. zu einem großen Aufstand der Keltiberer kam, von dem keine weiteren Einzelheiten bekannt sind, und deren Kriegsbündnis der Tod ihres Anführers Olonico bald wieder auseinanderfallen ließ. Im Jahre 169 v. Chr. verwaltete M. Claudius Marcellus, der 152/51 v. Chr. nochmals nach Hispanien zurückkehren sollte, im folgenden Jahr 168 v. Chr. P. Fonteius Balbus die beiden Provinzen.

In diesem Zeitraum veränderte sich auch die Überlieferungslage erheblich: Bisher war das Geschichtswerk des Livius trotz mancher offenkundiger Mängel, auf die bereits an anderer Stelle hingewiesen wurde, die wichtigste historische Quelle. Für die Jahre ab 166 v. Chr. ist dieses Werk jedoch im wesentlichen verloren; von nun an liegen bis auf wenige Textfragmente lediglich Exzerpte aus spätrömischer Zeit vor. An Livius' Stelle tritt Appian, dessen Aussagewert wegen der weitgehend unkritischen

Übernahme der Quellen und seiner häufig romanhaften Schilderungsweise früher als eher gering eingeschätzt wurde. Erst in jüngster Zeit wird dieses Geschichtswerk positiver beurteilt.

Konflikt im Süden

Das Jahr 154 v. Chr. markiert eine wichtige Zäsur innerhalb der historischen Entwicklung. An beiden Brennpunkten des Geschehens, sowohl bei den Keltiberern im zentralen Hochland der Halbinsel, als auch bei den Lusitaniern im Südwesten, brachen zu dieser Zeit Kämpfe aus, die mit einer Hartnäckigkeit geführt wurden, wie sie schlimmer kaum hätte ausfallen können, und die zwanzig Jahre lang dauern sollten. «Der spanische Kriegsschauplatz war der Schrecken der römischen Soldaten. Dort eingesetzt zu werden bedeutete langen Kriegsdienst, Entbehrungen und ein unverhältnismäßig hohes Risiko für Leben und Gesundheit.» (K. Bringmann)

Im Süden begann alles mit einem Einfall der Lusitaner unter ihrem Anführer Punicus, bei dem zunächst zwei römische Feldherren, die Praetoren M. Manilius und L. Calpurnius Piso Caesoninus, besiegt wurden (156 v. Chr., oder früher?). Punicus ging daraufhin ein Bündnis mit den Vettonen, den westlichen Nachbarn der Carpetanern, ein. Gemeinsam ging diese neue Koalition gegen einen ganz im Westen unter römischer Herrschaft lebenden Stamm im Mündungsgebiet des Guadalquivir vor, die man «Blastophoiniker» (Abkömmlinge der Phönizier) nannte, angeblich weil einstmals Hannibal dort Afrikaner angesiedelt habe. Bei den dortigen Operationen wurde Punicus von einem Stein am Kopf getroffen und starb, woraufhin die Lusitaner einen gewissen Caesarus zu ihrem neuen Anführer bestimmten. Wenig später erzielte Caesarus gegen den römischen Feldherrn L. Mummius (Praetor 155/54 v. Chr.) einen weiteren Erfolg. Nach der Schilderung Diodors ging Mummius in unmittelbarer Nähe des Feindes an Land (Südküste?), wurde jedoch noch während der Ausschiffung der Soldaten angegriffen und verheerend geschlagen. Auf der Verlustliste befanden sich der größte Teil des römischen Heeres sowie das Feldlager, in dem zahlreiche Waffen und Feldzeichen aufbewahrt wurden. Die eroberten römischen Feldzeichen wurden von den Lusitanern, deren Selbstbewußtsein durch diesen Sieg gewaltig zunahm, zur Schau gestellt. Auf diese Weise gelangten sie bis zu den Keltiberern, wo diese Siegesnachrichten einen solchen Eindruck machten, daß die Arevaker von den Römern abfielen, da sie deren Machtstellung für stark geschwächt hielten. Wie Appian berichtet, vermied Mummius zunächst jede direkte Konfrontation mit den Lusitanern, bis sich seine Truppen vom Schock der Niederlage erholt hatten, griff dann in einem günstigen Moment die vorbeiziehenden beuteladenen Krieger an und holte sich zahlreiche verloren gegangene Gegenstände und vor allem die Feldzeichen zurück.

Vermutlich gleichzeitig griffen andere lusitanische Krieger, die südlich des Tajo lebten, unter Führung des Caucaenus die Konier im südlichen Portugal an und eroberten deren Hauptsitz Conistorgis. Offenbar wurde dieser jedoch nach kurzer Zeit wieder von ihnen geräumt, da dort bereits 151 v. Chr. römische Truppen gefahrlos überwintern konnten. In zwei verschiedene Gruppen aufgeteilt, setzten diese Krieger anschließend über die Meerenge von Gibraltar nach Afrika über. Nach der vorliegenden Quellenlage stellt diese Überfahrt keine Flucht vor überlegenen römischen Streitkräften dar. Die gesamte Unternehmung vermittelt

Abb. 59 Oppidum von Contrebia Leukade/Inestrillas. Blick auf Gebäudestrukturen der Eisenzeit und der römischen Kaiserzeit.

Abb. 60   Oppidum von Contrebia Leukade/Inestrillas. Blick auf Gebäudestrukturen der Eisenzeit und der römischen Kaiserzeit.

eher den Eindruck von ungezügelter Abenteuerlust. Während eine Gruppe der Lusitaner die Stadt Ocile (Zilis/Azila an der marokkanischen Küste?) belagerte, eilte inzwischen L. Mummius mit neu ausgehobenen und gerade ausgebildeten 9000 Infanteristen und 500 Reitern über die Meerenge von Gibraltar herüber und hatte mit den verschiedenen vagabundierenden Kriegergruppen ein müheloses Spiel. Zunächst wurden einige herum streifende Lusitaner angegriffen, anschließend wurde Ocile von der einschnürenden Belagerung befreit, und zuletzt wurden die übriggebliebenen, jetzt fern der Heimat und ohne Nachschub operierenden Lusitaner mitsamt ihrer Beute abgefangen und aufgerieben. Die Beute ließ Mummius anschließend unter seine Soldaten verteilen, die sich daran schadlos hielten und vieles wegschleppten, die Reste wurden zu Ehren der Kriegsgötter verbrannt. Als Abschluß seiner Tätigkeit wurde L. Mummius wegen der letzten überragenden Erfolge vom Senat in Rom ein feierlicher Triumph gewährt.

Im nächsten Jahr eroberte sein Nachfolger, M. Atilius Serranus

Abb. 61   Blick vom Ebrotal auf das Bergmassiv des Moncayo.

(153/52 v. Chr.), das vermutlich im mittleren Portugal gelegene Oxthracae, angeblich die größte Stadt der Lusitaner, worauf Teile der östlich der Stadt lebenden Vettonen sich ergaben. Zur gleichen Zeit war in diesem Gebiet auch der Statthalter der Hispania citerior, M. Claudius Marcellus tätig, der, so schien es jedenfalls für diesen Moment, noch erfolgreicher als sein Amtskollege operierte. Allerdings währte der Frieden dort nicht lange; sofort nach Abzug der römischen Truppen ist wieder von Aufständen der einheimischen Bevölkerung zu hören. Den Winter 152/51 v. Chr. verbrachten Atilius Serranus und Claudius Marcellus gemeinsam in Córdoba.

Zweiter keltiberischer Krieg (154–150 v. Chr.)

Inzwischen war auch längst wieder der Konflikt in Keltiberien voll entbrannt, der dieses Mal abgesehen von einer kurzen Unterbrechung sogar 20 Jahre lang andauern sollte. Dabei war man auf der römischen Seite bemüht, aus den Fehlern der Vergangenheit zu lernen. Früheren Schwierigkeiten trug man dadurch Rechnung, daß die vor Ort eingesetzten Provinzialtruppen erneut beträchtlich verstärkt wurden und man zu deren Kommando nun erfahrene Politiker (Konsulare) entsandte.

Der «feurige Krieg» (Polybios) entzündete sich an der Bestimmung des Vertragswerks von 179 v. Chr., die den daran beteiligten Stämmen die Neuanlage von Befestigungen verbot, was sich nach römischer Rechtsauffassung auch auf die Verstärkung von bereits existierenden Stadtmauern bezog. 154 v. Chr. beschlossen die Bewohner von Segeda (El Poyo de Mara, Prov. Zaragoza?) (Abb. 62) eine erhebliche Vergrößerung ihrer Stadtanlage, die mit der Bevölkerung der umgebenden Ortschaften des eigenen Stammes und des Nachbarstammes der Titther, teils freiwillig, teils unter Ausübung von «sanftem Druck» besiedelt und mit einer neuen Stadtmauer von beachtlichen 40 Stadien Umfang umgeben werden sollte. Nachdem der Senat in Rom von diesem Vorhaben erfahren hatte, untersagte er den Bau der Stadtmauer; außerdem machte er die früher verfügten Befreiungen von der Tributpflicht und der Bereitstellung von Hilfstruppen wieder rückgängig. Den römischen Gesandten, die nach Hispanien reisten und diese Entscheidungen des römischen Senats den Einwohnern von Segeda mitteilten, bot daraufhin im Namen aller ein besonders angesehener Bürger namens Kakyros Zugeständnisse bei der Tributfrage sowie der Stellung von Truppen an. Er ließ in seiner Rede jedoch beim Hauptstreitpunkt, der Frage der Ummauerung, keinerlei Kompromißbereitschaft erkennen, worin ihm auch die Bürgerversammlung den Rücken stärkte. Daraufhin reiste die Gesandtschaft mit leeren Händen wieder ab, in Rom hob der Senat den Friedensvertrag von 179 v. Chr. auf und erklärte den Einwohnern von Segeda und ihren Verbündeten den Krieg.

In Rom schätzte man die Lage inzwischen als so ernst ein, daß man 153 v. Chr. wegen des Krieges mit den Keltiberern sogar den Amtsantritt der Konsuln vom 15. März auf den 1. Januar vorverlegte, um ihnen eine frühere Abreise in die ihnen zugeloste Provinz zu ermöglichen. Hiermit trug man der Tatsache Rechnung, daß bei dem früheren, wesentlich später liegenden Antrittstermin bis zum Eintreffen der Beamten bereits ein Großteil der besten Jahreszeit vorbei war. Außerdem wurde erstmals seit Cato (195 v. Chr.) mit Q. Fulvius Nobilior wieder ein amtierender Konsul

Abb. 62 Luftbild des Oppidum El Poyo de Mara (Prov. Zaragoza). Bei der Siedlung handelt es sich vermutlich um das antike Segeda.

Das 2. Jahrhundert v. Chr.

Abb. 63   Denar von Bolskan (Osca, Prov. Huesca).

Abb. 64   Denar von Sekaisa (El Poyo de Mara, Prov. Zaragoza?).

Abb. 65   As von Usamus (El Burgo de Osma, Prov. Soria).

Abb. 63–68   Zahlungsmittel der erbittersten Gegner Roms. Die wichtigsten keltiberischen Münzprägungen. Vorderseite: Männlicher Kopf, Rückseite: Bewaffneter Reiter.

mit der Planung der Unternehmungen in Hispanien beauftragt, der über zwei Legionen (10 000 Mann) samt 600 Reitern, des weiteren in entsprechender Stärke über Fußtruppen der italischen Bundesgenossen samt 1800 Reitern und einheimische Aufgebote (8000 Mann), also insgesamt über ein beachtliches Heer von 30 000 Mann verfügen konnte. Die klare Absicht, in erster Linie gegen die Keltiberer vorgehen zu wollen, deutet darauf hin, daß man die Lage im Norden der Halbinsel als am gefährlichsten einstufe (Abb. 63–68). Wie realistisch diese Einschätzung war, zeigt der weitere Gang der Ereignisse!

Die Einwohner von Segeda wurden vermutlich vom Beschluß des römischen Senats erst unterrichtet, als das römische Heer bereits in Hispanien gelandet war. Dies könnte ihre überstürzte Flucht zu den Arevakern erklären, wo man um Unterstützung bat. Alle folgenden Vermittlungsversuche der Arevaker schlugen fehl, da die Römer unnachgiebig die bedingungslose Unterwerfung der Aufständischen forderten. Besonders daß dabei die Ablieferung der Waffen verlangt wurde, traf das Selbstbewußtsein der Segedaner so hart, daß die Verhandlungen schließlich ergebnislos abgebrochen wurden. Die Arevaker, die bisher eine abwartendneutrale Rolle gespielt hatten, gingen jetzt auf die Seite der Aufständischen über, wobei man auch hier Lehren aus den Fehlern der Vergangenheit zog und der kritischen Zuspitzung der Lage entsprechend die Truppen der Aufständischen unter das Oberkommando eines alleinigen Anführers stellte. In diesem Fall fiel es Karo zu, einem Bewohner von Segeda.

Währenddessen war das römische Heer, das wohl in Tarragona hispanischen Boden betrat, durch die Täler von Ebro und Jalon herangmarschiert und stand im Begriff, das zentrale Hochland zu erreichen (Abb. 69). Mit diesem Vormarsch steht wohl das Lager von Almazán (Prov. Soria), in Zusammenhang, das erstmals 1911 von Adolf Schulten untersucht wurde. Der heutige Kenntnisstand

Abb. 66 Denar von Sekobirikes (Pinilla de Trasmonte, Prov. Burgos).

Abb. 67 Denar von Arekoratas (El Castejón, Luzaga, Prov. Guadalajara).

Abb. 68 As von Turiasu (Tarazona, Prov. Zaragoza).

beruht vor allem auf einer Notgrabung aus dem Jahre 1968. Die Anlage liegt auf einer Hangterrasse oberhalb des Duero. Allein die Abmessungen der Nordwestseite sind vollständig nachgewiesen. Ihre Länge betrug stattliche 810,7 m. Die südwestliche Umwehrung konnte noch auf einer Länge von 497,8 m bis zu einer Stelle beobachtet werden, wo sie an einem natürlichen Geländeabfall zu enden scheint, während von der Nordostseite nur noch ein kurzes Stück vorhanden war. Bei einem Grabungsschnitt nahe der Westecke konnte festgestellt werden, daß vor der Umwehrung ein Spitzgraben angelegt war (T. 1,8 m). Sowohl an der Südwestseite als auch an der Nordwestseite wurden Toranlagen nachgewiesen, die jeweils von einem Titulum (vorgelagertes Wollstück) geschützt wurden. Von der Nordwestseite führte außen zunächst rechtwinklig ansetzend, dann schräg nach Westen ein Mauerzug, der ursprünglich wohl bis zum Duero reichte. Eine Innenbebauung wurde nicht festgestellt. Während der Grabungen wurde nur wenig chronologisch signifikantes Fundmaterial geborgen (Campanateller Lamboglia B 5, Amphore Dressel 1A). Für die Datierung in das Jahr 153 v. Chr. sprechen in erster Linie historische Überlegungen. Weitere, noch unveröffentlichte Lesefunde, die vor kurzem bei Bauarbeiten im Lagergelände gemacht wurden, stützen diese Vermutung (für freundliche Auskünfte und die Erlaubnis, das Fundmaterial studieren zu können, danke ich E. Heras, Servicio Territorial Soria).

dies atri – «Schwarze Tage»

Unmittelbar nördlich von Almazán kam es dann bald an einem altrömischen Festtag, den Vulkanalien (23. August), zu einem ersten Kräftemessen. Nach einem sorgfältig ausgeklügelten Schlachtplan, der wohl von Karo selbst stammte, wurde das rö-

DAS 2. JAHRHUNDERT V. CHR.

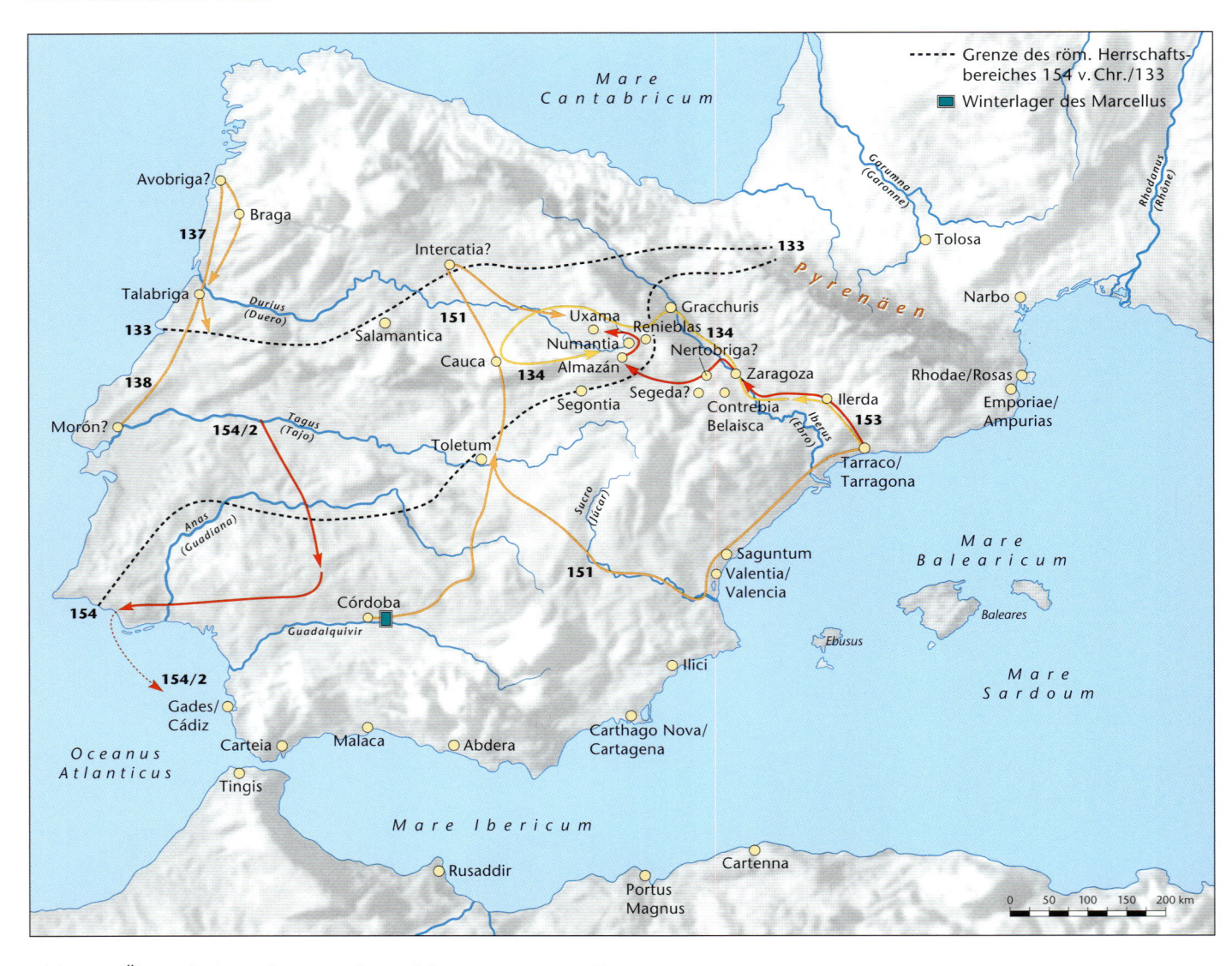

Abb. 69 Übersichtskarte der römischen Feldzüge 153–133 v. Chr.

Abb. 70 Medinaceli, Blick auf den Ehrenbogen.

mische Heer auf dem Marsch angegriffen, wo es am leichtesten verwundbar war. Der Ort dieses Überfalls konnte inzwischen lokalisiert werden und befindet sich wohl 15 km südlich von Numantia im steil eingeschnittenen Tal des Baldano, eines Seitenflusses des Duero. Obwohl offenbar völlig überrascht, setzten sich die römischen Truppen tapfer zur Wehr, mußten jedoch schließlich fliehen, viele der Soldaten verloren ihr Leben. Eine neue Phase der Schlacht eröffnete die jetzt herbeigeeilte römische Reiterei, die ihrerseits die auf der Verfolgung befindlichen, zerstreut vorrückenden Keltiberer angriff und ihnen gleichfalls schwere Verluste bereitete, auch der tapfer kämpfende Karo fand dabei den Tod. Erst die hereinbrechende Nacht setzte dem Kampfgeschehen ein Ende. Von jetzt an galt der Kalendertag dieser Schlacht genauso wie z. B. derjenige der Schlacht von Cannae (216 v. Chr.) für die Römer als Unglückstag (*dies atri*).

Nach drei Tagen Erholungspause zog das römische Heer in Richtung Norden weiter, wo zunächst «24 Stadien» (App., *Iberiké* 46,188) von Numantia entfernt ein festes Lager errichtet wurde, das als Basis für den geplanten Angriff auf die Stadt dienen sollte. «An Numantia war schwer heranzukommen wegen zweier Flüsse und Schluchten; außerdem war der Platz von dichten Wäldern umgeben, und nur ein einziger Weg, den Gräben und Verhaue sperrten, führte in die Ebene herab. Die Einwohner selbst galten, zu Pferd wie auch zu Fuß, als vorzügliche Soldaten und zählten im ganzen etwa 8000 Mann. Obwohl nur so wenige, bereiteten sie den Römern infolge ihrer Tapferkeit doch große Schwierigkeiten.» (App., *Iberiké* 76,323–324; Übers. O. Veh)

Mit großer Sicherheit stellt das Lager III nordöstlich von Renieblas die erwähnte Angriffsbasis dar, auch wenn die bei Appian angegebene Entfernung damit nicht übereinstimmt (Abb. 71–75). Bereits Cato hatte diese Anhöhe zur Anlage eines Militärlagers genutzt, sich dabei jedoch für die windgeschützte Nordseite entschieden (s. S. 43). Das Lager III hingegen wurde um die höchste Kuppe der Anhöhe angelegt, die zwar eine vorzügliche Fernsicht bot, die weit ins Land und bis nach Numantia reichte, wo man jedoch den verschiedensten Witterungseinflüssen, vor allem schneidend kalten Nordwinden, ziemlich schutzlos ausgeliefert war, was den römischen Soldaten in der Folgezeit noch erhebliche Schwierigkeiten bereiten sollte. Vor allem der nördliche und mittlere Teil des Lagers III präsentieren sich noch heute in

Abb. 71 Blick von Numantia in Richtung von Renieblas. Auf der relativ flachen Erhebung halblinks die römischen Lager. Im Hintergrund das schneebedeckte Bergmassiv des Moncayo.

einem vorzüglichen Erhaltungszustand, während der Südteil durch die Militäranlagen des 1. Jhs. v. Chr. (Lager IV–V) stark gestört ist. Bei den Ausgrabungen der Jahre 1909–1911, die unter der Leitung von Adolf Schulten durchgeführt wurden, konnte ein ovaler Umriß des Lagers festgestellt werden (970 × 730 m), das entgegen der sonst üblichen Praxis nicht von einem Graben umgeben war. Die Umwehrung war 3 m breit und bestand aus zwei Mauerschalen. Offenbar waren die Außenwände außen wie innen senkrecht (vollständig?) aus Bruchsteinen aufgeschichtet worden. Auf diese Bauweise deuten auch rampenartige Aufgänge hin, auf die man an der Innenseite der Umwehrung stieß.

Schulten vermutete eine Orientierung des Lagers nach Westen, gegen Numantia (Abb. 79). Trifft diese Vermutung zu, dann wäre die *porta praetoria* bereits durch spätere Baumaßnahmen vollständig beseitigt. Stattdessen wurde an der östlichen Umwehrung eine gut erhaltene Toranlage beobachtet, bei der es sich nach dieser Rekonstruktion des Lagerschemas um die *porta decumana*

Abb. 72 Luftbild der römischen Lager bei Renieblas.

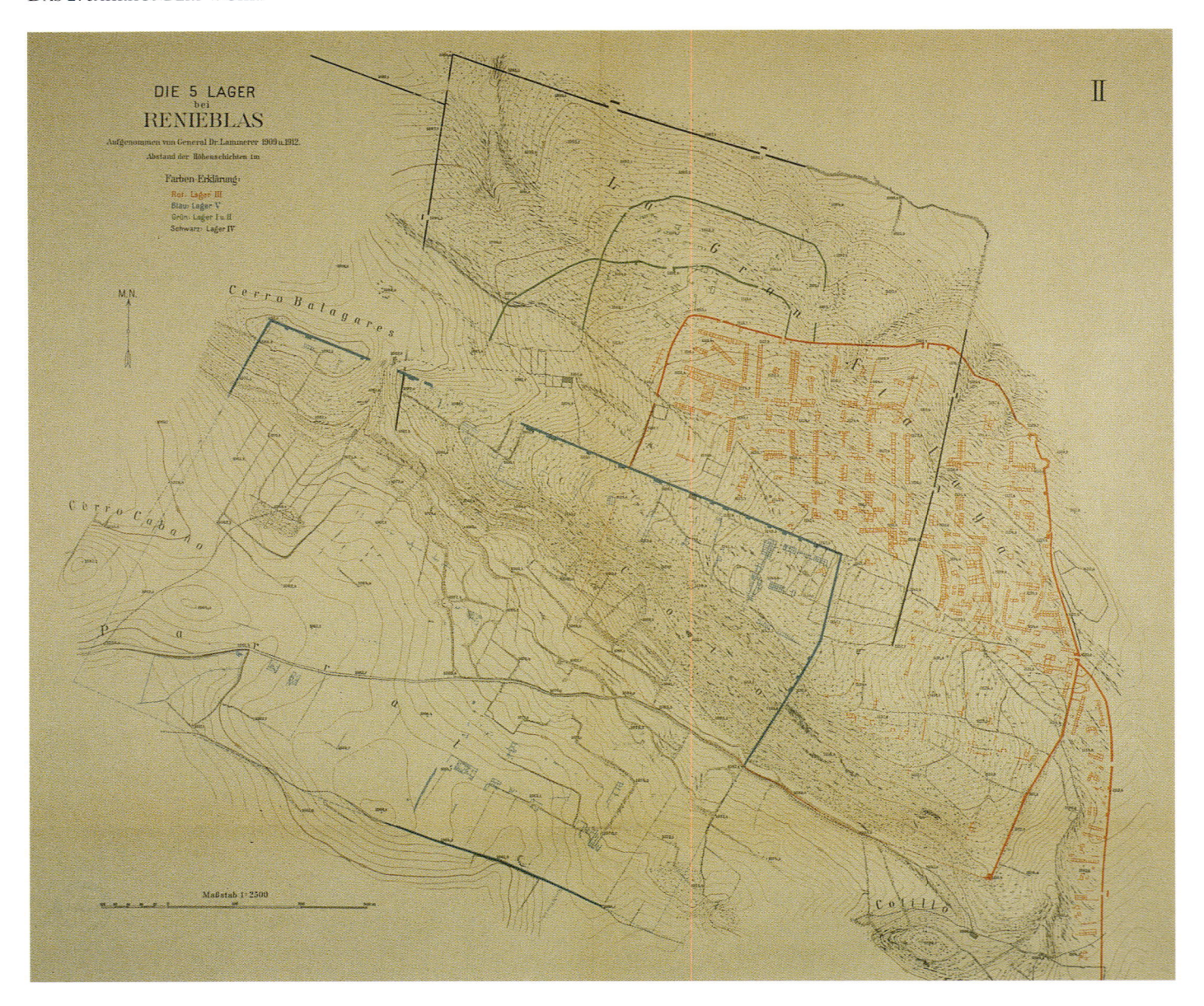

Abb. 73 Übersichtsplan der römischen Lager bei Renieblas. Grün markiert sind Lager I und II (195 v. Chr.), rot Lager III (154/153 v. Chr.), schwarz Lager IV (75 v. Chr.) und blau Lager V (75/74 v. Chr.).

handeln würde, wo zwei 6 m lange Tortürme eine 3,5 m breite Torgasse begrenzten. Insgesamt wurden 27 Türme nachgewiesen, deren Abstände voneinander je nach Gefährdungsgrad des Wallabschnitts schwankten, meistens aber um 30 m betrugen. Bei den Türmen ließen sich zwei Größenkategorien, eine kleinere (Tiefe: 2–4 m; Breite: 2–4 m) und eine größere (Tiefe: 5–9 m; Breite: 3–7 m), feststellen.

Die Innenfläche war dicht bebaut und wurde durch ein System sich rechtwinklig kreuzender Lagerstraßen erschlossen, wobei die *via principalis* geradezu monumentale Ausmaße erreichte, über die im Norden schräg die Häuser der Militärtribunen errichtet waren. Der mittlere Geländestreifen wurde vom Praetorium, von dem nur noch bescheidene Überreste nachgewiesen werden konnten, vom mehrteiligen Forum und vom Quaestorium eingenommen. In den beiden sich seitlich davon erstreckenden Lagerstreifen war nach Meinung von Schulten jeweils eine Legion untergebracht, denen hufeisenförmige Kasernenbauten als Mannschaftsunterkünfte dienten. Außen war an der Ostseite ein Annexlager angebaut, dessen Umwehrung 850 m weit nachgewiesen wurde. Es konnten zwei Toranlagen festgestellt werden, die jeweils eine Titulumkonstruktion besaßen, ganz anders als es im Hauptlager der Fall war. Dieser Lagerteil war genauso dicht mit Hufeisengebäuden und paarweise angeordneten Raumfolgen bebaut. Hier waren vermutlich die Hilfstruppen untergebracht.

Den Zeitraum, der zur Errichtung des Lagers erforderlich war, nutzte Nobilior, um dringend notwendige Verstärkungen heranschaffen zu lassen. Dazu zählten 300 Reiter und zehn Kriegselefanten, die der Numiderkönig Massinissa zur Unterstützung aus Afrika gesandt hatte, und die von Osten her aus dem Ebrotal, über den Paß von Madero zum römischen Einsatzheer stießen. Umso größer sollte der Überraschungseffekt bei den Verteidigern der Stadt sein, auf den Nobilior natürlich vertraute (Abb. 76).

Scheitern des Nobilior vor Numantia

Über den sich jetzt entwickelnden Sturmangriff auf Numantia besitzen wir von Appian eine anschauliche Schilderung: «Das Handgemenge hatte schon begonnen, da gingen die Truppen auf

Zwischenraum und gaben den Blick auf die Tiere frei. Den Keltiberern selbst und ihren Pferden waren in den Kriegen zuvor Elefanten niemals zu Gesicht gekommen, sie gerieten daher in Verwirrung und flüchteten sich in die Stadt. Nun führte Nobilior die Tiere geradewegs auf die Stadtmauern zu und kämpfte tapfer, bis einer von den Elefanten durch einen gewaltigen herabstürzenden Felsbrocken am Haupte getroffen und daraufhin wild wurde. Laut trompetend wandte er sich gegen die eigenen Leute und tötete jeden, der ihm in den Weg kam, ohne mehr einen Unterschied zwischen Freund und Feind zu machen. Die übrigen Elefanten gerieten auf seine Schreie hin ebenfalls in Unruhe und taten es ihm gleich: Sie zertrampelten die Römer, spießten sie auf und schleuderten sie in die Höhe. [...] In Unordnung begannen nun die Römer zu fliehen; als dies die Numantiner von ihren Mauern herab beobachteten, stürzten sie aus den Toren und töteten auf der Verfolgung etwa 4000 Mann, auch drei der Elefanten; außerdem erbeuteten sie noch viele Waffen und Feldzeichen. Von den Keltiberern fanden an die 2000 den Tod.» (Appian, *Iberiké*, 46,188–193; Übers. O. Veh)

Mit dem Scheitern dieses Angriffs war selbstverständlich bis auf weiteres jeglicher Versuch einer Eroberung von Numantia unmöglich geworden. Um wenigstens den gegnerischen Nachschub zu unterbinden, wurde wenig später die Stadt Axeinion (Uxama bei Burgo de Osma?) angegriffen, wo die Keltiberer Getreidevorräte gelagert hatten. Aber auch hier holte sich das römische Heer eine böse Schlappe. Nach schweren Verlusten mußte man sich noch in der gleichen Nacht in das Lager zurückziehen. Und als dann auch der Versuch, bei einem benachbarten Stamm (Vakkäer?) dringend benötigte Verstärkungen für die Reiterei zu rekrutieren, fehlschlug, weil die Keltiberer den Transport auf dem Rückweg überfielen, war das Maß voll. Offenbar hatte die innerhalb kürzester Zeit erlittene Folge von schlimmen Niederlagen das römische Heer inzwischen vollständig demoralisiert. «Unter dem Eindruck einer solchen Reihe römischer Mißerfolge ging die Stadt Hokilis (Anm.: Ocilis/Medinaceli?), in der die Römer ihre Lebensmittelvorräte sowie ihr Geld niedergelegt hatten, zu den Keltiberern über. Nun gab Nobilior alle Hoffnung auf und

Abb. 74   Renieblas, Lager III. Nordöstlicher Bereich der Umwehrung.

Abb. 75   Renieblas, Lager III. Gebäudestrukturen im Innenbereich.

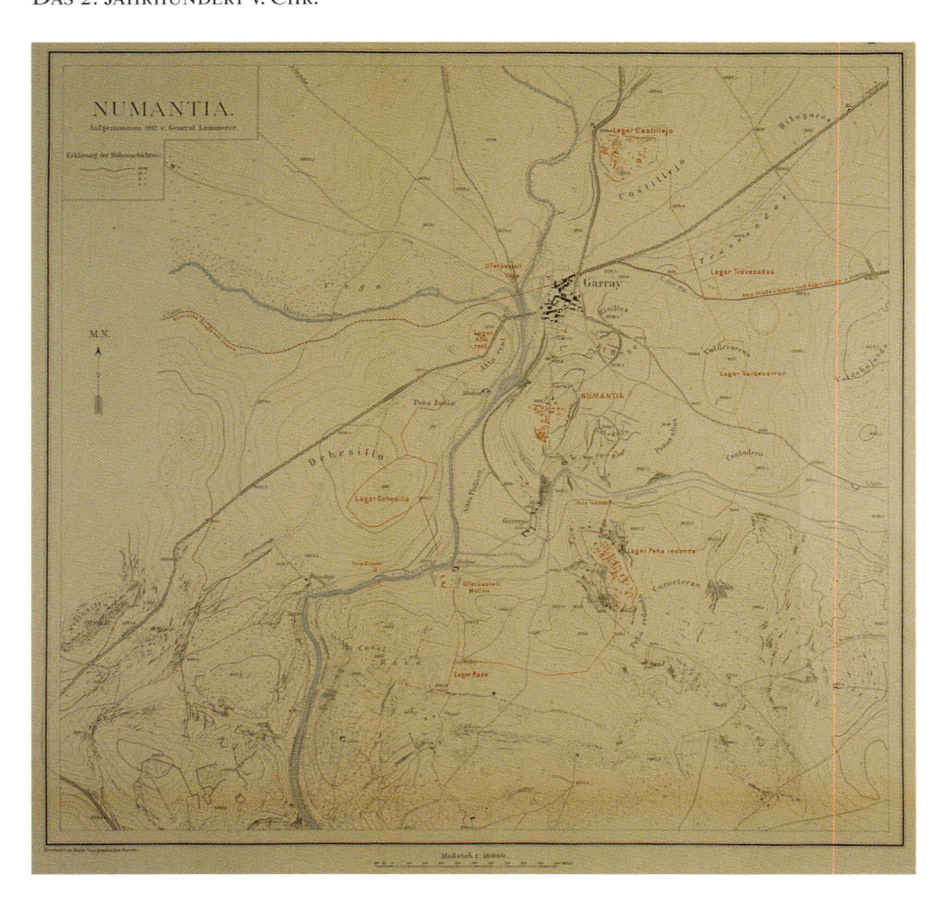

Abb. 76 Plan der Umgebung von Numantia. Die Circumvallation von 134/133 v. Chr. mit ihren Lagern und Sperrbefestigungen rund um das Oppidum ist gut zu erkennen.

bezog in seinem Lager Winterquartier, nachdem er so gut wie möglich Unterkünfte eingerichtet hatte. Er litt, da er nur über die Vorräte im Lager verfügte, unter knapper Versorgung, dazu noch unter schweren Schneefällen und bitterer Kälte, und so kam es, daß viele seiner Leute teils beim Holzsammeln draußen vor dem Lager, teils auch drinnen infolge der räumlichen Enge und der Kälte ihr Leben verloren.» (App., *Iberiké*, 47,196–197; Übers. O. Veh) Auch die Tatsache, daß das römische Heer entgegen allen sonstigen Gewohnheiten diesen Winter über im Hochland ausharrte, trotz aller hinlänglich bekannten Nachteile, zeigt die prekäre Notsituation, in der man jene Monate zubrachte. Offenbar waren sämtliche Rückzugswege, sei es infolge des Wintereinbruchs, sei es durch entsprechende Vorkehrungen der Aufständischen blockiert. Auch in späteren Zeiten waren derartige Überwinterungen im unwirtlichen Hochland die Ausnahme und sind nur in zwei weiteren Fällen eindeutig überliefert (140/139 v. Chr., Q. Pompeius; 134/133 v. Chr., Scipio Aemilianus).

Anscheinend erst im Frühjahr konnten dann die demoralisierten Reste des römischen Heeres endlich das Lager verlassen und in das Ebrotal ziehen, wo bereits der Nachfolger im Feldzugskommando, M. Claudius Marcellus aus Rom zur Amtsübernahme eingetroffen war. Die Kranken und Verwundeten kehrten nach Rom zurück, wo sich dann auch Fulvius Nobilior für seine fatalen Mißerfolge vor dem Senat rechtfertigen mußte. Ernsthaften Nachteile für seine Person erfuhr er dadurch offenbar nicht.

Unter dem Kommando des M. Claudius Marcellus

Die Übertragung des Oberkommandos an M. Claudius Marcellus wurde allgemein als Ausdruck der Kriegsmüdigkeit und als Signal für die Beendigung der verlustreichen Auseinandersetzungen in Hispanien aufgefaßt. Der Enkel des Helden des 2. Punischen Krieges galt als äußerst erfolgreich und erfreute sich allgemein höchster Wertschätzung. Der ansonsten mit Lob sehr zurückhaltende Appian spricht von einem tatkräftigen Feldherrn, begeistert urteilte Cicero über ihn: «*summa virtute, pietate, gloria militari*» (Cicero, *Rede gegen L. Piso* 44). Aus Italien brachte der dreifache Konsul 8000 Infanteristen und 500 Reiter mit; zusammen mit den Soldaten des Nobilior – deren Kampfwert jedoch wegen der Ereignisse der vergangenen Wintermonate als gering bezeichnet werden muß – ergab das eine Gesamtstärke des römischen Heeres von rund 23 000 Mann. Schon während des Anmarsches vom Ebrotal durch das Tal des Jalón geriet der Heeresverband an einem Engpaß (Puerto de Morata bei Calatayud?) in einen Hinterhalt der Feinde, der, wie Appian ausdrücklich vermerkt, dank der Umsicht des Oberbefehlshabers glücklich überwunden werden konnte, und gelangte bis vor Ocilis/Medinaceli, das sofort überwechselte. Marcellus behandelte diese strategisch stets sehr bedeutende Stadt ungewöhnlich milde und verlangte nur die Stellung von einigen Geiseln und die Zahlung von 30 Silbertalenten. Durch dieses Vorgehen ermutigt, schickten daraufhin die Bewohner von Nertobriga (Calatorao bei Bilbilis?) Gesandte, um sich ihrerseits nach den für sie geltenden Bedingungen zu erkundigen; für das Zustandekommen eines Friedensvertrages sei lediglich die Stellung von 100 Reitern erforderlich, lautete die Antwort des Marcellus. Unterdessen hatte jedoch eine Truppe der Nertobriger, die wohl einer anderen Partei in der Stadt angehörten, die offenbar weniger friedliche Absichten hegte, den römischen Troß überfallen und dabei einige Lasttiere erbeutet. Als dann wiederum die vereinbarten 100 Reiter bei Marcellus eintrafen, ließ dieser trotz des Hinweises, daß es sich bei dem Überfall um einen Irrtum gehandelt habe, die getroffene Vereinbarung nicht mehr gelten. Die Reiter behandelte er jetzt als

Gefangene und verkaufte ihre Pferde. Anschließend wurde das Territorium von Nertobriga planmäßig verwüstet, die dabei gemachte Beute wurde unter die römischen Soldaten verteilt. Anschließend schritt Marcellus zur Belagerung der Stadt, in deren Vorfeld zu diesem Zweck mit der Errichtung von Belagerungswerken und der Aufstellung von Kriegsmaschinen begonnen wurde. Einem Friedensgesandten der Nertobriger wurde eine deutliche Verschärfung der Bedingungen mitgeteilt: Verzeihung würde ihnen nur dann gewährt werden, sofern auch die Arevaker, Beller und Titther um Frieden ersuchen sollten. Die Antwort fiel – möglicherweise zur Überraschung des Marcellus – positiv aus, die betroffenen Stämme erklärten wiederum durch Gesandtschaften ihre Bereitschaft zu einem solchen Friedensschluß. Zugleich äußerten sie die Bitte um eine nur mäßige Bestrafung und um die Wiederinkraftsetzung der mit Gracchus 179 v. Chr. geschlossenen Verträge. Empört darüber zeigten sich die Stämme, die Rom treu geblieben waren und deshalb schwer unter den Einfällen der Aufständischen zu leiden gehabt hatten. Marcellus sah, daß in diesem Augenblick keine klare Entscheidung zu erreichen war; mit den Keltiberern wurde daher nur ein Waffenstillstand vereinbart, der die übliche Stellung von Geiseln einschloß. Zeitgleich wurden Gesandte beider Parteien zur endgültigen Klärung der Frage nach Rom geschickt, wo Marcellus seinerseits auf den Abschluß eines Friedensvertrages drängte, «... wünschte er doch, daß der Krieg durch ihn beendet werde, und hoffte, dadurch auch ein rechtes Ansehen zu erwerben.» (App., *Iberiké* 49,206; Übers. O. Veh) In Rom wurden die beiden Gesandtschaften der Keltiberer je nach ihrer grundsätzlichen Haltung verschieden aufgenommen, während die Gesandten der Beller und Titther freundlich in die Stadt hereingelassen wurden und auch als erste vor dem Senat sprechen durften, mußten die Gesandten der romfeindlichen Stämme zunächst jenseits des Tiber warten. In ihrer Rede legten die verbündeten Keltiberer dar, daß ohne eine Vergeltung ihre Gegner sofort nach dem Abzug der römischen Truppen grausame Rache üben würden; ja, ganz Hispanien schiene dann bereit, von den Römern abzufallen. Entweder sollten daher unter dem jährlich wechselnden Oberbefehl eines Konsuls ständig römische Truppen im Lande stationiert bleiben oder es sollte – wenn trotz aller Warnungen die römischen Truppen das Land verlassen würden – zuvor ein abschreckendes Exempel statuiert werden. Ähnlich geschickt war auch die Rede der Gruppe der römerfeindlichen Keltiberer aufgebaut, die wiederholt auf die Unsicherheit des Schlachtenglücks hinwiesen und auch darauf aufmerksam machten, daß die bisherigen, langwierigen Kämpfe zu keiner klaren Entscheidung geführt hätten. Nötigenfalls sei man zur Leistung einer Buße bereit, würde dafür jedoch die Gegenforderung stellen, dann auch zu dem von Gracchus ausgehandelten Vertragswerk zurückzukehren. Die Sitzung des Senats beschloß eine Anhörung der Gesandten des Marcellus, die zum Frieden rieten. Die Mission des Marcellus, von der man sich aufgrund seiner bisherigen Erfolge gewiß viel mehr erhofft hatte, schien damit für jedermann offenkundig gescheitert. Nicht zuletzt aus diesem Grund gewannen in der anschließenden Beratung des Senats seine Gegner die klare Oberhand, unter ihnen der junge P. Cornelius Scipio Aemilianus, der als leiblicher Sohn des L. Aemilius Paullus, des Siegers von Pydna über die Makedonen 167 v. Chr., und als Adoptivenkel des P. Cornelius Scipio Africanus, des Bezwingers

Abb. 77   Blick von Numantia nach Nordwesten. Im Vordergrund ist der aus groben Steinen errichtete Straßenkörper zu erkennen (der keltiberischen Besiedlungsphase?). Über dem Knick der Verbindungsstraße nach links das Lager Castillejo.

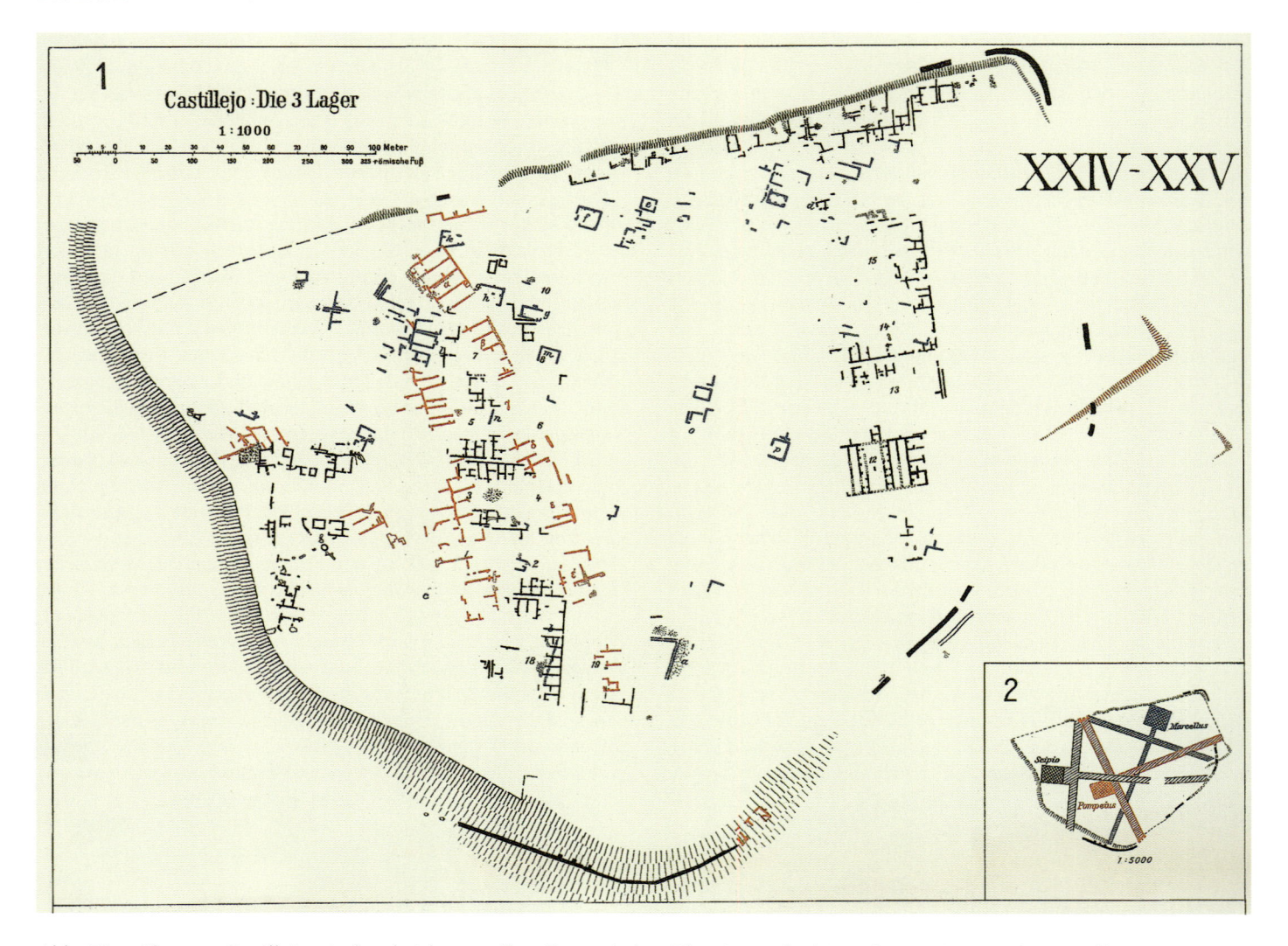

Abb. 78a   Plan von Castillejo mit den drei festgestellten Bauperioden. Blau: Lager des Marcellus 151/150 v. Chr. (Castillejo I). Rot: Lager des Pompeius 141/140 v. Chr. (Castillejo II). Schwarz: Lager des Scipio (134/133 v. Chr. (Castillejo III).

von Hannibal, gleich von zwei der wichtigsten republikanischen Adelsfamilien abstammte und bereits über beträchtlichen Einfluß verfügte, obschon er damals noch am Beginn seiner politischen Tätigkeit stand. Später war Scipio wiederholt in Hispanien im Einsatz, vor allem die von ihm geleitete Eroberung von Numantia 133 v. Chr. machte ihn berühmt.

Mit der Argumentation, Marcellus stelle die eigene Ruhmsucht über das Gesamtwohl des Staates, außerdem bedeute ein gemäßigter Friedensschluß einen eklatanten Treuebruch gegenüber den hispanischen Verbündeten und zuletzt mit dem pauschalen Vorwurf der puren Feigheit vor dem Feind setzten sich die Gegner des Marcellus durch. Es kam zur Verabschiedung von zwei, miteinander kohärenten Beschlüssen: Offiziell wurde den beiden Gesandtschaften mitgeteilt, ihnen würde Marcellus in Hispanien die Entscheidung des Senats mitteilen, während insgeheim die Gesandten des Marcellus mit dem Auftrag an ihren Feldherrn zurückkehrten, den Krieg fortzusetzen. Dies kam der Aufforderung gleich, den Konflikt endlich siegreich zu beenden. Diese Nachrichten erreichten Marcellus erst während der 2. Hälfte des Jahres 152 v. Chr., als er sich wohl bereits in dem gemeinsam mit seinem Amtskollegen bezogenen Winterquartier in Córdoba aufhielt. Er teilte den Gesandtschaften die Beschlüsse des Senats mit und ließ die Geiseln, die ihm zur Absicherung des

Waffenstillstandes übergeben worden waren, wieder frei. Inzwischen hatte sich die Einstellung des Senats gegenüber Marcellus weiter verschlechtert, dessen Vorgehensweise man dort mit immer offenerem Mißtrauen registrierte. Als schließlich bekannt wurde, daß der Statthalter mit den Anführern der römerfeindlichen keltiberischen Gesandtschaft Verhandlungen führte und sich damit in klarem Widerspruch zur Entscheidung des Senats begab, verlängerte man sein Kommando nicht um ein weiteres Jahr. Die Provinz Hispania citerior wurde in die anstehende Neuverteilung der Provinzen aufgenommen und L. Licinius Lucullus zum Nachfolger bestimmt.

Lange Kriegsjahre bis zur Eroberung von Numantia

Einer bewährten Methode folgend sollte der neue Statthalter auch dieses Mal wieder Verstärkungen mit nach Spanien bringen. «Da [...] Nobilior, der Oberbefehlshaber des vergangenen Jahres in Spanien, und die Feldzugsteilnehmer die Kunde von der ununterbrochenen Folge schwerer Schlachten, von der großen Zahl von Gefallenen und der Tapferkeit der Keltiberer in Rom verbreitet hatten und da Marcellus offensichtlich aus Angst dem Krieg aus dem Weg zu gehen suchte, griff in der Jugend eine ganz

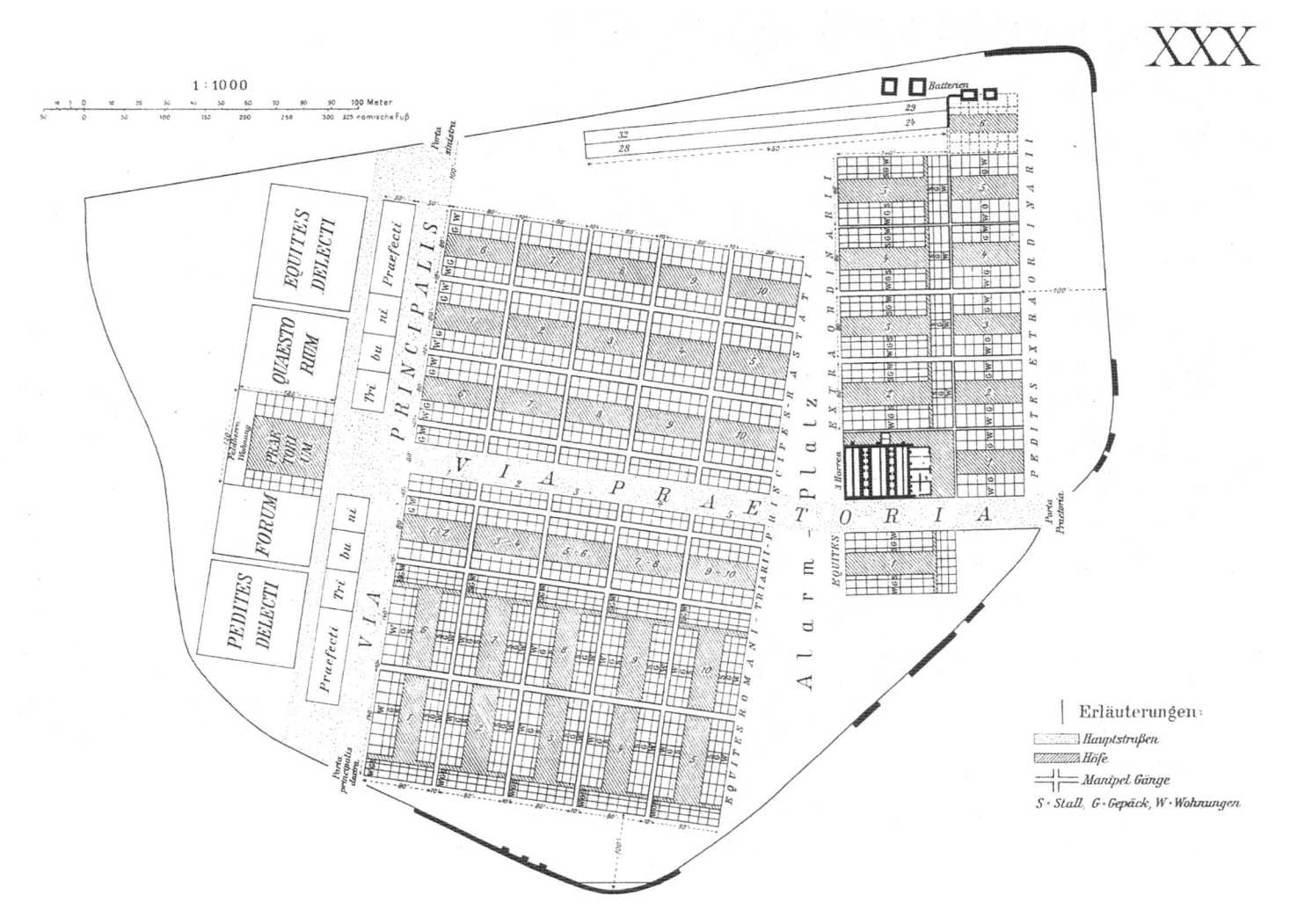

Abb. 78b   Schema des Scipio-Lagers auf Castillejo 134/33 v. Chr. (nach Schulten).

ungewöhnliche Kriegsscheu um sich, wie sie die Älteren noch nie erlebt zu haben meinten.» (Polybios 35,4,2; Übers. H. Drexler) Zunächst war es natürlich völlig legitim, wenn der so kläglich gescheiterte Nobilior und die nach Italien zurückgekehrten Soldaten seines Heeres, die gewiß nur allzu oft deutliche Spuren der erlittenen Strapazen und Qualen am eigenen Körper trugen, die durchlebten Ereignisse möglichst drastisch schilderten und damit alles versuchten, um ihr eigenes Verhalten in einem günstigeren Licht erscheinen zu lassen. Nicht zuletzt dadurch drohte aber die Stimmung in Rom umzukippen. Panik machte sich breit. Aber jetzt erfaßte diese «Drückebergerei» (Polybios) nicht nur das einfache Volk, sondern griff auf den adligen Nachwuchs über, so daß zahlreiche Tribunen- und Legatenstellen unbesetzt blieben, deren Bekleidung jedoch fatalerweise gerade die Voraussetzung für Bewerbungen um die verschiedensten politischen Ämter bildete. Einen grundlegenden Sinneswandel führte erst P. Scipio Aemilianus herbei, der öffentlich seine Bereitschaft erklärte, als Legat oder Militärtribun nach Spanien zu gehen und mit diesem Beispiel seine jungen Standesgenossen regelrecht mitriß.

Infolge dieser vielfältigen Probleme verzögerte sich der Abmarsch des Lucullus so sehr, daß Marcellus im Frühjahr 151 v. Chr. genügend Zeit für einen weiteren Feldzug nach Keltiberien verblieb. Vom Winterlager in Córdoba aufbrechend, folgte er wohl seinem ursprünglichen Feldzugsplan des vergangenen Jahres und führte das Heer gegen Numantia, wo er fünf Stadien von der Stadt entfernt sein Lager aufschlug. Zur gleichen Zeit rückten 5000 arevakische Krieger in Nertobriga ein, was in Rom erneut mit skeptischem Argwohn registriert wurde. Vermutlich geht die Bauperiode I des römischen Lagers von Castillejo auf diesen Feldzug zurück (Abb. 77. 78).

Vor Numantia führte die Unternehmung des Marcellus bald zu ersten Erfolgen (Abb. 80). Nachdem die Bewohner (nach einer Schlacht?) in der Stadt eingeschlossen werden konnten, bat ihr Anführer Litenno um eine Unterredung, worin er den Friedenswillen der Beller, Titther und Arevaker kundtat. Der Form nach offenbar eine Unterwerfung (*deditio*), was entscheidend für die innenpolitische Akzeptanz des Vertragswerkes in Rom war, entsprachen die Friedensbestimmungen den Verträgen von 179 v. Chr. Erneut mußten sich Beller und Titther zur Bereitstellung von Hilfstruppen und zur Zahlung von Tributen bereit finden, während die Arevaker von jeglichen Abgaben befreit blieben; überhaupt bleibt ihre genaue Rechtsstellung unklar. Außerdem war eine Kriegsentschädigung zu entrichten, die sich auf die beachtliche Summe von 600 Talenten belief. Ferner waren zur Absicherung des Vertragsabschlußes den Römern Geiseln zu stellen. Von Widerständen der römerfreundlichen Keltiberer ist

Abb. 79 Adolf Schulten (1870–1960), Professor für Alte Geschichte an der Universität Erlangen. Unter seiner Leitung wurden in den Jahren 1905–1912 die Ausgrabungen in Numantia, im Oppidum selbst und in den römischen Wehranlagen der Umgebung, sowie in Renieblas durchgeführt.

nichts zu erfahren, auch in Rom stießen diesmal die Maßnahmen des Marcellus auf große Zustimmung. Nach seiner Rückkehr stand Marcellus auf dem Höhepunkt seiner politischen Karriere. Nur wenige Jahre später, 148 v. Chr., erlitt er während einer Gesandtschaftsreise in einem Seesturm Schiffbruch. Im östlichen zentralen Hochland herrschte jetzt für einige Jahre Ruhe (bis 143 v. Chr.).

So paradox es erscheinen mag: Der Nachfolger im Oberkommando, L. Licinius Lucullus war alles andere als erfreut, als er trotz der geschilderten Schwierigkeiten endlich doch noch an der Spitze eines ansehnlichen Heeresverbandes im Sommer 151 v. Chr. in Hispanien erschien. Sicherlich verfolgte er die feste Absicht, den Krieg gegen Keltiberien fortzusetzen, erfuhr dann aber vom Friedensschluß des Marcellus, der seine ursprünglichen Planungen in Frage stellte. «Aus Ruhmsucht und Habgier» (Appian) brach er daraufhin einen grausamen Krieg vom Zaun, der völlig unnötig war und ein besonders abstoßendes Beispiel für den römischen Imperialismus darstellt, was bereits die antiken Schriftsteller so gesehen und folglich dementsprechend kritisch kommentiert haben. Entgegen der sonst üblichen Praxis marschierte Lucullus von Tarraco aus nicht nach Westen, sondern zunächst entlang der Küste nach Süden, um dann durch das Tal des Jucar in das Landesinnere vorzudringen; schließlich wurde die kastilische Hochebene von Süden her erreicht. Die Übernahme des Heeres von Marcellus fand dann vermutlich im Raum Toledo statt. Außerdem wurde Scipio Aemilianus zum Numiderkönig Massinissa nach Afrika entsandt, um weitere Verstärkungen an Reitern und Kriegselefanten einzuholen, so daß sich die Gesamtstärke des Heeresverbandes auf nunmehr 30000 Mann belaufen haben dürfte. Unter dem Vorwand, den unter römischer Herrschaft lebenden Carpetanern Hilfe leisten zu wollen, wurde der nördlich davon lebende Stamm der Vakkäer mit Krieg überzogen. Rein juristisch gesehen, war Lucullus als derzeitiger Inhaber der Befehlsgewalt (*imperium*) sehr wohl von sich aus zur Eröffnung von Feindseligkeiten gegenüber denjenigen Stämmen berechtigt, die keinerlei rechtliche Beziehungen (Verträge etc.) zum römischen Volk unterhielten. Für die dann ergriffenen Maßnahmen war eine nachträgliche Genehmigung des Senats einzuholen. Zu ersten größeren Kampfhandlungen kam es bei Cauca, dem heutigen Coca (Prov. Segovia), wo die Römer ein Feldlager errichteten, während sich die Bevölkerung hinter die Stadtmauern zurückzog. Anfangs setzten sich die Bewohner energisch zur Wehr, griffen die Römer beim Holzsammeln und Futterholen für die Pferde an, töteten viele und setzten den Übrigen bis zum Erreichen des Lagers nach. Als es schließlich zur offenen Feldschlacht kam, zeigten sich die Vakkäer trotz ihrer leichteren Bewaffnung lange Zeit überlegen, bis alle Speere verschossen waren und sie sich zur Flucht wenden mußten. Noch vor den schützenden Stadtmauern holten sie die Römer ein, beim Gedränge an den Stadttoren kamen viele um. Als am nächsten Tag die Ältesten der Stadt vor Lucullus erschienen, um die Friedensbedingungen zu erfahren, lauteten die Forderungen wie üblich auf die Stellung von Geiseln und die Leistung von Kriegdiensten durch die Reiterei. Zusätzlich sollten 100 Talente Silber gezahlt werden. Nachdem sämtliche Bedingungen erfüllt waren, verlangte Lucullus nachträglich die Stationierung einer römischen Garnison von 2000 Mann in der Stadt, denen er insgeheim befahl, ringsherum die Stadtmauern zu besetzen. Anschließend wurden auch die übrigen römischen Truppen in die Stadt hereingeführt. Ein Trompetensignal war das vereinbarte Zeichen für die römischen Soldaten, zu den Waffen zu greifen und alle erwachsenen Bewohner von Cauca niederzumetzeln. Die Überlebenden wurden wohl anschließend in die Sklaverei verkauft. «Wohl riefen diese (Anm.: die Bewohner) die Götter, die über Versprechungen und Eide wachen, zu Zeugen an und verfluchten die römische Treulosigkeit, doch wurden sie grausam hingeschlachtet. [...] Lucullus aber plünderte die Stadt und schuf den Römern einen üblen Ruf.» (App., *Iberiké* 52,220; Übers. O. Veh) Sogleich zeigten sich die verheerenden Folgen dieser Vorgehensweise beim weiteren Marsch durch das Stammesgebiet der Vakkäer, die jetzt in die Berge oder in befestigte Plätze zu flüchten versuchten (Abb. 81). Dort betrieben sie eine konsequente Politik der verbrannten Erde, was dem Heer des Lucullus erhebliche Mühe bei der Beschaffung des Nachschubs bereitete. Rund um das etwa 120 km entfernt liegende Intercatia, das in der Gegend von Villalpando vermutet wird, ereignete sich der nächste größere Zusammenstoß: Die Römer begannen, nachdem die Bewohner der Stadt eine Aufforderung des Lucullus zu Verhandlungen höhnisch zurückgewiesen hatten, diese mit einem Belagerungsring zu umgeben und boten gleichzeitig immer wieder die Schlacht an, jedoch vergeblich. Nur hin und wieder kam es zu Scharmützeln, auch Scipio Aemilianus tat sich wieder besonders hervor. Einen hervorragenden Krieger der Vakkäer besiegte er in einem spektakulären Zweikampf vor den Toren der Stadt. Eine entscheidende Veränderung der Lage wurde aber auch durch diese Einzeltat nicht herbeigeführt. Zusehends verschlechterte sich nicht nur die Situation der Verteidiger in der Stadt, sondern auch die der angreifenden Römer, die zudem aus der Umgebung durch überraschende Attacken von feindlichen Reitern immer wieder bedrängt wurden und schon bald unter zunehmender Übermüdung und Erschöpfung zu leiden hatten. Auch der Genuß einheimischer Lebensmittel und deren ungewohnte Zubereitungsart nach nicht-mediterranen Rezepten verursachte beträchtliche Probleme. Sogar Todesfälle sollen vorgekommen sein. Schließlich gelang es aber doch, mit Hilfe der Belagerungsmaschinen eine Bresche in den Mauerring von Cauca zu schlagen und in die Stadt einzudringen. Allen voran Scipio Aemilianus, der dafür mit der *corona muralis* (Mauerkrone) ausgezeichnet wurde. Die römischen Angreifer wurden jedoch bald zurückgeschlagen. Beim Rückzug stürzten viele in eine Zisterne, wo die meisten den Tod fanden. In der Nacht wurde der beschädigte Mauerring der Stadt fieberhaft ausgebessert. Noch vor Tagesanbruch konnte er bis zur vollständigen Wehrfähigkeit wiederhergestellt werden. Offenbar in Unkenntnis der Schwierigkeiten auf römischer Seite war man jetzt aber doch zum Friedensschluß bereit, für den Scipio Aemilianus als Bürge fungierte, den man als tapferen Soldaten kennen und schätzen gelernt hatte. Diesmal fielen die Kapitulationsbestimmungen sehr milde aus, offensichtlich war man auf römischer Seite um einen gewissen Ausgleich bemüht. Die Bewohner von Intercatia hatten 10 000 Kriegsmäntel und eine bestimmte Menge Vieh abzuliefern, außerdem waren fünfzig Männer als Geiseln zu stellen. Freilich enthielt der Friedensvertrag keinerlei Bestimmung über die Ablieferung von Gold und Silber, deren Erwerb doch der entscheidende Grund für Lucullus gewesen war, den Krieg überhaupt erst anzuzetteln. Offenbar aus Enttäuschung über den bisherigen Verlauf seiner Unternehmung lenkte Lucullus den Feldzug schließlich gegen Palantia/Palencia. Diese Stadt erfreute sich eines besonders hohen Ansehens und war damals Zufluchtsort vieler Kriegsflüchtlinge, so daß es wohl zunächst einfach erschien, sie zu erobern. Die ständigen Behinderungen der feindlichen Reiterei während der Nachschubbeschaffung setzten dem ohnehin dezimierten römischen Heer jedoch dermaßen zu, daß sich Lucullus aus Proviantmangel zum Rückzug von Palantia entschloß. Doch auch dann schien die Bedrohung noch so stark, daß das römische Heer dabei in der Form eines Karrees (d. h. in Schlachtordnung) marschieren mußte. Erst als der Duero erreicht war, ließen die feindlichen Reiter von der Verfolgung ab und kehrten bei Nacht nach Palantia um. Währenddessen überquerte Lucullus den Fluß und marschierte in das Gebiet der Turditaner, wo die Winterquartiere bezogen wurden.

Anders als im diesseitigen Hispanien war währenddessen in der Hispania ulterior die Position des Statthalters erneut mit einem Praetor besetzt worden, da man die dortige Lage in Rom offenbar als ruhiger einschätzte, wobei Atilius Serranus durch Servilius Sulpicius Galba abgelöst wurde. Wiederum hatten die Lusitaner feindselige Handlungen begangen und standen im Begriff, einige römische Städte zu belagern. Über diese Vorkommnisse waren Galba so exakte Einzelheiten zu Ohren gekommen, daß er sich zum direkten Angriff auf den lusitanischen Kriegerverband entschloß, den er nach einem 24-stündigen Gewaltmarsch, angeblich über 500 Stadien (d. h. = 90 km), sofort angreifen ließ, ohne seinen erschöpften Soldaten eine Ruhepause zu gönnen. Zunächst gelang es, die Feinde in die Flucht zu schlagen. Als Galba dann aber auch noch deren Verfolgung befahl, überforderte er die Kräfte seiner Mannschaft, die einem Gegenangriff der Lusitaner nicht standhielt und eine schwere Niederlage erlitt. Galba konnte sich mit der römischen Reiterei in die Stadt Carmo/Carmona flüchten, in deren Umgebung sich diese Kämpfe abgespielt hatten. Die Niederlage führte dazu, daß Galba

Abb. 80   Typische keltiberische bemalte Keramik, gefunden bei den Ausgrabungen in Numantia. Soria, Museo Numantino.

Abb. 81   Darstellungen von keltiberischen Kriegern auf Keramik. Soria, Museo Numantino.

für den Rest des Jahres auf weitere Aktivitäten verzichtete. Wie sich die Städte in der Baetica von der Bedrohung durch die Lusitaner befreiten, ist unbekannt; möglicherweise erreichten sie dies durch die Zahlung von Tributen. Zur Überwinterung bezog Galba später mit seinem Heer Quartier in Conistorgis im Land der Konier (Südportugal).

Wie bereits erwähnt, rückte wohl gleichzeitig das Heer des Lucullus, der noch während des Winters gegen die Angriffe der Lusitaner vorging, in Turdetanien an. Andere Gruppen der Lusitaner wurden während des Übergangs nach Afrika gestellt. Viele kamen um, zahlreiche Menschen flohen auf einen nahen Hügel, den Lucullus mit einem Graben umzingeln ließ, ergaben sich aber schließlich, um daraufhin in die Sklaverei verkauft zu werden. Danach zog das Heer des Lucullus weiter nach Norden in das Heimatgebiet der Lusitaner, das gründlich gebrandschatzt wurde. Gleichermaßen verfuhr Galba im Frühjahr 150 v. Chr. im Gebiet südlich des Tajo. Die dort lebenden lusitanischen Stämme zeigten sich der ständigen Kämpfe überdrüssig und versuchten, den Hauptgrund für ihre räuberischen Züge, die Überbevölkerung, auf friedlichem Wege zu lösen. Aus diesem Anlaß nahmen sie Verhandlungen mit Galba auf, der zunächst scheinbar darauf einging; Verständnis für ihre schwierige Lage vortäuschend, gebot er ihnen, sich an einem bestimmten Platz einzufinden, wo sie zur Verteilung von Ackerland in drei Gruppen aufgeteilt wurden. Dort angekommen, wurde ihnen befohlen, die Waffen niederzu-

legen – dann wurden sie von römischen Soldaten umstellt und zu Tausenden niedergemetzelt. Fast alle übrigen wurden in die Sklaverei verkauft, nur wenige entkamen. Unter den Überlebenden befand sich Viriatus, den dieses erschütternde Erlebnis zum lebenslänglichen erbitterten Gegner Roms werden ließ. Die Wirkung dieses Massakers auf die einheimischen Stämme war verheerend. Die geschilderten Vorgänge machen die große Erbitterung erst richtig verständlich, mit der die Kämpfe der nächsten Jahrzehnte von beiden Seiten geführt wurden. Sie endeten nach fürchterlichem Blutvergießen mit der Eroberung von Numantia 133 v. Chr. Bereits von den antiken Autoren wurde die Handlungsweise des Galba als klares Kriegsverbrechen gedeutet. Offen haben sie Sueton mit *perfidia* – Treulosigkeit, Valerius Maximus gar als *summa perfidia*, Orosius als *scelus* – Verbrechen gebrandmarkt. Im Jahre 149 v. Chr. brachte der Volkstribun L. Scribonius Libo in der Volksversammlung ein Gesetz ein, das Freiheit für die versklavten Lusitaner erreichen sollte. Außerdem sollte eine Untersuchung stattfinden, welche die Verurteilung Galbas zum Ziel hatte, dem man schrankenlose Habgier als Hauptmotiv für sein Handeln unterstellte. Allerdings stand Galba nicht umsonst im Ruf, ein begabter Redner zu sein. In mehreren Verhandlungssitzungen setzte er sich vehement, mit allen nur denkbaren Mitteln, gegen die Anschuldigungen seiner Gegner zur Wehr, wobei auch ein tränenreicher Auftritt seiner unmündigen Kinder und der reichliche Einsatz von Geschenken die beabsichtigte Wirkung nicht verfehlten. Auf diese Weise konnte er das Verfahren schließlich abwenden – selbst trotz des persönlichen Einsatzes des greisen Cato, der kurz vor seinem Tod eine Rede hielt, die er an den Schluß seines Geschichtswerkes, der «Origines», gesetzt hat. Auch seine Verteidigungsrede hat Sulpicius Galba veröffentlicht. Der politischen Vernichtung war Galba damit entronnen, seine weitere Karriere verlief freilich alles andere als reibungslos; im Gegenteil, sie verlangsamte sich dadurch. Gleichsam als Strafe erhielt er das Konsulat erst im Jahre 144 v. Chr.

Viriatus-Kriege 148–139 v. Chr. (Abb. 82)

Während des folgenden Jahrzehnts war Rom wieder auf mehreren Kontinenten gleichzeitig in die heftigsten Auseinandersetzungen verwickelt: In Nordafrika, wo der Konflikt mit Karthago schließlich in der völligen Vernichtung der Stadt 146 v. Chr. gipfelte, in Makedonien/Griechenland und schließlich weiterhin in Hispanien, wo der Krieg für die römische Seite lange Zeit nur wenig erfolgversprechend verlief. Interessanterweise blieben die dort auftretenden Probleme und Schwierigkeiten an den übrigen Schauplätzen keineswegs verborgen. Zumindest für die romfeindliche Partei der Achäer in Griechenland sind genauere Kenntnisse des Geschehens auf der Iberischen Halbinsel einwandfrei überliefert.

Die hispanischen Ereignisse jenes Zeitabschnitts werden entscheidend von der Person des Viriatus geprägt, dessen jäher, unvermuteter Aufstieg schon die Zeitgenossen beeindruckt hat. Seine Herkunft liegt dabei völlig im Dunkeln. Es wird vermutet, daß er aus der Gegend Sierra de Estrella, zwischen Tajo und Duero, stammte. «Viriatus war ein Lusitaner [...] von ganz niederer Herkunft, doch hatte er durch seine Taten großen Ruhm erlangt; denn zuerst war aus einem Hirten ein Räuber und weiterhin sogar ein Feldherr geworden.» (Cass. Dio *fragm*. 73,1; Übers. O. Veh) Als kennzeichnende Eigenschaften heben die antiken Schriftsteller hervor, daß er, bedingt durch seine Herkunft, seine körperlichen Kräfte bestens heranbilden konnte und dadurch an eine anspruchslose Lebensführung gewöhnt war; außerdem hätte die ständig notwendige Wachsamkeit, sowohl angesichts der dro-

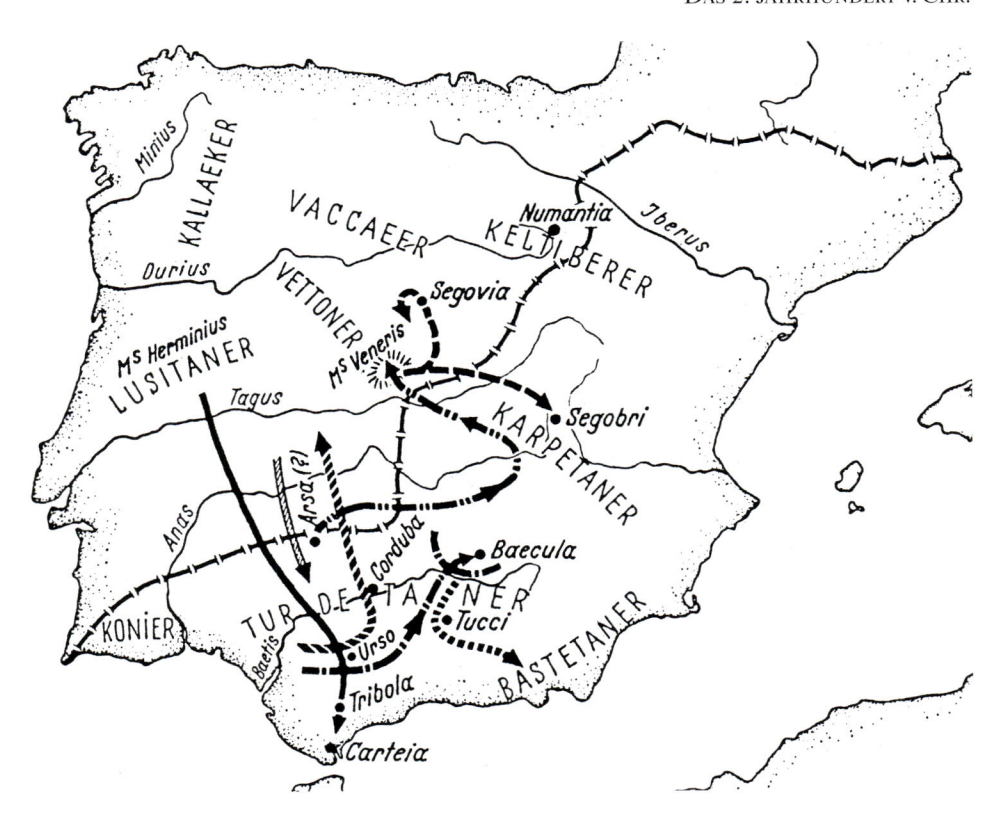

Abb. 82   Viriatuskriege 148–139 v. Chr.

henden Gefahren durch wilde Tiere als auch gegenüber Räuberbanden, für eine Schärfung der geistigen Fähigkeiten gesorgt. Bei all diesen Schilderungen ist der Anteil heroischer Zutaten sicherlich groß, der wohl nachträglich hinzugefügt wurde. Unbestritten sind aber die ausgezeichnete militärische Begabung des Viriatus und seine ausgeprägte Fähigkeit zur Menschenführung, die ihn zum herausragenden militärischen Führer und zum Meister des Guerillakrieges werden ließ. Besonders betont wird auch sein Gerechtigkeitssinn, der sich bei der großzügigen Verteilung der Beute unter seinen Kriegern zeigte. Er selbst begnügte sich mit Wenigem und verhielt sich damit gegenteilig zu der Habgier, die unter den römischen Feldherrn weit verbreitet war. Von Cicero wurde sein Verhalten bei der Beuteverteilung als geradezu beispielhaft bezeichnet. Römer führte er in diesem Zusammenhang namentlich keine an (Cicero, *de officiis* 2,40). Die antiken Schriftsteller schilderten die Charaktereigenschaften des Viriatus, der in einer spätantiken Quelle sogar geradezu als Befreier Hispaniens von der römischen Zwangsherrschaft (*adsertor contra Romanos Hispaniae*; Eutrop 4,16,2) gerühmt wurde, durchweg mit unverhohlener Sympathie. Jedoch lassen sich auch in diesem Fall heroische Verklärung (Topik) und tatsächliche Absichten kaum voneinander trennen.

Abb. 83   Castro von Terroso. Bei den Grabungen wurde eine ausgedehnte Brandschicht festgestellt, die von den Unternehmungen des Decimus Iunius Brutus 138/136 v. Chr. stammen könnte.

Abb. 84 Plan der Höhensiedlung Citânia de Briteiros, Nordportugal. Gut zu erkennen sind die typischen Rundhäuser. 2. Hälfte 2. Jh. v. Chr. (?) – 2. Jh. n. Chr.

Im Jahre 147 v. Chr. fielen Lusitaner, die den Verbrechen des Lucullus und Galba entkommen waren, angeblich um die 10 000 Krieger, in das Tal des Baetis/Guadalquivir ein. Ihnen trat der Praetor C. Vetilius teils mit Rekruten, teils mit Mannschaften, die er von seinem Amtsvorgänger übernommen hatte, insgesamt ebenfalls rund 10 000 Soldaten, entgegen. Die Römer brachten ihnen schwere Verluste bei und zwangen sie zum Rückzug an einen Ort, wo sie sich in einer ausweglosen Situation wiederfanden (enges Tal o. ä.). Auf die daraufhin eingeleiteten Friedensverhandlungen, die mit der Bitte um Zuteilung von Siedlungsland verbunden waren, ging Vetilius offenbar ernsthaft ein. Schon schienen die Verhandlungen dem Abschluß nahe, als sich das Verhalten früherer römischer Statthalter in vergleichbaren Situationen rächte. Unter den eingeschlossenen Lusitanern befand sich Viriatus, der während einer Versammlung das Wort ergriff und die Anwesenden an die früheren Wortbrüche der Römer erinnerte, deren hinterhältigen Mordaktionen er selbst ja nur mit knapper Not entkommen war. Allen Eingeschlossenen stellte er die Rettung in Aussicht, sofern sie seine Anweisungen befolgten, worauf er zum Anführer gewählt wurde. Als ersten Schritt befahl er den Lusitanern, sich zunächst in Schlachtordnung aufzustellen, dann sich auf sein Zeichen hin plötzlich in alle Richtungen zu zerstreuen und zu fliehen; als Sammelpunkt wurde eine Stadt in der Nähe angegeben. Und tatsächlich ging dieser Plan auf, denn Vetilius schreckte davor zurück, die nach allen Richtungen ausweichenden Lusitaner, die viel beweglicher als seine eigenen Truppen waren, zu verfolgen; er beschränkte sich darauf, den Viriatus anzugreifen, der 1000 Reiter um sich geschart hatte, und dem es in den beiden folgenden Tagen gelang, die Römer mit der einheimischen Reitertaktik des abwechselnden Angreifens und Fliehens solange zu beschäftigen, bis er alle Lusitaner in Sicherheit wähnte. Nachts setzten sich die im Engpaß verbliebenen Lusitaner heimlich ab, um auf wenig begangenen Saumpfaden zum vereinbarten Treffpunkt zu gelangen, während die Römer aufgrund ihrer schweren Bewaffnung, ihrer mangelnden Ortskenntnis und der Unterlegenheit ihrer Pferde nicht in der Lage waren, wirkungsvoll die Verfolgung aufzunehmen. Stattdessen rückte das römische Heer auf anderen, besser begehbaren Wegen langsam vor, worauf Viriatus zu einer weiteren Kriegslist griff und in dicht bewaldetem Gelände (südlich Ronda, im Tal des Guadiaro?) einen Hinterhalt anlegte, in den er das römische Heer durch eine scheinbare Flucht lockte. Ein vollständiger Sieg der Lusitaner war die Folge, zahlreiche römische Soldaten wurden gefangen genommen, darunter auch der Praetor Vetilius, der jedoch von Viriatus nicht erkannt wurde. «Er sah in ihm nur einen feisten, alten Mann, und tötete ihn daher als wertlose Beute.» (App., *Ib.* 63,266) Rund 6000 Mann konnten nach Carteia entkommen, wo sie offenbar dermaßen demoralisiert eintrafen, daß sie vom Quaestor des Vetilius, der inzwischen notgedrungen das Oberkommando übernommen hatte, lediglich für einfache Aufgaben wie zur Bewachung der Stadtmauern eingesetzt werden konnten. Rasche Verstärkungen waren jetzt dringend notwendig; Italien erschien dafür zunächst zu weit entfernt. Vielmehr machte es die derzeit herrschende Friedenspause in Keltiberien möglich, von den Bellern und Titthern 5000 Mann Hilfstruppen anzufordern. Diese wurden jedoch unterwegs von Viriatus abgefangen und samt und sonders umgebracht, «so daß auch nicht ein einziger übrig blieb, um die Schreckensnachricht zu überbringen.» (App. *Ib.* 63,268)

Nach diesen Erfahrungen verzichtete der Quaestor des Vetilius auf weitere Unternehmungen und begnügte sich damit, in Carteia auszuharren, um an diesem sicheren Ort auf Verstärkungen aus Italien zu warten. Das große Engagement in Griechenland und Nordafrika verhinderte jedoch zunächst eine Entsendung von weiteren Truppen.

Die Führerschaft des Viriatus

Durch die geschilderten Ereignisse stieg das große Ansehen des Viriatus enorm. In den folgenden Jahren sollte es noch weiter, nahezu bis ins Unermeßliche, zunehmen. Der genaue Ablauf des Geschehens kann dabei nicht immer zuverlässig rekonstruiert werden, auch bleibt die Chronologie in vielen Einzelfragen unklar. Insgesamt gibt Appian an, daß die Führerschaft des Viriatus acht Jahre gedauert habe, was der historischen Realität (147–139 v. Chr.) entspricht.

Die Kämpfe verlagerten sich jetzt weiter nördlich in das fruchtbare Karpetanien, das von Viriatus heimgesucht und systematisch verwüstet wurde (146 v. Chr.). Mit einer enorm verstärkten Streitmacht, davon immerhin neu mitgebrachten 10 000 Infanteristen und 1300 Reiter, stellte sich ihm zunächst der neue Statthalter der Hispania ulterior, C. Plautius Hypsaeus, entgegen, der jedoch rasch hintereinander mehrere, sehr verlustreiche Schlappen einstecken mußte und sich daraufhin entmutigt «mitten im Sommer», also zur besten Jahreszeit, in die Ruhequartiere zurückzog. Für Plautius bedeuteten diese Mißerfolge im Übrigen das Ende seiner politischen Karriere. Er wurde nach seiner Rückkehr in Rom angeklagt und ging nach dem Ende des Prozesses in die Verbannung.

Infolge dieser Untätigkeit der römischen Seite, deren beide letzten Oberbefehlshaber sich geradezu als unfähige Trottel gezeigt hatten, erhielt Viriatus für seine Unternehmungen endgültig völlig freie Hand. Er quälte jetzt die Grundbesitzer mit hohen Geldforderungen und drohte bei einer Nichterfüllung seiner Forderungen mit der Vernichtung der Ernte. Noch im gleichen Jahr unternahm er weitere Feldzüge, die weit über das ursprüngliche Aufstandsgebiet hinausführten und schließlich sogar jenseits des kastilischen Scheidegebirges die Vakkäer erreichten, wo Segovia erfolgreich Widerstand leistete. Anschließend gelang ihm mit Hilfe einer Kriegslist – eine vorgebliche Entführung des Viehs – die Einnahme der karpetanischen Stadt Segobriga, die in der Nähe von Saelices, Prov. Cuenca vermutet wird.

Dem Praetor Claudius Unimanus (145 v. Chr.) erging es noch schlimmer als seinen Vorgängern. Er büßte nicht nur fast sein gesamtes Heer, sondern auch die Amtsabzeichen (*fasces*) und, was eine besonders schlimme Schande darstellte, die Feldzeichen der Truppen ein, die Viriatus als Kriegstrophäen auf den Bergen der Umgebung aufstellen ließ. Und wieder verbreiteten sich in Rom abenteuerliche Gerüchte, wahre Räuberpistolen, Orosius berichtete über die wundersame Tapferkeit der Lusitaner, wonach 300 Lusitaner in einem Waldtal mit 1000 Römern gekämpft und selbst nur 70 Leute verloren, während gleichzeitig jedoch 320 Römer ihr Leben eingebüßt hätten. Und als ein Lusitaner beim Rückzug von feindlichen Reitern umzingelt worden sei, habe er sich zur Wehr gesetzt, indem er eines der Pferde mit seiner Lanze durchbohrt und den Reiter mit einem einzigen Schwerthieb enthauptet habe. Sich mit dieser Heldentat bei seinen Gegnern gehörigen Respekt verschaffend, hätte er anschließend unbehelligt seinen Weg fortsetzen können.

In Rom wurde als Konsequenz aus der Serie von Niederlagen wieder zum Mittel der Entsendung eines der beiden Konsuln gegriffen, auf deren größere Erfahrung man vertraute. Für das Jahr 145 v. Chr. fiel die Wahlentscheidung auf Q. Fabius Maximus Aemilianus, den Bruder des Scipio Aemilianus, der in der Provinz Hispania ulterior entgegen allen Erwartungen, die mit seiner hohen Stellung verknüpft waren, nur über vergleichsweise schwache Streitkräfte gebot. Er hatte auf die Aushebung der gerade aus Griechenland und Nordafrika heimgekehrten Veteranen verzichtet, so daß sich sein Heer aus Rekruten, Bürgern wie Bundesgenossen zusammensetzte und insgesamt lediglich 15 000 Fußsoldaten und 2000 Reiter zählte. Nach der Landung wurde das Heer nach Urso/Osuna geführt, wo ein Lager bezogen wurde. Von diesem festen Platz aus sollten dort die Soldaten durch Exerzieren aufeinander eingeübt werden, bis der Oberbefehlshaber aus Gades/Cádiz zurückgekehrt war, wo er im dortigen berühmten Tempel des Hercules Opfer an den Gott darbringen wollte; einstweilen war nach Möglichkeit jede offene Feldschlacht zu vermeiden. Während der Abwesenheit des Konsuls gelang es Viriatus, dem römischen Heer mehrere empfindliche Niederlagen beizubringen, das er auch ständig zur Schlacht herauszufordern versuchte, allerdings ohne Erfolg, da Fabius Maximus konsequent an seiner Taktik festhielt. Allerdings ließ er immer wieder kleinere Scharmützel zu, durch die er die römischen Truppen mit der Kampfesweise der Lusitaner vertraut zu machen hoffte. Die meisten Zusammenstöße ereigneten sich bei der Futterbeschaffung. Aus diesem Grund wurden die Futterholer, die gewöhnlich unbewaffnet unterwegs waren, von voll ausgerüsteten Legionären eskortiert, außerdem begleitete sie Servilianus selbst mit Reitern, so wie er es von seinem Vater Aemilius Paullus in Makedonien gelernt hatte.

Nachdem das Heer in den Städten des Südens überwintert hatte und nach einigen Diskussionen im Senat über die Verlängerung der Kommandogewalt für Fabius Maximus um ein weiteres Jahr, schien im nächsten Frühjahr (144 v. Chr.) die Zeit zum Losschlagen gekommen. Auch diesmal, wie schon zuvor unter dem Oberbefehl des Laelius, gelangen beträchtliche Erfolge gegen Viriatus, der trotz heldenhaften Widerstands in die Flucht geschlagen wurde; zwei Städte, welche die Aufständischen unterstützt hatten, wurden eingenommen. Die eine wurde geplündert, die andere wurde vollständig niedergebrannt. Unter schweren Verlusten mußte sich Viriatus schließlich nach Baikor (Baecula beim Paß von Despeñaperros?) zurückziehen. Diese Unternehmungen scheinen den ganzen Sommer über angedauert zu haben. Mit der sicheren Gewißheit, die Hispania ulterior vorerst von jeglicher Bedrohung befreit zu haben, zog sich Fabius Maximus in das Winterquartier nach Córdoba zurück.

Abb. 85 Landschaftsaufnahmen in der La Mancha.

DAS 2. JAHRHUNDERT V. CHR.

Jetzt griffen die Kämpfe auch wieder stärker auf den Nordosten der Halbinsel über, wo Viriatus nach den Angaben des Appian die Stämme der Arevaker, der Titther und Beller gegen die Römer aufwiegelte, wovon später in anderem Zusammenhang die Rede sein soll. Dagegen hielt man in der Provinz Hispania ulterior durch die jüngsten Erfolge des Fabius Maximus die Lage für so ruhig, daß man zu dessen Nachfolger wiederum einen Praetor, den Quinctius (Crispinus oder Flamininus) bestellte (143 v. Chr.); allerdings sollte sich diese Einschätzung der Lage schon bald als zu optimistisch erweisen. Nachdem Quinctius das Heer in Córdoba übernommen hatte, führte er es erneut gegen Viriatus, den er anfangs schlagen und zum Rückzug auf den strategisch wichtigen Berg der Venus zwingen konnte. Diese wurde von Schulten zu Recht als die Sierra San Vicente nordwestlich von Toledo identifiziert. Scheinbar umzingelt, gab dort Viriatus keine Ruhe, sondern ging seinerseits zum Angriff über, wobei zahlreiche römische Soldaten umgebracht und wiederum römische Feldzeichen erbeutet wurden. Gleichzeitig wurde die römische Besatzung aus Tucci verjagt, von wo aus Viriatus das Gebiet der Bastetaner, d. h. den Südosten der Halbinsel, zu verwüsten begann. «Aus Feigheit und mangelnder Kriegserfahrung» (Appian) wagte es Quinctius nicht, den bedrohten Gegenden Hilfe zu leisten, sondern suchte resignierend noch während der Feldzugssaison das Winterquartier in Córdoba auf. Lediglich von Itálica aus wurden

Abb. 86   Segobriga, Prov. Cuenca. Blick auf die Bühnenwand des szenischen Theaters.

unter dem Kommando des Iberers C. Marcius immer wieder kleinere römische Abteilungen zur Beschäftigung und Beunruhigung des Gegners losgeschickt.

Nach den zuletzt gemachten Erfahrungen erschien nun doch wieder die Entsendung eines Konsuls in die Hispania ulterior als die beste Lösung. Wahrscheinlich bereits seit 142 v. Chr., sicherlich aber 141 v. Chr. führte dort Q. Fabius Maximus Servilianus den Oberbefehl. Als Größe seiner Streitmacht nennt Appian die Anzahl von zwei Legionen mit den dazugehörigen Hilfstruppen, insgesamt also nur 18 000 Fußsoldaten und 1600 Reiter. Zur weiteren Verstärkung richtete er außerdem an den Numiderkönig Micipsa ein Schreiben mit der Bitte um die möglichst rasche Entsendung von Kriegselefanten. Aber auch Servilianus vermochte sich anfangs nur mühsam gegen Viriatus zu behaupten. Zunächst zog er mit einem Teil des Heeres in Eilmärschen nach Tucci, um die Stadt von der Belagerung zu befreien. Unterwegs trat ihm Viriatus mit 6000 Mann entgegen, wurde jedoch blutig abgewiesen. Als schließlich auch noch die übrigen Teile des römischen Heeres, ferner zehn von Micipsa entsandte Elefanten und 300 numidische Reiter vor Ort eingetroffen waren, wurde ein großes Feldlager bezogen, von wo aus Viriatus alsbald besiegt und in die Flucht geschlagen wurde; während der anschließenden Verfolgung des lusitanischen Heeres löste sich aber die römische Kampfordnung stark auf, was Viriatus nicht verborgen blieb. Er ging daraufhin zum Gegenangriff über und bedrängte das römische Lager heftig, das nur mit äußerster Mühe und unter hohen Verlusten gehalten werden konnte. Nur der Einbruch der Dunkelheit bewahrte die römische Seite vor der völligen Vernichtung. Mit Einsatz seiner leichten Kavallerie machte Viriatus den Römern dann in den nächsten Tagen derartig schwer zu schaffen, daß Servilianus sich schließlich genötigt sah, sein vorgeschobenes Lager aufzugeben und sich nach Tucci zurückzuziehen. Durch den Mangel an Lebensmitteln und infolge des Mannschaftsrückgangs vermochte aber auch Viriatus seine exponierte Position nicht zu halten. Eines Nachts entschloß er sich, sein Lager in Brand zu stecken und nach Lusitanien zurückzuweichen. Dabei verfolgte ihn Servilianus, vermochte ihn jedoch nicht einzuholen. Er wandte sich stattdessen, die momentane Schwäche des Viriatus ausnützend, nach Baeturien (nordwestliches Andalusien), wo fünf Städte der gegnerischen Seite ausgeplündert wurden, und von wo aus er zu den Cuneern und weiter zu den Lusitanern zog. Unterwegs ereignete sich ein Zusammenstoß mit 10 000 lusitanischen Kriegern, die unter ihren Anführern Curius und Apuleius einen Überfall auf das römische Heer unternahmen und ihm zunächst die Beute rauben konnten. Allerdings fiel Curius im Kampf, und die Römer konnten bald darauf die Beute zurückgewinnen. Servilianus wandte sich jetzt dem Süden zu, den er wieder der römischen Herrschaft unterwarf; namentlich nahm er die Städte Eiskadia (Astigis?/Ecija), Gemella/Tucci und Obolkola/Obulcola ein, in die Viriatus jeweils Besatzungen gelegt hatte. Während dieses Feldzugs wurden 10 000 Gefangene gemacht, von denen 500 die Köpfe abgeschlagen wurden, die übrigen verkaufte man in die Sklaverei. Anschließend rückte Servilianus in die Winterlager ein. Vor allem gegen Ende der abgelaufenen Feldzugssaison waren ihm gegen Viriatus einige empfindliche Schläge gelungen.

Auch für das Jahr 140 v. Chr. wurde die Hispania ulterior zur konsularischen Provinz erklärt. Den Oberbefehl für dieses Jahr erhielt Q. Servilius Caepio, der Bruder des Servilianus. Sein Amtsantritt wurde dadurch behindert, daß in der Bürgerschaft die Aushebung neuer Mannschaften für den hispanischen Kriegsschauplatz auf großen Widerstand stieß, nachdem in diesem Jahr schon einmal Truppen ausgehoben worden waren, mit denen die unter Q. Pompeius in Keltiberien kämpfenden Soldaten ersetzt werden sollten. Den Einspruch des Volkstribuns Ti. Claudius Asellus in dieser Sache wies Servilius Caepio durch Einsatz der Liktoren mit brutaler Gewalt ab.

Friedensabkommen mit Viriatus und dessen Ende

Infolge dieser Schwierigkeiten verzögerte sich der Aufbruch des Servilius Caepio, so daß seinem Bruder genügend Zeit für einen Frühjahrsfeldzug blieb. Diesem gelang der Sieg über eine lusitanische Kriegerbande unter Führung des Konnoba, der begnadigt wurde, wohingegen seiner Mannschaft samt und sonders die Hände abgehackt wurden. Anschließend wandte sich Servilianus gegen Viriatus selbst und begann mit der Belagerung der Stadt Erisane, deren genaue Lage unbekannt ist. «Viriatus jedoch gelangte bei Nacht in die Stadt, überfiel bei Morgengrauen die Leute, die an den (Anm.: Belagerungs-) gräben arbeiteten, und zwang sie schließlich, ihre Spaten wegzuwerfen und zu fliehen. Ebenso schlug Viriatus das übrige Heer, das Servilianus in Schlachtordnung aufgestellt hatte, verfolgte es und drängte die Römer gegen Felsen, von wo es kein Entrinnen gab.» (App. *Ib.* 69,292–293; Übers. O. Veh) Auf eine Vernichtung der eingeschlossenen römischen Truppen, die wohl möglich gewesen wäre, hatte es jedoch Viriatus nicht abgesehen, sondern suchte eine friedliche Übereinkunft mit Rom zu erreichen. Dazu bewog ihn offenbar vor allem die Einsicht, jetzt zwar wieder einmal ein römisches Heer in der Gewalt zu haben, damit aber lediglich den Durchhaltewillen Roms weiter anzustacheln, grundsätzlich jedoch den Kampf gegen die Großmacht niemals gewinnen zu können. Dieser Friedensschluß gelang *aequis condicionibus* – zu gleichen Bedingungen (Livius). Im Einzelnen sahen die Bestimmungen so aus, daß das römische Heer freien Abzug erhielt; ferner durften Viriatus und seine Anhänger das Land behalten, das sie besetzt hielten (d. h. Baeturien), wenngleich an eine Wiederbesetzung der im vergangenen Jahr verlorenen Städte im Süden nicht zu denken war. Außerdem wurde Viriatus der Ehrentitel des *amicus populi Romani* – Freund des römischen Volkes verliehen. Dieses Abkommen fand die Zustimmung der römischen Volksversammlung und trat nach Abschluß der dortigen Beratungen in Kraft.

Als Servilius Caepio – ehrgeizig, tatendurstig und auch vor Brutalitäten nicht zurückschreckend – 140 v. Chr. auf die Iberische Halbinsel kam, um sein Statthalteramt der Hispania ulterior anzutreten, war der Kriegszustand mit Viriatus beendet. Von Anfang an war daher all sein Tun darauf gerichtet, diesen Friedensbeschluß rückgängig zu machen, den er als der Römer für vollkommen unwürdig bezeichnete. Unter dem Vorwand vorgeblicher Verstöße der anderen Vertragspartei erreichte er zunächst die Erlaubnis vom Senat, Viriatus verdeckt Schaden zufügen zu dürfen. Nach immer weiteren, fordernden Schreiben nach Rom kam schließlich ein Senatsbeschluß zustande, in dem Servilius Caepio freie Hand gegen Viriatus eingeräumt wurde. Nach Eintreffen der Nachricht eröffnete er sofort den Angriff und besetzte die Stadt Arsa (?), während Viriatus diese Positionen widerstandslos preisgab und versuchte, sich vor den zahlenmäßig weit überlegenen römischen Truppen in Sicherheit zu bringen. Dies gelang ihm allerdings nicht, er wurde in Karpetanien vom römischen Heer eingeholt. An offenen Kampf war angesichts der bestehenden Kräfteverhältnisse für Viriatus nicht zu denken. Wenigstens vermochte er sich mit Hilfe einer seiner typischen Finten auch dieses Mal aus der Umklammerung zu befreien: Von den Römern unbemerkt, ließ er die Hauptmasse seines Heeres heimlich durch ein verborgenes Seitental abziehen. Währenddessen erschien er selbst zur Ablenkung mit einer Kerntruppe auf einem Hügel in Schlachtordnung, um dann plötzlich die Flucht anzutreten.

Für das Jahr 140 v. Chr. sind keine weiteren Kampfhandlungen überliefert. Im nächsten Jahr richtete sich der römische Angriff zunächst gegen die Vettonen, wohl um den Lusitanern jegliche Unterstützung aus dieser Richtung abzuschneiden. Ungefähr in der Mitte zwischen Anas/Guadiana und Tagus/Tajo soll Servilius Caepio nach dem Zeugnis des Plinius ein festes Lager, Castra Servilia, errichtet haben, dessen eindeutige Lokalisierung noch nicht gelungen ist. Im weiteren Verlauf der Feldzugskampagne wurde der Duero überquert und der Krieg bis zu den Galläkern getragen, die den Nordwesten Spaniens bewohnten.

Für Viriatus verschlechterte sich die Lage dadurch erheblich, daß sich ihm jetzt auch der Statthalter der Hispania citerior, M. Popillius Laenas, mit seinem Heer entgegen stellte, worauf Viriatus erneut in Friedensverhandlungen eintrat. Deren Bedingungen fielen jetzt ungleich härter aus und kamen einer vollständigen Unterwerfung (*deditio*) gleich. Eine erste römische Forderung war die Auslieferung aller angeblichen Überläufer, von denen Viriatus einige töten ließ. Darunter seinen eigenen Schwiegervater Astolpas. Die übrigen wurden ausgeliefert und brutal durch Abschlagen der Hände bestraft. Als Popillius Laenas noch weiterging und von den Lusitanern auch die Ablieferung aller Waffen verlangte, scheiterten schließlich die Verhandlungen.

Umso überraschender angesichts dieser schlechten Erfahrungen nahm Viriatus dann wenig später auch mit Servilius Caepio Verhandlungen auf. Offenbar trat ihm die wachsende Ausweglosigkeit seiner Lage immer klarer vor Augen, weshalb er Frieden zu schließen suchte; wie es scheint, nahezu um jeden Preis, jedoch machte er sich offenbar über die Unzuverlässigkeit seines Verhandlungspartners keinerlei Vorstellungen. Diesmal führte Viriatus die Verhandlungen nicht persönlich, sondern sandte drei Leute seiner engsten Umgebung, Audas, Ditalkon und Minuros, die alle aus Urso im Süden der Hispania ulterior stammten, als Emissäre zu Servilius Caepio. Im Verlauf der Verhandlungen kam der Plan auf, ihren Anführer durch einen Mordanschlag zu beseitigen. Die Rolle des Servilius Caepio muß zumindest als höchst zwielichtig bezeichnet werden. Er hatte das Ansinnen sofort bereitwillig aufgegriffen, indem er der den drei Verschwörern nicht nur Straffreiheit und persönliche Unversehrtheit zusicherte, sondern außerdem kostbare Geschenke machte und weitere nach vollbrachter Tat in Aussicht stellte. Wechselseitig abgegebene Schwüre aller Beteiligten besiegelten schließlich das gräßliche Abkommen. Nach ihrer Rückkehr in das Lager der Lusitaner wiegten die drei Verschwörer Viriatus in Sicherheit, indem sie von ihren Verhandlungen berichteten, die Römer seien zum Frieden bereit. Bei der Ausführung des Mordanschlags kam dann alles darauf an, nach der Tat unentdeckt wieder zu entkommen. Vor allem machte man sich die Tatsache zunutze, daß Viriatus als Vorsichtsmaßnahme seine Rüstung auch während der Nachtruhe trug, während seine Freunde jederzeit Zutritt in sein Zelt hatten, um ihn bei Gefahr rechtzeitig warnen zu können. Auf diese Weise gelangten die Mörder unbehelligt bis zum schlafenden Viriatus, durchtrennten mit einem gezielten Stich die Kehle und hielten sich, als die Bluttat am nächsten Morgen bemerkt wurde, schon längst im römischen Feldlager bei Servilius Caepio auf. Dieser wollte freilich von den versprochenen Geschenken nichts mehr wissen und schickte die Verschwörer wegen ihrer übrigen Forderungen nach Rom, wo sie dann abgewiesen wurden. Insgesamt herrschte über die ganze Geschichte in Rom ein ziemliches Unbehagen.

«Also, weit mehr durch Verrat und Mord von Fremden wie von Eingeborenen, als durch ehrlichen Krieg, ward Viriatus bezwungen.» (Theodor Mommsen) Grenzenlos war die Trauer der Lusitaner über die Ermordung ihres Anführers, der mit einer großartigen Totenfeier geehrt wurde (Abb. 87). «So schmückten sie die Leiche des Viriatus auf das prächtigste und verbrannten sie auf einem riesigen Scheiterhaufen. Sie schlachteten ihm zu Ehren auch viele Opfertiere, Fußvolk und Reiter liefen truppweise in Waffen um die Feuerstätte, wobei sie nach Barbarenart Preislieder auf ihn anstimmten, und saßen alle im Kreise, bis die Flammen erloschen waren. Nach Beisetzung der Leiche fanden am Grab noch Zweikämpfe statt.» (App. *Ib.* 75,317; Übers. O. Veh) Diodor nennt in diesem Zusammenhang die Anzahl von 200 Paaren Einzelkämpfer. Zum Nachfolger des Viriatus wählten die Lusitaner den Tautalos, der den Kampf offensiv fortsetzte und tief nach Süden vorstieß (bis nach Carthago Nova?), wo er dann jedoch zurückgeschlagen wurde. Auf dem Rückweg wurden die Lusitaner beim Übergang über den Baetis/Guadalquivir von Servilius Caepio gestellt, worauf sie sich bedingungslos ergaben und alle Waffen ablieferten, wofür ihnen Land zur friedlichen Ansiedlung überlassen wurde. Wo genau sich dieses Land befunden hat, läßt sich nicht mehr angeben.

Die Unternehmung des Decimus Iunius Brutus in Nordportugal und Galicien 138–136 v. Chr.

In Rom wurde die Provinz Hispania ulterior für das Jahr 138 v. Chr. wiederum zur konsularischen Provinz erklärt; bei dieser Einstufung ging man zweifellos davon aus, daß die Entscheidung im Krieg gegen Viriatus noch in der Schwebe sei. Zum Statthalter wurde Decimus Iunius Brutus bestimmt; heftiger Widerstand, der erneut während der Truppenaushebungen ausbrach, konnte nur dadurch gebrochen werden, daß Deserteure in die Sklaverei verkauft wurden. Der Unwillen vieler Bürger, sich für den Kriegsdienst bereit zu stellen, mag auch dadurch begründet gewesen sein, daß sich die Nachricht von der Ermordung des Viriatus inzwischen verbreitet hatte.

Als ihm zu guter Letzt doch wieder ein stattliches Heer zur Verfügung stand, setzte Iunius Brutus diese Streitmacht zu einer klug durchdachten Offensive ein. Nach dem bisherigen, wechselvollen Verlauf der Kämpfe nahm er sich nun die festen Plätze der Lusitaner als Angriffsziele vor. Auf diese Weise hoffte er den weiterhin umherstreifenden, nach wie vor sehr beweglich operierenden und bekanntlich daher nur schwer faßbaren lusitanischen Kriegerscharen die Stützpunkte zu rauben. Die erste Stufe des Angriffs richtete sich gegen die Gebiete südlich des Duero.

Nach der Verlängerung der Kommandogewalt wurden die Angriffe im folgenden Jahr (137 v. Chr.) weiter im Norden fortgesetzt und richteten sich gegen die Brakarer (Nordportugal) und die Galläker (NW-Spanien), die offenbar die Lusitaner während der vergangenen Jahre zeitweise unterstützt hatten. Überall stieß man auf heftigen Widerstand der einheimischen Bevölkerung. Wie Appian berichtet, sollen sich selbst Frauen todesmutig in den Kampf gestürzt haben und um der Gefangenschaft zu entgehen für sich und ihre Kinder den Freitod gewählt haben.

Über die näheren Einzelheiten der Operationen liegen dann kaum Angaben vor (Abb. 83. 84). Für den letztendlich erfolgreichen Kriegsverlauf spielte der Einsatz eines römischen Flottenverbandes eine wichtige Rolle. Die Schiffe konnten die Westküste der Halbinsel entlang in die Mündungsbereiche der großen Flüsse wie Tajo, Duero etc. einfahren, welche zugleich als Einfallpforten wie als Nachschublinien dienten. Namentlich als Stützpunkte jener Zeit sind Olisipo/Lissabon, das Iunius Brutus befestigen ließ, und das 90 km von der Tajomündung flußaufwärts gelegene «Morón» überliefert. Auf diese Weise gelangte Brutus bis zum Minho, brach dann aber aus nicht näher bekannten Gründen den weiteren Vormarsch nach Norden ab. Er kehrte jedoch nicht in den Süden zurück, sondern marschierte an der Spitze zumindest eines beachtlichen Teils seines Heeres in das Landesinnere, um seinem Verwandten M. Aemilius Lepidus Porcina, dem Statthalter der Hispania citerior, zu Hilfe zu kommen. Dieser hatte unnötigerweise einen Krieg gegen die Vakkäer vom Zaun gebrochen und bereitete die Belagerung von Palantia vor (dazu S. 76). Trotz aller Unterstützung scheiterte jedoch das ganze Vorhaben und ohne besonderen Erfolg kehrte Brutus wie-

Abb. 87 «Beweinung des Viriatus», 1808. Romantisches Gemälde von José de Madrazo. Museo Nacional del Prado, Madrid.

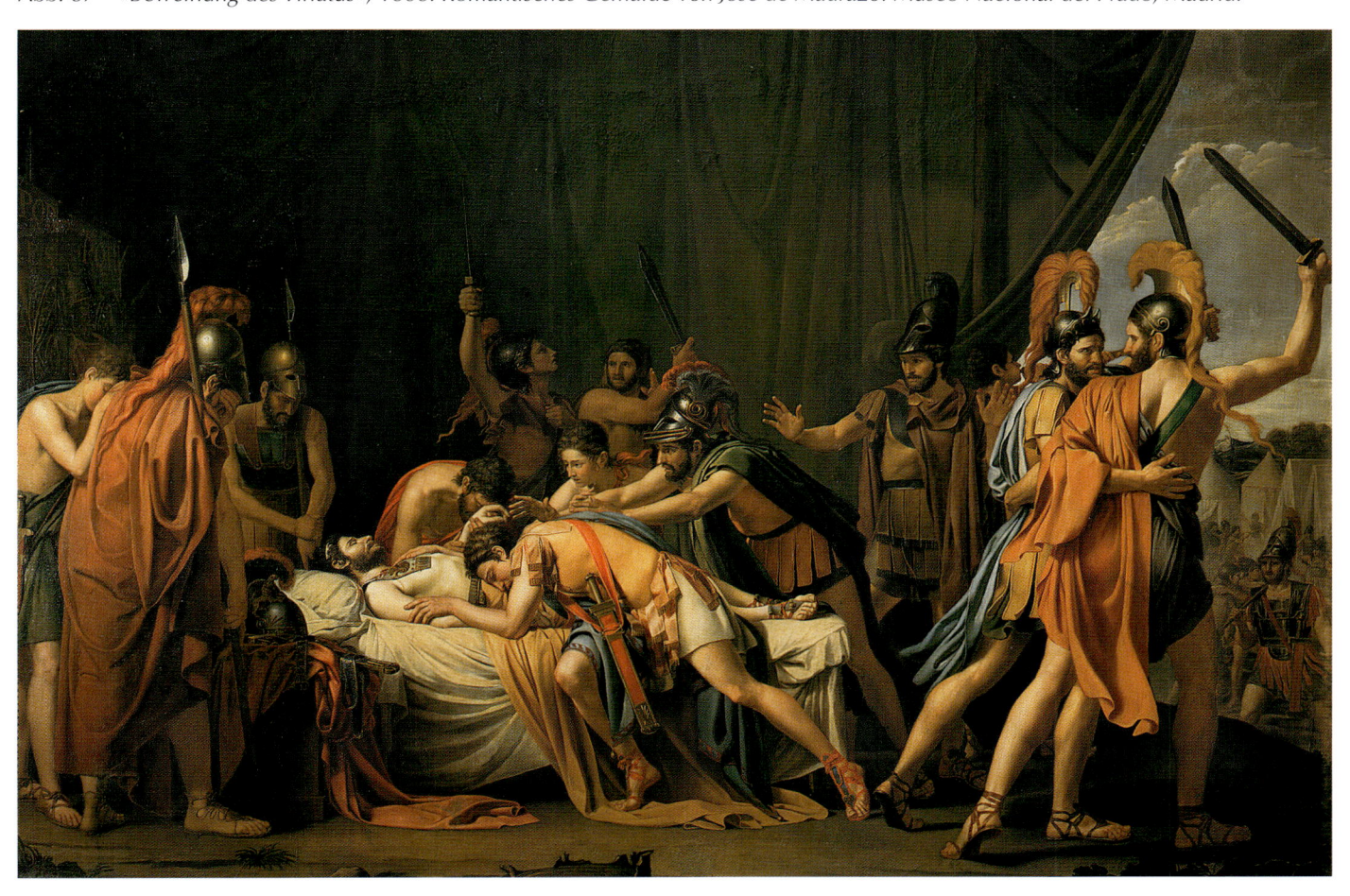

Abb. 88   Relief mit Darstellung von zwei Kriegern aus Osuna, vermutlich Angehörige von römischen Hilfstruppen. Ende 2./Anfang 1. Jh. v. Chr. Paris, Louvre.

der nach Hispania ulterior zurück. Inzwischen waren einige der unterworfenen feindlichen Städte wieder von den Römern abgefallen und mußten erneut unterworfen werden (136 v. Chr.). Aber auch bei dieser Aktion zeichnete sich Iunius Brutus durch überlegtes, besonnenes Vorgehen aus. Seinen glanzvollen Triumph in Rom über Galläker und Lusitaner konnte er – nach einigen Jahren Wartezeit – im Jahre 132 v. Chr. feiern. Dafür, daß er so weit wie kein anderer römischer Feldherr vor ihm in den Norden der Iberischen Halbinsel vorgedrungen war, wurde ihm der Beinamen «Callaicus» verliehen.

Dritter keltiberischer Krieg (143 – 133 v. Chr.)

An anderer Stelle wurde bereits erwähnt, daß Viriatus die Stämme der Arevaker, Titther und Beller zum Abfall von den Römern überredet hatte. Dieser Aufstand erfaßte rasch das gesamte Keltiberien und steigerte sich zu höchster Gefährlichkeit. Zu seiner Bekämpfung wurde 143 v. Chr. der Konsul Q. Caecilius Metellus Macedonicus entsandt. Die Caecilii Metelli waren eine der einflußreichsten Familien der mittleren und späten Republik. Auch in diesem Fall sind über den Verlauf des Feldzugs nur wenige Einzelheiten bekannt. Als Quelle dient vor allem Frontinus, der Caecilius Metellus als besonnenen, aber auch strengen Oberbefehlshaber charakterisiert. Erfolgreich ging man gegen die Stadt Centobriga, deren genaue Lage unbekannt ist, vor. Die Unterwerfung gelang schließlich auf eine ungewöhnliche Art und Weise: Im römischen Heer diente ein vornehmer keltiberischer Überläufer mit Namen Rhetogenes. Schon waren die Belagerungsmaschinen einsatzbereit aufgestellt, als die Belagerten in ihrer Verzweiflung zu einem drastischen Mittel griffen. Sie fesselten die Kinder des Rhetogenes, die in der Stadt waren, und postierten sie so auf der Stadtmauer, daß die nächsten Stöße der Rammblöcke dieser Maschinen sie treffen mußten. Obwohl Rhetogenes es ablehnte, um die Schonung seiner Kinder zu bitten, brach Metellus daraufhin die Belagerung ab, was wiederum die Einwohner von Centobriga so beeindruckte, daß sie sich freiwillig ergaben; ihrem Beispiel folgten weitere Städte, nachdem sich die Nachricht von diesen Geschehnissen verbreitet hatte.

Im nächsten Jahr richtete sich der Angriff gegen eine andere Stadt, Contrebia, das wohl südöstlich von Bilbilis, im Tal des Jiloca zu lokalisieren ist. Nach einiger Zeit mußte die Belagerung erfolglos abgebrochen werden, woran sich ein scheinbar planloser Feldzug anschloß, der kreuz und quer durch Keltiberien führte. Niemandem war klar, was Caecilius Metellus im Schilde führte, bis er plötzlich einen Überraschungsschlag gegen Contrebia führte, durch den die Stadt eingenommen wurde. Damit war die Eroberung des diesseitigen Keltiberien abgeschlossen.

Das römische Heer wandte sich nunmehr gegen die Arevaker, und hier vor allem gegen Numantia, wo die Arevaker beim Einbringen der Ernte überrascht werden konnten (Juli). Bald war das flache Land unterworfen, nur Termantia und Numantia verblieben noch in der Hand der Aufständischen. Für weitere Unternehmungen war jetzt jedoch die Jahreszeit zu weit fortgeschritten. Vielmehr suchte das römische Heer die Winterquartiere auf, die vermutlich im Jalóntal lagen. Während der Winterruhe übergab Caecilius Metellus sein Heer, 30 000 bestens ausgebildete Fußsoldaten und 2000 Reiter (Abb. 88. 89), an seinen Amtsnachfolger Q. Pompeius, der nicht wie er ein Mitglied der Hocharistokratie, sondern ein *homo novus* (sozialer Aufsteiger) war. Als Redner und geschickter Taktiker hatte er sich in dem aufgeheizten innenpolitischen Klima Roms einen guten Namen gemacht. Pompeius blieb es vorbehalten, das römische Heer aus dem diesseitigen Keltiberien gegen Numantia zu führen. Wie Schulten vermutete, hängt das Lager Castillejo II mit dieser Belagerung der Stadt zusammen (Abb. 78a).

Schon bei den ersten Kampfhandlungen erlitt die römische Reiterei erhebliche Verluste. Das Angebot des Pompeius zur Feldschlacht nahmen die Numantiner an, täuschten dann mitten im Gefecht eine Scheinflucht vor und konnten, als die Römer auf diese Kriegslist hereinfielen, dem römischen Heer weiteren schweren Schaden zufügen. Daraufhin brach Pompeius die Kampfhandlungen vor Numantia ab und richtete seine Angriffe gegen Termantia, eine auf hohen Sandsteinfelsen in nahezu uneinnehmbarer Lage errichtete keltiberische Siedlung (Abb. 90). Bereits beim ersten Zusammenstoß erlitt die römische Seite schwere Verluste; anschließen schlugen die Bewohner von Termantia auch eine römische Proviantkolonne in die Flucht. Bei einem weiteren Gefecht, das noch am gleichen Tag geführt wurde, drängten die Keltiberer zahlreiche Römer in dem felsigen Gelände so zusammen, daß diese in die Tiefe stürzten und grausam ums Leben kamen. Am nächsten Tag währte eine erneute Auseinandersetzung bis zum Abend und ging unentschieden hin und her, bis der Einbruch der Dunkelheit den Kampfhandlungen ein Ende setzte.

Von Termantia wandte sich Pompeius schließlich gegen das vermutlich unweit von Almazán gelegene Städtchen Lagni, dessen Einwohner von einer Abordnung Numantiner unterstützt wurde. Die Darstellungen Appians und Diodors der folgenden Ereignisse unterscheiden sich erheblich voneinander. Nach Appian ermordeten die Einwohner die Krieger aus Numantia auf hinterlistige Weise und übergaben ihre Stadt an Pompeius. Dieser ließ sich daraufhin von den Einheimischen deren Waffen abliefern und Geiseln aushändigen. Dagegen berichtet Diodor, daß die in der Stadt Belagerten entmutigt Übergabeverhandlungen aufgenommen hätten, in denen Pompeius die Auslieferung der fremden Krieger gefordert habe, was ihm nach einigem Zögern zugestanden wurde. Doch die Numantiner erfuhren von der geplanten Vereinbarung und überfielen bei Nacht die Bewohner von Lagni; im anschließenden Häuserkampf verloren viele ihr Leben. Pompeius konnte die Stadt erobern, anschließend ließ er die vornehmsten Bürger ermorden und die Stadt zerstören. Nur die überlebenden 200 Numantiner entließ er in die Freiheit. Als Beweggründe des Pompeius für diese Handlungsweise nennt Diodor Mitleid, aber auch vorausschauende Berechnung in der Hoffnung, die Numantiner für sich zu gewinnen.

Die letzten Aktionen des Jahres galten Edetanien, dem Hinterland von Valencia und Sagunt, das damals durch die Kriegerscharen des Tanginus unsicher gemacht wurde. Auch diesmal war Pompeius erfolgreich und machte viele Gefangene. «So stolz aber waren diese Räuber, daß kein Gefangener sich mit der Sklaverei abfand, vielmehr begingen die einen Selbstmord, die anderen töteten ihre Herren, die sie gekauft hatten, und der Rest durchbohrte auf der Überfahrt die Schiffe.» (App. *Ib*. 77,331; Übers. O. Veh)

Die anschließende Ruhezeit des Winters hat Pompeius dann offenbar in der unmittelbaren Nähe von Numantia verbracht, um im nächsten Frühjahr sein Heer bald wieder gegen die Stadt führen zu können (140 v. Chr.). Ein neuer, während der Winterpause ausgeklügelter Plan sah die Ableitung eines Flußes vor, der am Oppidum vorbeiführte. Der Lage nach kann es sich nur um den Fluß Merdancho handeln. Auf diese Weise wollte Pomeius die Stadt vollständig einschließen und aushungern. Natürlich versuchten die Numantiner nach Kräften dieses Vorhaben zu stören, unternahmen daher überraschende Ausfälle und heftige Attacken und vermochten dadurch die Römer zeitweise bis in ihr Lager zurückzudrängen. Auch die römischen Proviantkolonnen wurden von den Numantinern angegriffen, viele Soldaten verloren dabei ihr Leben. Schließlich gelang es zwar tatsächlich, den Fluß umzuleiten, jedoch scheint die damit beabsichtigte Wirkung aus nicht näher bekannten Gründen nicht erreicht worden zu sein. Die wahrscheinlichste Erklärung ist, daß für eine wirksame Überwachung dieser neu angelegten Einschließungslinie nicht genügend Soldaten vorhanden waren. Für die römische Seite verschlechterte sich im Laufe des Jahres die Situation dadurch, daß ein Großteil des aus altgedienten, erfahrenen Soldaten bestehenden Heeres, von denen manche nach Appian bereits sechs Jahre gekämpft hatten, durch Rekruten ersetzt wurde, was die Kampf-

Abb. 89 Relief mit Darstellung eines Kriegers aus Osuna. Der Krieger trägt einen Helm mit seitlichen Laschen und Mittelkamm, ein Wams und einen breiten Gürtel, vermutlich sämtlich aus Leder gefertigt. Er ist mit einer Falcata mit Pferdekopfgriff und einem Schild mit omegaförmigem Schildbuckel bewaffnet. 2. Jh. v. Chr. (?). Madrid, Museo Arqueológico Nacional.

kraft der Truppen stark minderte. Gemeinsam mit diesen frisch ausgehobenen Soldaten scheinen Mitglieder des Senats bei Pompeius eingetroffen zu sein. Vielleicht hatte Pompeius in seinen Lageberichten nach Rom seine Erfolge so übertrieben dargestellt, daß man ein baldiges Ende des Krieges erwartete und die verwaltungsmäßige Organisation der neueroberten Gebiete vorbereiten wollte. Um den Eindruck eines Rückzugs zu vermeiden und um im nächsten Frühjahr sofort wieder mit den Angriffen beginnen zu können, beschloß Pompeius trotz der Unerfahrenheit der zahlreichen Rekruten nicht abzurücken, sondern im Feldlager vor Numantia die Winterzeit zu verbringen. In den leicht gebauten Unterkünften kamen die römischen Soldaten jedoch nicht mit der strengen Kälte zurecht, weshalb viele erkrankten, manche sogar an Unterkühlung starben. Hinzu kam, daß auch die Numantiner keine Ruhe gaben. Von den sicherlich zahlreichen Vorkommnissen werden zwei von Appian geschildert: Die römischen Truppen seien zu einem unvorsichtigen Ausfall provoziert worden, ferner seien sie bei der Rückkehr von der Requirierung von Lebensmitteln angegriffen worden. In beiden Fällen hätten sie gerade auch unter den Offizieren schwere Verluste erlitten. Schließlich brach Pompeius diesen Feldzug ab und wandte sich in die Städte des Ebro- und Jalóntales, um den Rest des Winters in wärmeren Gefilden zu verbringen. Dort sollte auch die Ankunft des Amtsnachfolgers abgewartet werden. Infolge des Verlustes von zahlreichen Kriegern aufgrund ungenügender Feldbestellung durch Hungersnöte und angesichts der Länge der Kampfhandlungen stellte sich aber auch bei den Numantinern zunehmende Kriegsmüdigkeit ein, so daß es überraschend zu Friedensverhandlungen kam. Vordergründig verlangte Pompeius die bedingungslose Kapitulation (*deditio*), da nur sie der Würde des römischen Volkes entspreche; insgeheim machte er jedoch den Numantinern weitergehende Zusagen, die mit dem Charakter einer solchen *deditio* unvereinbar waren. Wie Diodor überliefert, soll er ihnen nach der Erfüllung aller Bedingungen den Rechtsstatus als Bundesgenossen in Aussicht gestellt haben. Durch diesen Status wäre ihre eigenständige politische Organisation unangetastet geblieben. Vertragsgemäß wurden von den Numantinern die Forderungen der römischen Seite erfüllt: Die Stellung von Geiseln, die Freilassung der Kriegsgefangenen und die Auslieferung von Deserteuren, was sich durchaus im üblichen Rahmen derartiger Abkommen bewegte. Auch die geforderten 9000 Mäntel, 3000 Tierfelle und 800 Pferde wurden geliefert. Schließlich waren als Kriegsentschädigung 30 Talente Silber bestimmt. Der Größe der Summe wegen sollte die Zahlung in mehreren Raten erfolgen. Als die Numantiner den Restbetrag abliefern wollten und zu diesem Zweck eine Gesandtschaft in das römische Feldlager kam, war dort bereits der Nachfolger des Pompeius, M. Popillius Laenas, eingetroffen. Sehr bald wurde der Betrug des Pompeius aufgedeckt, spätestens als Popillius Laenas die Ablieferung der Waffen verlangte. Diese Forderung hatte den Charakter einer *deditio* und wurde daher von den Numantinern, ähnlich wie von Seiten der Lusitaner während der Friedensverhandlungen mit Viriatus 139 v. Chr., als ehrenrührig zurückgewiesen. Bei einer Gegenüberstellung mit Pompeius leugnete dieser zunächst die getroffenen Vereinbarungen. Jedoch vermochten ihn die Numantiner unter Berufung auf die Senatoren und seine Offiziere, die an den Verhandlungen schließlich teilgenommen hatten, zu widerlegen. Zur Klärung des Sachverhaltes blieb nur übrig, die Kontrahenten nach Rom zu senden, damit sie ihre jeweiligen Standpunkte dem Senat vortragen konnten. In der Senatssitzung zeigten sich viele Redner empört über die angebliche Schändlichkeit des Vertragswerkes. Ebenso wurde allgemein die Rechtsposition akzeptiert, daß ein Vertrag ohne Zustimmung durch den Senat ungültig sei. Zwar bedeute die Nichtanerkennung eines bereits vereinbarten Übereinkommens durch den Senat einen eindeutigen Verstoß, der aber vor Göttern und Menschen durch die Auslieferung der vertragsschließenden Personen der römischen Seite an den Vertragspartner gesühnt werden könne. In der Senatssitzung ging es für Pompeius bald nicht nur um seine politische Stellung, sondern buchstäblich um Leib und Leben, da seine Gegner die Ablehnung des Vertrages sowie seine Auslieferung an die Numantiner beantragten. Dagegen versuchte er sich auf das Heftigste zur Wehr zu setzen. Schließlich ergab ein Volksentscheid, auf die Auslieferung des Pompeius zu verzichten, während der Senat beschloß, den Krieg gegen die Numantiner fortzusetzen.

Belagerung von Numantia

Zu diesem Zweck wurde das Kommando des Popillius Laenas verlängert, der während der Beratungen in Rom in Hispanien abgewartet hatte. Nachdem das römische Heer länger vor Numantia gelagert hatte, wobei es zu keinen größeren Kampfhandlungen gekommen zu sein scheint, wagte Popillius Laenas einen Sturmangriff auf die Stadt und befahl, die Stadtmauern mit Hilfe von Sturmleitern zu ersteigen. Als er den Hinterhalt ahnte, in den ihn die Numantiner hineinlocken wollten, und seine Soldaten eilends zurückbeorderte, war es schon zu spät; die Numantiner griffen ihrerseits die gerade wieder herabkletternden römischen Soldaten an und brachten dem römischen Heer eine empfindliche Niederlage bei. Popillius Laenas mußte den Rückzug befehlen. Auch eine Unternehmung gegen den Nachbarstamm der Lusoner brachte keinen Erfolg. Im Frühjahr 137 v. Chr. übergab Popillius Laenas das Heer an seinen durch Losentscheid bestimmten Nachfolger C. Hostilius Mancinus, dessen Stab als Quaestor Ti. Sempronius Gracchus angehörte, der bald noch von sich reden machen und später eine hervorragende Rolle in der römischen Innenpolitik spielen sollte. Vermutlich fand die Zeremonie der Übergabe in der Umgebung von Numantia statt.

Den Weg nach Spanien hatte Hostilius Mancinus anfangs zu Lande, später mit Hilfe eines Schiffs zurückgelegt. Abmarsch und Reise hatten zahlreiche unheilverkündende Vorzeichen begleitet. Nach seiner Ankunft suchte Hostilius Mancinus sogleich wieder die Auseinandersetzung mit den Numantinern. Vermutlich war er sich über das hohe Risiko, das er damit einging, völlig im Klaren, da sich das römische Heer damals offenbar in einem schlechten Zustand befand. Auch dessen zahlenmäßige Überlegenheit über die Numantiner half nicht viel. Deren Anzahl an Kriegern wird zu diesem Zeitpunkt mit rund 4000 angegeben. Schon kurz darauf stellten sich wieder erste Verluste auf römischer Seite ein. Als auch noch das falsche Gerücht verbreitet wurde, den Numantinern eilten verbündete Kantabrer und Vakkäer zu Hilfe, schreckte Hostilius Mancinus vor der überlegenen Streitmacht, die sich da offenkundig ansammelte, zurück und ordnete den heimlichen Rückzug an. Er ließ das Heer nachts zunächst noch ohne Feuer im Lager kampieren, um dann im Schutz der Dunkelheit abzurücken und um den Platz, an dem einst Nobilior sein Lager aufgeschlagen hatte, vermutlich das Lager III von Renieblas, aufzusuchen. Vorkehrungen für die Versorgung des Heeres zu treffen oder das seit längerem verlassene Lager wieder in einen verteidigungsfähigen Zustand zu versetzen, war aufgrund der Kürze der Zeit nicht möglich gewesen. Als die Numantiner das Abrücken der Römer bemerkten, schwärmten sie sofort aus, einige besetzten das römische Lager vor der Stadt, andere nahmen die Verfolgung auf. Bereits bei Tagesanbruch gelang es ihnen, das römische Heer einzuholen. Sie töteten die Nachhut und umzingelten das Heer, dem sie mit der völligen Vernichtung drohten, sofern man nicht zum Friedensschluß bereit wäre. Angesichts der schieren Aussichtslosigkeit seiner Situation entschloß sich Hostilius Mancinus zur Kapitulation. Für die nun folgenden Verhandlungen verlangten die Numantiner als römischen Parlamentär den zum Stab des Hostilius Mancinus zählenden Quaestor Ti. Sempronius Gracchus. Dieser galt zum einen selbst als tüchtiger Soldat, zum anderen war die Tätigkeit seines Vaters in Hispanien noch in lebhafter Erinnerung; vor allem die 179/78 v. Chr. abgeschlossenen, maßvollen Verträge mit den Keltiberern. Daß dieses Vertragswerk dann auch von den Römern eingehalten wurde und eine längere Friedensperiode eröffnete, wurde selbst noch dem Sohn hoch angerechnet und erhöhte die Gesprächsbereitschaft der Numantiner vor allem gegenüber ihm persönlich beträchtlich. Nach den schlechten Erfahrungen der Vergangenheit, zuletzt mit Pompeius, hatten sie allen Grund dazu, mißtrauisch zu sein. Der «unter gleichen Bedingungen für Römer und Numantiner» (Appian) abgeschlossene Vertrag sah vor, dem römischen Heer mitsamt seinem Troß, insgesamt rund 30 000 Mann, die Freiheit zu schenken, jedoch mußten Gepäck und Waffen an die Numantiner abgeliefert werden. Die Gegenleistungen, zu denen sich dafür die römische Seite verpflichtete, sind nicht ausdrücklich überliefert; vermutlich hatte sie die Unabhängigkeit von Numantia formell anzuerkennen. Auf Verlangen der Numantiner mußte sicherheitshalber dieser Vertragsabschluß nicht nur vom Konsul Hostilius Mancinus, sondern auch vom Quaestor Ti. Sempronius Gracchus und den Militärtribunen des römischen Heeres beeidet werden. Anschließend ging der Abzug des römischen Heeres anscheinend ohne größere Zwischenfälle vonstatten.

Groß waren das Entsetzen und die Empörung in Rom, als sich dort die Nachricht von der Kapitulation des Hostilius Mancinus verbreitete, die man als äußerst schändlich empfand. Unverzüglich wurde der Konsul von seiner Kommandogewalt entbunden, die daraufhin von seinem Mitkonsul Aemilius Lepidus übernommen wurde. Samt den Offizieren, die den Vertrag mitbeschworen hatten, befahl man Hostilius Mancinus nach Rom, wo man Rechenschaft einfordern wollte. Gleichzeitig machten sich auch Gesandte der Numantiner auf den Weg. Seit den Erfahrungen mit dem Vertragsabschluß des Pompeius waren die Rechtspositionen klar. Wie würde man jetzt, in einem noch viel drastischeren Fall, darauf reagieren, daß ein römisches Heer unter der Führung eines amtierenden Konsuls hatte schmählich kapitulieren müssen?

In seiner Verteidigungsrede stritt dann Mancinus keineswegs ab, den Vertrag mit den Numantinern abgeschlossen zu haben, wies aber darauf hin, daß seine Handlungsweise in dieser Situation die einzig mögliche gewesen sei und daß er damit vielen römischen Bürgern das Leben habe retten können. Außerdem hätten die Römer durch seine Handlungen nichts von ihrem bisherigen Besitzstand in Spanien eingebüßt.

Die Numantiner waren bei ihrer Ankunft außerhalb des Pomerium (geweihte Stadtgrenze) empfangen worden, um damit gleichsam zu demonstrieren, daß über die Frage, ob sie als Freunde oder Feinde einzustufen seien, noch nicht entschieden sei. In ihrer Argumentation führten sie den mit Mancinus geschlossenen Vertrag an. Außerdem betonten sie das frühere freundschaftliche Verhältnis mit den Römern, welche schließlich an dessen Verschlechterung die Hauptschuld trügen; auch auf den Wortbruch des Pompeius kamen sie dabei zu sprechen. Schließlich baten sie um eine gute Behandlung gleichsam zum Lohn dafür, daß sie Hostilius Mancinus und seine Leute geschont hätten.

Für die Kritiker des Mancinus stand fest, daß der Vertrag völlig unannehmbar für Rom sei und – entsprechend der Vorgehensweise im Fall des Pompeius, die jetzt aber konsequent zu Ende zu führen sei – sein Urheber an die Numantiner ausgeliefert werden müsse. Mancinus führte zwar als weitere Argumente zugunsten seiner Entlastung den schlechten Zustand des römischen Heeres an, das ihm Pompeius übergeben habe. Dessen übles Verhalten habe erst die verfahrene Situation heraufbeschworen, die ihm dann zum Verhängnis wurde. Jedoch vermochte er aus dieser Verteidigungsrede keinen weiteren Nutzen für seine Person zu ziehen. Fast schon resignierend tat er seine Bereitschaft kund, mit Leib und Leben für seine Handlungsweise einzustehen.

Ganz anders verlief die Verteidigung des Ti. Gracchus. Er mußte damit rechnen, daß seine zahlreichen innenpolitischen Gegner diese Gelegenheit ausnützen würden, um ihm möglichst schwer zu schaden. Anfangs hatte er versucht, die Anerkennung des Vertragsabschlusses zu erreichen, änderte dann aber, als er

Abb. 90 Bereits in der Frühzeit spielt die imposante Felsenstadt Termantia/Tiermes, Prov. Soria, eine wichtige Rolle. Die hier abgebildeten Siedlungsstrukturen sind allerdings kaiserzeitlich.

die Aussichtslosigkeit seines Unterfangens erkannt hatte, seine Verteidigungstaktik und verlegte sich darauf zu betonen, nur auf Befehl des Hostilius Mancinus gehandelt zu haben. Strafmildernd kam außerdem hinzu, daß ihm keine persönliche Schuld an den Niederlagen des römischen Heeres nachgewiesen werden konnte.

In einer Stellungnahme verlangten die Numantiner von den Römern die Annahme des Vertrages. Andernfalls würden sie alle Personen zurückfordern, die sie nach dem Vertragsabschluß mit Mancinus freigelassen hätten, d. h. das gesamte gefangengenommene römische Heer. Gleichzeitig kündigten sie an, den oder die ausgelieferten Personen nicht anzunehmen.

Das ganze Verfahren wurde dann erst während der Amtszeit der neuen Konsuln des Jahres 136 v. Chr., L. Furius Philus und Sex. Atilius Serranus, abgeschlossen. Es erging ein Senatsbeschluß, der dem Volk die Ablehnung des Vertrags und die Auslieferung der vertragsschließenden Personen (aller?) auf römischer Seite empfahl. Während Hostilius Mancinus für seine eigene Auslieferung plädierte, legte Ti. Gracchus in der Volksversammlung nochmals seine Gegenargumente dar. Die Volksversammlung folgte der Entschließung des Senats nur zum Teil. Sie beschloß die Ablehnung des Vertrags und die Auslieferung des Mancinus an die Numantiner.

Unter Leitung des Konsuls Furius Philus wurde Hostilius Mancinus nach Numantia gebracht. «Mit entblößtem Körper und hinter dem Rücken zusammengebundenen Händen wurde dieser vor den Toren der Numantiner zur Schau gestellt. Dort bot er, bis in die Nacht bleibend, von den Seinen verlassen, von den Feinden aber nicht aufgenommen, beiden Seiten einen beweinenswerten Anblick.» (Orosius, 5,4,21; Übers. A. Lippold) Bei Orosius heißt es weiter: «Der Schmerz verlangt an dieser Stelle aufzuschreien. Warum habt ihr Römer fälschlich für euch jene großen Namen der Gerechtigkeit, der Treue, der Tapferkeit und des Mitleides in Anspruch genommen.» (5,5,1)

Inzwischen hatte M. Aemilius Lepidus Porcina das Heer des Hostilius Mancinus übernommen. Mit einer Entscheidung in Rom war so schnell nicht zu rechnen, «und da er der Untätigkeit überdrüssig wurde, denn nicht zum Besten der Stadt, sondern nur um Ruhm und Vorteile zu gewinnen oder die Ehre eines Triumphes einzuheimsen, übernahmen manche Männer die Kommandos, beschuldigte er fälschlicherweise die Vakkäer, sie hätten im Laufe des Krieges die Numantiner mit Lebensmitteln unterstützt.» (App. Ib. 80,349) Unter diesem Vorwand brach Aemilius Lepidus einen völlig unnötigen Krieg gegen einen Volksstamm vom Zaun, der ein verläßlicher Vertragspartner des römischen Volkes war, und griff ihre größte Stadt Palantia an; wie schon erwähnt, erhielt er dabei Unterstützung durch seinen Verwandten Iunius Brutus, der von Westen heraneilte. Geradezu zwanghaft von seiner Idee besessen, ließ er sich von seinem Plan auch nicht durch zwei Abgesandte des römischen Senats abbringen, die ihn aufsuchten, als der Vormarsch bereits begonnen hatte. Diese warnten Aemilius Lepidus angesichts der schweren römischen Niederlagen der letzten Zeit vor neuem kriegerischen Engagement und teilten ihm einen Senatsbeschluß mit, der einen Krieg gegen die Vakkäer ausdrücklich untersagte. Ihnen antwortete Aemilius Lepidus, daß die Entscheidung des Senats als inzwischen überholt zu betrachten sei, da diesem zum Zeitpunkt seiner Beschlußfassung die Unterstützung nicht bekannt gewesen sei, welche die Vakkäern den Numantinern geleistet hätten; außerdem erhalte er Hilfe durch Brutus. Ein Abbruch der Kriegshandlungen brächte große Gefahren mit sich, denn dann sei ein Abfall von ganz Hispanien zu befürchten. Daraufhin reisten die Gesandten unverrichteter Dinge wieder ab, während der Kampf fortgesetzt wurde. Jedoch zog sich die Belagerung von Palantia in die Länge, ohne daß eine Entscheidung fiel; allmählich wurden auf römischer Seite die Lebensmittel knapp. Alle Lasttiere verendeten, viele Soldaten kamen durch Hunger um. Schließlich befahlen die Kommandeure den Rückzug, bei dem die Soldaten ihr Hab und Gut, vor allem ihre Waffen, aber auch die Verwundeten und Kranken im Stich ließen, so daß dieser fast einer ungeordneten Flucht glich. Währenddessen griffen die Bewohner von Palantia von allen Seiten her an und fügten dem römischen Heer schwere Verluste zu. Erst auf «göttliches Eingreifen» hin (Mondfinsternis? Mögliches Datum 1. April 136 v. Chr.) kehrten die Verfolger um. In Rom sorgte das anmaßende Verhalten des Lepidus für so viel Mißstimmung, daß man sich dazu entschloß, ihn mit sofortiger Wirkung von seinem Kommando zu entbinden. Nach dieser unglücklichen Unternehmung kehrte er nach Rom zurück. Seinem Ansehen hatte er schweren Schaden zugefügt.

Wenig später hat dann an einem unbekannten Ort in Keltiberien L. Furius Philus das Heer von Aemilius Lepidus übernommen. Über kriegerische Aktivitäten während dem weiteren Verlauf des Jahres ist nichts bekannt. Erst sein Nachfolger, der Konsul Q. Calpurnius Piso (135 v. Chr.), wagte wieder einen Angriff auf Numantia, erlitt dabei jedoch erneut Verluste. Gewisse Teilerfolge erbrachte ein Einfall in das Gebiet von Palantia, anschließend wurden Winterquartiere in Karpetanien bezogen.

In Keltiberien zog sich der Krieg seit nunmehr acht Jahren quälend dahin. Selbst der Weltmacht Rom drohten allmählich die Schwierigkeiten über den Kopf zu wachsen; immer stärker machte sich Resignation breit. Umsonst waren bisher die meisten Anstrengungen gewesen, die auch einen hohen Blutzoll verlangt hatten. Vor allem die Stadt Numantia hörte nicht auf, unbeugsamen Widerstand zu leisten.

In der Geschichte verlangen besondere Situationen hin und wieder das Eingreifen von außergewöhnlichen Persönlichkeiten. Eine solche Lage war in Rom 134 v. Chr. eingetreten, und nach der dort allgemein verbreiteten Auffassung stand mit P. Cornelius Scipio Aemilianus die Person bereit, die man für fähig hielt, den fürchterlichen Konflikt mit den Keltiberern siegreich zu Ende zu führen.

Übernahme des Oberbefehls durch P. Cornelius Scipio Aemilianus

Der um 185 v. Chr. geborene Sohn des L. Aemilius Paullus, des Siegers über die Makedonen 167 v. Chr., hatte eine hocharistokratische Erziehung genossen, die alle Bereiche der griechischen Kultur selbstverständlich miteinschloß (Sprache, Philosophie, Bildende Künste). Vor 168 v. Chr. wurde er von der Familie der Cornelii Scipiones adoptiert, wovon man sich eine Stärkung der politischen Zusammenarbeit zwischen den Adelsfamilien der Aemilier und der Cornelier versprach. Zu seinem großen Vorbild wurde jetzt sein Adoptivgroßvater P. Cornelius Scipio Africanus. 167 v. Chr. zeichnete sich Scipio Aemilianus im Krieg gegen Perseus besonders aus; bei dieser Gelegenheit begegnete er dem griechischen Politiker und Historiker Polybios, mit dem ihn eine lebenslange, prägende Freundschaft verband. Den hispanischen Kriegsschauplatz lernte er erstmals 151/150 v. Chr. als Militärtribun des Licinius Lucullus kennen, wo er sich erneut besonders hervortat (s. S. 62 f.). Im Jahre 147 v. Chr. wurde er als Konsul zum Oberbefehlshaber im Krieg gegen Karthago (3. Punischer Krieg) gewählt. Karthago wurde im folgenden Jahr erobert, wobei sich die römischen Truppen bestialischer Grausamkeiten schuldig machten, anschließend wurde die Stadt regelrecht ausradiert. Kaum Näheres weiß man über seine Amtsführung als Censor 142 v. Chr., aber offenbar hatte er scharfsinnig die Verfallserscheinungen des römischen Staatswesens erkannt und Auswüchse zu bekämpfen versucht. Da sich Scipio Aemilianus jedoch darauf beschränkte, an den Symptomen der Krise herumzudoktern, nicht aber die Wurzeln des Übels zu beseitigen, blieb ihm ein durchschlagender Erfolg versagt. Immerhin reichte seine Amtszeit als Censor aus, um seine Standesgenossen gründlich gegen sich aufzubringen. Zwar vermochte der Senat seine Wahl zum Konsul nicht zu verhindern, obwohl Scipio überhaupt nicht kandidiert hatte und der Wahlvorgang mit Hilfe eines Verfahrenstricks nachträglich legalisiert werden mußte, da er ja das Konsulat bereits bekleidet hatte. Sowohl was die dringend notwendige Aushebung neuer Truppen als auch die Bereitstellung von Geldmitteln betraf, wurden jedoch seine Wünsche abschlägig beschieden. Wenigstens erlaubte man ihm die Mitführung von sogenannten Freiwilligen, wohl hauptsächlich Veteranen des 3. Punischen Krieges, sowie italischer Bundesgenossen. 500 aus dem Kreise der Freunde und Klienten wurden unter der Bezeichnung «Truppe der Freunde» zu einer besonderen Einheit zusammengefaßt. Die insgesamt 4000 Mann wurden unter dem Kommando des Quaestors Q. Fabius Buteo, eines Neffen des Scipio Aemilianus, in Marsch gesetzt, während er selbst mit einigen Begleitern vorausreiste. Hinzu kamen Truppen, die ihm befreundete Städte und Könige zur Verfügung stellten: So der Numiderkönig Micipsa, der den königlichen Prinzen Jugurtha mit Bogenschützen, Schleuderern und 12 Kriegselefanten samt der dazugehörigen Reiter schickte sowie Attalos III. von Pergamon, der ebenfalls mit Kriegsmannschaften zu Hilfe kam und außerdem kostbare Geschenke sandte. Auch der Seleukidenkönig Antiochos VII. Sidetes von Syrien ließ Geschenke überbringen. Unter diesen Hilfstruppen dürften sich auch Ätoler (Griechen) befunden haben, wie Funde von Schleuderbleien vermuten lassen, die die Inschrift ΑΙΤΩΛΩΝ (von den Ätolern) tragen, und von denen mehrere in der Stadt selbst und in den römischen Lagern der Umgebung gefunden wurden.

Alle diese Hilfsleistungen gelangten erst mit gehöriger Verspätung auf den hispanischen Kriegsschauplatz, die numidischen Truppen trafen immerhin noch rechtzeitig vor dem Beginn der Belagerung von Numantia ein und gelangten sofort zum Einsatz. Die Weigerung des Senats, für den geplanten Feldzug zusätzliche Geldmittel zu bewilligen, zwang Scipio Aemilianus schließlich sogar, sein eigenes Vermögen einzusetzen. Auch jetzt kamen ihm wieder reiche Freunde zu Hilfe.

Die engere Begleitung des Oberkommandeurs bildete eine illustre Schar: Mitglieder der Hocharistokratie wie sein eigener Bruder Q. Fabius Maximus Aemilianus, ein Konsular (gewesener Konsul), der ihm vermutlich als Legat diente, dessen Sohn, der bereits erwähnte Q. Fabius Buteo, und sein Schwager C. Sempronius Gracchus. Außerdem Schriftsteller wie der Dichter C. Lucilius, der als Reiter im hispanischen Krieg eingesetzt war, und möglicherweise sogar der Historiker Polybios, der laut Cicero ein Werk über den numantinischen Krieg verfaßt habe. Ebenso der numidische Prinz Jugurtha, aber auch junge Emporkömmlinge wie der spätere berühmte General C. Marius, der sich vor Numantia seine ersten militärischen Sporen verdiente.

Nach seiner Ankunft hatte Scipio Aemilianus zunächst die Disziplin des römischen Heeres wiederherzustellen, das sich in einem erschreckend schlechten Zustand befand. Zu diesem Zweck jagte er alle unnötigen Personen aus dem Lager (Händler, Scharlatane etc.) und verordnete den Soldaten eine einfache Lebensführung. Zur Durchsetzung seiner Anordnungen schreckte

Abb. 91 Im Vordergrund das 134/133 v. Chr. erbaute Lager von Dehesilla, über dem Duero das Oppidum von Numantia.

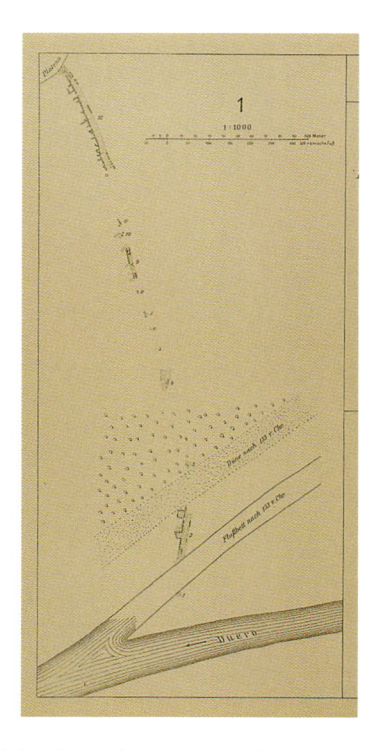

Abb. 92 Teilabschnitt der Circumvallation von 134/133 v. Chr. Nach der Befundaufnahme durch Schulten und seinen Mitarbeiter Adolf Lammerer.

schem Oberbefehl versammelten Soldaten nennt Appian eine Größenordnung von 60 000 Mann.

Bis zum Beginn der Belagerung trainierte Scipio Aemilianus sein Heer, das damals lediglich aus den 24 000 Soldaten der Kerntruppen bestand, zunächst weiter durch Übungsmärsche und durch andauernde Schanzarbeiten in Karpetanien. Offenbar entsprach die Moral der Truppe erst allmählich seinen Vorstellungen. Dann ordnete er den Vormarsch auf Numantia an, den er mit äußerster Vorsicht durchführen ließ. Anscheinend schätzte er die Kampfkraft seiner Truppen auch jetzt noch nicht als besonders hoch ein. Zur Vorbereitung der Auseinandersetzungen ließ er überall in der Umgebung das Futter einholen und sogar das noch grüne Getreide abmähen, um den Nachschub der Numantiner zu stören. Ob es auch zu größeren Kampfhandlungen oder gar zu einer Schlacht gekommen ist, ist nicht eindeutig überliefert. Dann rückte das römische Heer jedoch überraschend von der Stadt ab und unternahm einen Feldzug gegen die Vakkäer. Als plausibelster Grund dafür kann angenommen werden, daß die entscheidende Auseinandersetzung erst nach der Ankunft der hispanischen Hilfsvölker beginnen sollte, die das Belagerungskorps zahlenmäßig erheblich verstärken würden. Auch wenn nähere Angaben fehlen, scheint dieser Feldzug insgesamt nicht besonders erfolgreich verlaufen zu sein. Das römische Heer mußte sich schließlich aus der Gegend von Palantia zurückziehen. Beim Rückmarsch erwies sich der Übergang über den versumpften Duero als schwierig, wo außerdem die Feinde in einem Hinterhalt lauerten. Man wählte daher einen Umweg, auf dem man infolge der großen Sommerhitze Verluste unter den Reitpferden und den Lasttieren zu beklagen hatte. Beim Marsch durch das Territorium von Cauca versuchte Scipio die schlechte Behandlung, die den Einwohnern dieser Stadt durch Licinius Lucullus 151 v. Chr. widerfahren war, wieder gut zu machen und gestattete ihnen die Rückkehr. Unterwegs stieß schließlich Jugurtha mitsamt seinen numidischen Elefanten, Bogenschützen und Schleuderern zum römischen Heer.

er auch vor der Verhängung von Strafen nicht zurück und ging selbst mit gutem Beispiel voran.

Im Frühjahr 134 v. Chr. bestand das römische Heer noch aus ungefähr 20 000 Mann, zu denen die erwähnten 4000 Neuankömmlinge aus Italien stießen. Außerdem wurden in großem Ausmaß hispanische Hilfstruppen rekrutiert. Nach und nach kamen die bereits erwähnten verschiedenen Hilfsleistungen der befreundeten Herrscher aus Africa und Kleinasien hinzu. Außer den Kriegselefanten wohl vor allem hochwillkommene speziell ausgebildete Krieger wie Bogenschützen und Schleuderer, die zwischen den römischen Einheiten aufgestellt wurden und mit Hilfe ihrer Fernwaffen die Numantiner in Schach halten sollten. Als Anzahl für die schließlich vor Numantia unter römi-

Erst jetzt, im Herbst des Jahres 134 v. Chr. (September/Oktober), wurde mit der Belagerung von Numantia begonnen (Abb. 91–94). Nach der Schilderung des Appian wurden zunächst zwei Lager erbaut, von denen das eine dem Scipio Aemilianus als Hauptquartier diente, wahrscheinlich das Lager Castillejo III, während das andere, wohl das Lager Peña Redonda, seinem Bruder Q. Fabius Maximus Aemilianus unterstellt war. Anschließend wurde mit dem Bau des Einschließungsrings (*circumvallatio*) begonnen. Im Schutz eines provisorischen Annäherungshindernis-

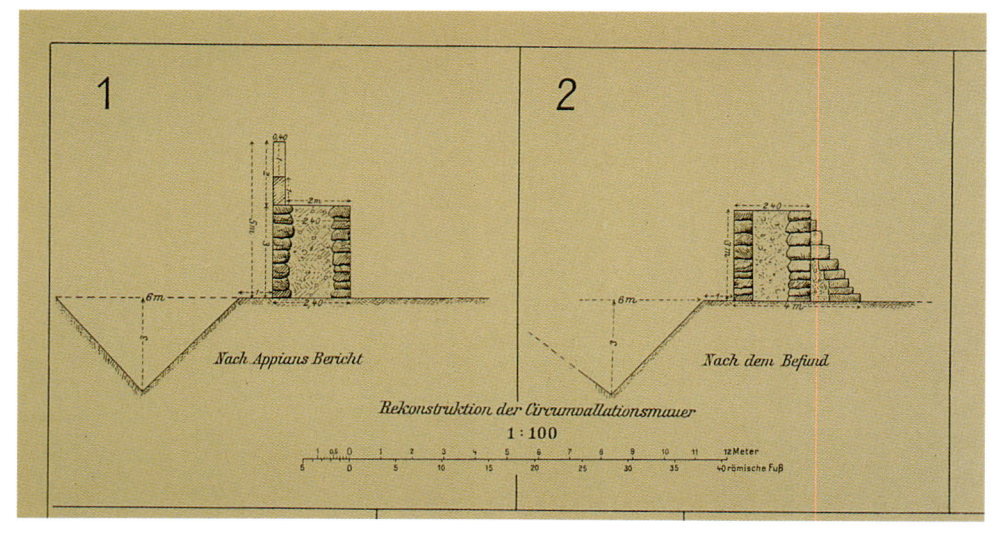

Abb. 93 Rekonstruktion der Circumvallationsmauer von 134/133 v. Chr. Nach Schulten.

Abb. 94 Blick von der porta praetoria des Lagers Peña Redonda nach Norden. Im Vordergrund die dreiteilig ausgeführte Circumvallationsmauer von 134/133 v. Chr., im Hintergrund der Hügel des Oppidums Numantia.

Abb. 95 Plan des Lagers von Peña Redonda. Gut zu erkennen ist die längliche Form des Lagers, dessen Umwehrung dem natürlichen Geländeverlauf folgt.

ses in Form eines Grabens entstanden ein zweiter Graben und eine Belagerungsmauer, die im Abstand von 100 Fuß (ca. 30 m) mit Geschütztürmen versehen war.

Bei den Ausgrabungen der Jahre 1906–1908 unter der Leitung von Adolf Schulten (Abb. 79), wurden verschiedentlich Überreste dieser *circumvallatio* untersucht, die eine Gesamtlänge von 9 km erreichte. In besonders gut erhaltenen Abschnitten war die zweischalig konstruierte Mauer 4 m breit. Der von Appian beschriebene Graben konnte nicht nachgewiesen werden. Allerdings gelang die Aufdeckung der gleichfalls erwähnten Zwischentürme. Über den verlandeten See im Nordosten der Sperrlinie, zwischen den Lagern Travesadas und Castillejo, wurde ein Damm errichtet.

Während der Ausgrabungen konnten insgesamt sieben Lager archäologisch nachgewiesen werden: Castillejo, Travesadas, Valdevorrón, Peña Redonda, Raza, Dehesilla und Alto Real. Hinzu kommen die Uferkastelle Molino und Vega (Abb. 76). Aufgrund von Geländebegehungen haben sich neuerdings veränderte Gesichtspunkte zur Trassierung dieser Einschließungslinie ergeben, deren südlicher Abschluß derzeit am unsichersten erscheint. Die Existenz des Lagers Raza wird daher ernsthaft angezweifelt und stattdessen ein Lager etwas weiter westlich postuliert (Fuerte de Cañal). Es bleibt abzuwarten, ob diese Modifikationen mit Hilfe von Ausgrabungen bestätigt werden können.

Sein Hauptquartier errichtete Scipio Aemilianus auf dem Hügel von Castillejo in beherrschender Lage nördlich von Numantia, wo bereits M. Claudius Marcellus (152/151 v. Chr.) und Q. Pompeius (141/140 v. Chr.) Posten bezogen hatten (Abb. 78). Der äußere Umriß des Lagers folgt dem natürlichen Geländeverlauf und ist unregelmäßig dreieckig. Die Umwehrung war 4 m breit, am Nordabschnitt wurden vier jeweils doppelte Geschützbatterien nachgewiesen. Toranlagen konnten nicht eindeutig lokalisiert werden. Ganz im Westteil der Innenfläche, in Flußnähe und oberhalb der wichtigsten Ausfallstraße nach Norden, befanden sich die Zentralgebäude des Lagers: das um einen großen Zentralhof errichtete Praetorium, das Lagerforum und ein Gebäudekomplex, der als Quaestorium gedeutet wurde. Die meisten Mannschaftsunterkünfte waren hufeisenförmig, jedoch gab es auch längliche Gebäude, die paarweise angeordnet waren und möglicherweise als Reiterkasernen dienten. Im Osten der Innenfläche, also in dem am besten geschützten Lagerteil, wurde ein großer Magazinkomplex ausgegraben.

Auch der äußere Umriß des Lagers Peña Redonda war hervorragend dem Gelände angepaßt (Größe 11,2 ha) (Abb. 95–97). Ein Umfassungsgraben fehlte. Auch in diesem Fall war die steinerne Umwehrung zweischalig konstruiert und 4 m breit. Besonders gut war die *porta praetoria* erhalten, die nach Norden, in Richtung Numantia hinausführte. Nach Ansicht von Schulten war die

Das 2. Jahrhundert v. Chr.

Während noch die Schanzarbeiten im Gange waren, stießen die hispanischen Hilfstruppen zum römischen Heer, die wohl nicht aus der unmittelbaren Umgebung stammten, da sie von Scipio sogleich als absolut zuverlässig eingestuft wurden. Vorkehrungen gegen Angriffe von außen wurden anscheinend nicht getroffen. Offenbar erwartete man keinerlei Entsatzversuche. Numantia sollte vollständig eingeschlossen und allmählich ausgehungert werden. Der breite, reißende Duero, über den die Belagerten weiterhin mit Nachschub und Nachrichten versorgt werden konnten, wurde an den Stellen, wo er die Circumvallationslinie passierte, mit Hilfe von Schwimmbalken gesperrt, die mit Messern und Speerspitzen versehen waren.

Natürlich ließen die Numantiner nichts unversucht, diese Arbeiten nach Kräften zu verhindern, indem sie zunächst immer wieder die Schlacht anboten, dann durch mannigfaltige Störversuche, die jedoch allesamt an der zahlenmäßigen Überlegenheit der Römer und den hervorragenden organisatorischen Vorkehrungen des Scipio Aemilianus scheiterten. «Die Numantiner unternahmen wiederholt an verschiedenen Stellen [...] Angriffe auf die Truppenteile, welche die Mauer bewachten. Doch rasch und furchterregend traten die Verteidiger sogleich in Erscheinung. Allenthalben gingen die Zeichen hoch, die Melder liefen hin und her, die Besatzung der Mauer sprang in dichten Scharen zu ihren Plätzen empor, und auf jedem Turm bliesen die Trompeter Sturmsignale, so daß die gesamte Ringmauer in ihrer Länge von fünfzig Stadien alsbald für jedermann einen gar furchterregenden Anblick bot. Und diesen Einschließungsring ging Scipio Tag und Nacht ab und kontrollierte ihn.» (App. *Ib.* 93,405–406; Übers. O. Veh)

Wenigstens hatten sich die Numantiner, welche die drohenden Gefahren ja hatten heraufziehen sehen, vorher reichlich mit Lebensmitteln eindecken können, so daß der Winter ohne Entscheidung verging. Scipio war klar, daß die Zeit für ihn arbeitete. Er hatte aber gleichwohl mit Kritik an seiner angeblichen Untätigkeit aus den eigenen Reihen zu kämpfen. Schließlich gelang einer Schar von Numantinern unter der Führung des Rectugenos sogar die Durchbrechung des Belagerungsrings, und nach einigen vergeblichen Bemühungen um Unterstützung schien wenigstens die Jungmannschaft von Lutia (Cantalucia, 55 km westlich von Numantia?) zur Hilfe bereit; jedoch warnten die älteren Einwohner der Stadt Scipio vor dem drohenden Abfall, worauf dieser nach einem Gewaltmarsch vor der Stadt erschien und sie einschloß. Die Jugend der Stadt – 400 Männer – ließ er sich aus-

Abb. 96 Luftbild des Lagers von Peña Redonda. Blick von Westen.

Innenfläche des Lagers in ungefähr drei gleich große Abschnitte zu je 190 m (= 650 römische Fuß) aufgeteilt, im nördlichsten Abschnitt waren die Reiter in länglichen Kasernengebäuden untergebracht, während sich im mittleren das Lagerforum mit Tabernen und das Quaestorium befanden, die seitlich das in der Mitte gelegene Praetorium flankierten.

Abb. 97 Lager Peña Redonda. Im Vordergrund die Ostumwehrung des Lagers, im Hintergrund der Hügel des Oppidum.

liefern und ihnen zur Abschreckung die Hände abschlagen, womit jegliche Bereitschaft, dem belagerten Numantia zu Hilfe zu kommen, endgültig im Keim erstickt wurde.

Schließlich wurde die Lage für die Numantiner so verzweifelt, daß sie sich dazu entschlossen, Kapitulationsverhandlungen aufzunehmen. Eine Gesandtschaft unter Leitung des Avaros wurde von Scipio, der durch Gefangene von den katastrophalen Zuständen, die in der Stadt herrschten, informiert war, abgewiesen und bei der Rückkehr von den enttäuschten Numantinern ermordet. Ein letzter, verzweifelter Ausbruchversuch, bei dem viele Numantiner den Tod gesucht hatten, schlug fehl. Immer mehr Einwohner fielen dem Hunger zum Opfer. Sie sahen sich schließlich sogar zu kannibalischen Exzessen gezwungen, so daß zuletzt nur die bedingungslose Kapitulation übrig blieb (Abb. 98). Vor der Übergabe wählten viele der Überlebenden den Freitod, die übrigen ergaben sich in einem furchterregenden Zustand in die Gefangenschaft, sie wurden bis auf 50, die später im Triumphzug durch die Straßen Roms geschleppt wurden, in die Sklaverei verkauft. Die Stadt wurde dem Erdboden gleichgemacht, ihr Gebiet unter die benachbarten Stämme verteilt. Die Neuorganisation des eroberten Gebietes durch eine zehnköpfige Kommission des römischen Senats wartete Scipio Aemilianus nicht ab. Er machte sich sofort per Schiff auf den Rückweg nach Rom, von wo ihn besorgniserregende Nachrichten erreicht hatten. In Rom hatten sich die übergroßen innenpolitischen Spannungen inzwischen in gewaltsamen Auseinandersetzungen entladen, bei denen auch sein Schwager Ti. Sempronius Gracchus den Tod fand (Agrarkrise 133 v. Chr.). Ein prächtiger Triumphzug im Jahre 132 v. Chr. bildete den Abschluß der Numantinischen Kriege. Bei dieser Gelegenheit wurde Scipio Aemilianus der Beiname «Numantinus» verliehen. Dem siegreichen Feldherrn ist nur wenig Zeit geblieben, die Früchte seines Sieges zu genießen, da er schon wenige Jahre später, im Jahre 129 v. Chr. überraschend verstarb. Möglicherweise wurde er sogar ermordet. Mit seinem politischen Wirken verbinden sich sehr zwiespältige Gefühle.

Die Jahrzehnte nach 133 v. Chr.

Nach dem Fall von Numantia ließ das Interesse der antiken Schriftquellen an Hispanien für ein halbes Jahrhundert stark nach. Die Aufmerksamkeit wandte sich stattdessen ganz der inneren Krise der römischen Republik zu, die erst mit der Errichtung des Prinzipats durch Augustus enden sollte.

In diesem Zeitraum wurden die hispanischen Provinzen normalerweise durch zwei Praetoren verwaltet, die jeweils für zwei Jahre amtierten. In vielen Fällen kennt man jedoch kaum weitere Einzelheiten über die Amtsführung. Für die Jahre von 132–124

Abb. 98   «Der letzte Tag von Numantia», 1859. Ölgemälde von Ramón Martí Alsina. Museo Nacional del Prado, Madrid.

Abb. 99 Münzprägung des Münzmeisters C. Coelius Caldus. Vorderseite: Großvater des Monetalen, Statthalter in Hispanien 99 v. Chr., Konsul 94 v. Chr. Hinter dem Kopf Vexillum (Fahne) mit den Buchstaben HIS(pania), davor Vexillum in Form eines Ebers; zur Erinnerung an die Schlachterfolge in Hispanien und Gallien (?). Rückseite: Lectisternium (Tisch zur Bewirtung der Götter, in diesem Fall Jupiters). Beischrift L CALDVS VIIVIR EPV(lonum). Umschrift C CALDVS IMP(erator) A(ugur) Xvir sacris faciundis (Mitglied des Kollegiums der Apollopriesterschaft). Rom, 51 v. Chr. Darstellungen auf Münzen bildeten ein wichtiges Propagandamittel in den politischen Auseinandersetzungen der ausgehenden römischen Republik.

v. Chr. sind nicht einmal die Statthalter namentlich überliefert. Auch wurde die Stärke des römischen Heeres nach 133 v. Chr. beträchtlich herabgesetzt. In den Jahren 98–82 v. Chr. waren nur noch zwei Legionen in der Provinz Hispania citerior sowie mindestens eine weitere in Hispania ulterior stationiert. Erst während des Aufstands des Sertorius nahm dann ihre Anzahl wieder stark zu, zeitweise auf bis zu ca. 18 Legionen, um anschließend wieder auf vier Legionen reduziert zu werden.

Militärisch war die Iberische Halbinsel relativ bedeutungslos. Es ereigneten sich nur lokal begrenzte Aufstände und Konflikte, die man in Rom offenbar als nicht sehr bedrohlich einstufte. Umso mehr wuchs die wirtschaftliche Bedeutung, wozu die reichen Bodenschätze, später auch die landwirtschaftliche Produktion (Olivenöl, Getreide, Wein) zählten. Außerdem stellte die Iberische Halbinsel ein wichtiges Rekrutierungsgebiet für das Heer dar.

Für 123 v. Chr. sind als Statthalter Q. Fabius Maximus Allobrogicus (Hispania ulterior) und Q. Caecilius Metellus (Hispania citerior) überliefert, dem in diesem Jahr die Eroberung der Balearen gelang. Offizieller Kriegsgrund war die Belästigung durch Piraten, die angeblich auf der Inselgruppe über wichtige Stützpunkte verfügten – auf römischer Seite ein häufiger Vorwand für Interventionen aller Art. Die Balearen galten als landwirtschaftlich besonders reich und verfügten über eine ansehnliche Getreide- und Weinproduktion. Auch die balearischen Schleuderer waren berühmt. Metellus gründete auf den Inseln zwei Kolonien, Palma und Pollentia, die dafür notwendigen Siedler wurden vom Festland herübergeholt. Für seine Leistungen wurde Metellus ein Triumph bewilligt, den er 121 v. Chr. feierte. Gleichzeitig wurde ihm der ehrende Beiname «Balearicus» verliehen.

112 v. Chr. fungierte dann L. Calpurnius Piso Frugi als Statthalter der Hispania ulterior. Nach dem Zeugnis Appians hatte er wegen wiederholter Aufstände sein Amt erhalten und galt als besonders tüchtig. Seine Amtsführung schilderte Cicero in der zweiten Anklagerede gegen Verres anhand der folgenden Anekdote, wobei er dessen Unbestechlichkeit hervorhob: «Als der alte Piso Statthalter in der Provinz Spanien war, wo er auch sein Leben verloren hat, da wurde ihm, ich weiß nicht wie, während einer Waffenübung der goldene Ring, den er trug, zerbrochen und in Stücke geschlagen. Da er einen neuen Ring angefertigt haben wollte, ließ er einen Goldschmied auf den Markt von Corduba vor seinen Stuhl rufen und wog ihm öffentlich das Gold zu. Er befiehlt dem Mann, seinen Schemel auf dem Markt aufzustellen und den Ring vor aller Augen anzufertigen. Einige werden wohl sagen, er habe es allzu genau genommen; insoweit mag man ihn tadeln, wenn man will, doch weiter nicht. Man muß vielmehr Nachsicht mit ihm haben; er war ja der Sohn des L. Piso, des Mannes der zuerst ein Gesetz über Erpressungen erlassen hat. Es ist lächerlich, daß ich jetzt von Verres rede, nachdem ich über Piso Frugi geredet habe. Indes, beachtet den Unterschied! Als Verres für eine Reihe von Prunktischen goldene Gefäße anfertigen ließ, da war ihm gleichgültig, was man [...] in Rom vor Gericht von ihm sagen würde; doch Piso wünschte bei einer halben Unze Goldes, daß ganz Spanien wisse, woraus sich der Prätor einen Ring machen ließ.» (Cicero, zweite Rede gegen Verres, 56 f.; Übers., M. Fuhrmann)

Im folgenden Jahr war die allgemeine Lage für Rom wegen des Zuges der Kimbern und Teutonen, der diese Stämme quer durch ganz Mitteleuropa führte, und wegen des Sklavenaufstands auf Sizilien so angespannt, daß der Nachfolger des Piso, Ser. Sulpicius Galba, ohne Truppenbegleitung nach Spanien geschickt wurde. Dort sollte er den Versuch unternehmen, die vorhandenen Konflikte auf friedlichem Wege zu lösen, was ihm aber anscheinend nicht gelang. Um 109/108 v. Chr. feierte Q. Servilius Caepio (Hispania ulterior) einen Triumph über die Lusitaner, 105 v. Chr. wurde ein römisches Heer durch die Lusitaner vernichtet, 99 v. Chr. errang Coelius Caldus einen großen Erfolg in Clunia (Abb. 99), während dann 98 v. Chr. dem Statthalter L. Cornelius Dolabella (Hispania ulterior, 101/100 v. Chr.) erneut ein Triumph bewilligt wurde. Es ist unmöglich, aufgrund dieser vereinzelten Notizen eine Rekonstruktion der Ereignisse zu versuchen.

Wie schon während des gesamten 2. Jhs. v. Chr. bildeten das zentrale Hochland und die östlich angrenzenden Gebiete einen weiteren Brennpunkt der Auseinandersetzungen. In dieser Region verursachte zunächst der Einfall der Kimbern beträchtliche Unruhen. Im Jahre 104 v. Chr. fielen sie über die Pyrenäen in das Ebrotal ein. Davon zeugen zahlreiche Schatzhorte, die damals im Raum Ampurias niedergelegt wurden. Im folgenden Jahr gelang es jedoch einheimischen Stämmen, die Invasion weiter im Hinterland, am Jalón aufzuhalten und die Eindringlinge zur Umkehr zu zwingen. Daraufhin zogen die Kimbern nach Südfrankreich, wo sie dann 102 v. Chr. bei Aquae Sextiae/Aix-en-Provence durch römische Truppen unter dem Oberbefehl des C. Marius vernichtend geschlagen wurden.

In den Jahrzehnten um 120/100 v. Chr. wurde auch das römische Heer gründlich reformiert und den Bedürfnissen der Zeit angepaßt (Abb. 100).

DAS 1. JAHRHUNDERT V. CHR. – BÜRGERKRIEGE UND DIE EROBERUNG DES NORDENS

Zu Beginn des 1. Jhs. v. Chr. machte zunächst der Statthalter der Jahre 98–93 v. Chr., T. Didius, besonders nachteilig von sich reden, dessen Amtszeit einem Rückfall in die allerschlimmsten Zeiten gleichkam. Didius war kein Angehöriger der Nobilität, sondern ein Emporkömmling (*homo novus*), der bis zum Amtsantritt in Spanien eine Reihe wichtiger Posten bekleidet hatte, ohne daß größere Beschwerden bekannt geworden wären. 113 oder 112 v. Chr. war er Münzmeister gewesen, 101 v. Chr. Praetor von Makedonien, wo er den Stamm der Caeni besiegte, der im östlichen Thrakien lebte. Für diesen Erfolg durfte er 100 oder 99 v. Chr. einen ersten Triumph feiern; im Jahre 98 v. Chr. bekleidete er das Konsulat.

Während seiner Amtszeit in Spanien wird sein listenreiches Vorgehen hervorgehoben. Frontin erwähnt, daß er nach einer Schlacht nachts heimlich die eigenen Gefallenen bestatten ließ, so daß die Hispanier am nächsten Morgen den Eindruck gewinnen mußten, die Zahl ihrer Gefallenen sei viel höher und sich daraufhin freiwillig ergaben (Frontinus 2,10,1). Seine Art der Kriegsführung zeichnet sich aber auch durch besondere Grausamkeit aus. So soll er angeblich 20000 Vakkäer getötet und nach der Einnahme von Colenda die Einwohner der Stadt in die Sklaverei verkauft haben. Die Bewohner einer in nächster Nähe gelegenen Stadt ließ er unter dem Bruch sämtlicher Versprechungen niedermetzeln, wofür ihm dann sogar noch ein Triumph bewilligt worden sei, wie Appian empört vermerkt. Nach seiner Rückkehr nach Italien diente T. Didius im Bundesgenossenkrieg 90 und 89 v. Chr. als Legat, wo ihm 89 v. Chr. die Einnahme von Herculaneum gelang. Wenig später fand er am 11. Juni 89 v. Chr. den Tod in der Schlacht. Auf den Münzprägungen des P. Fonteius Capito 55 v. Chr. wird er als Erneuerer der *villa publica* (Amtslokal der Censoren) dargestellt.

Auch über die Unternehmungen des P. Licinius Crassus, des Statthalters der Hispania ulterior 96–93 v. Chr., sind nur wenige Einzelheiten bekannt. Besondere Erwähnung findet lediglich, daß es der Senat von Rom den Einwohnern von Bletium (bei Salamanca?) ausdrücklich verbot, Menschen zu opfern, ein unter den einheimischen Stämmen nicht unüblicher Brauch. Die Pro-

Abb. 100   In den Jahrzehnten um 120/100 v. Chr. wurden grundlegende Reformen des römischen Heeres durchgeführt (sog. Heeresreform des Marius): Die Ausrüstung und Bewaffnung wurden konsequent weiter vereinheitlicht. Bei der Panzerung wurden die Kettenhemden (lorica hamata) allgemein üblich, die zwar kostspielig und reparaturanfälliger waren, jedoch einen viel besseren Schutz des Soldaten gewährleisteten. Zusätzlich zur bereits vorhandenen Bewaffnung, bestehend aus Helm, modifiziertem Pilum, Schwert und Schild kam jetzt noch der Dolch (pugio) hinzu, dessen Form von den Keltiberern übernommen wurde. Beinschienen waren von jetzt an nur noch für Centurionen gebräuchlich. Die Soldaten mußten ihr Gepäck selbst mit sich führen (ca. 35–45 kg), woher der spöttische Spitzname «muli mariani» – Maulesel des Marius für die römischen Soldaten rührt.

vinz Hispania citerior verwaltete von 93–81 v. Chr. C. Valerius Flaccus, der dort nicht nur von allen bekannten Statthaltern am längsten amtierte, sondern zeitweise außerdem für die Provinz Gallia Transalpina (Südfrankreich) zuständig war. Inzwischen waren alle Gebiete südlich des Duero fest in römischer Hand.

Der Aufstand des Sertorius 82–72 v. Chr.

Für die Zeit der Sertoriuskriege liegen ungewöhnlich viele und ausführliche Schriftquellen vor. Die älteste erhalten gebliebene, nahezu zeitgenössische Darstellung stellt das Geschichtswerk des Sallust dar. Wie Sertorius stammte auch er aus dem Sabinerland. Seine Historien verfaßte er ungefähr eine Generation nach der Ermordung des Sertorius. Sie sind allerdings nur in zahllosen Einzelfragmenten überliefert, deren exakte Zuordnung in einigen Fällen sogar fraglich bleiben muß. In seinem Werk fällt Sallust insgesamt ein überaus positives Urteil. Dieses findet sich auch in der umfangreichsten Quelle, der Lebensbeschreibung des Plutarch, wofür die Historien zweifellos als wichtigste Vorlage gedient haben; gelegentlich lassen sich sogar wörtliche Übereinstimmungen feststellen. Innerhalb der von Plutarch stammenden Lebensbeschreibungen zählt diejenige des Sertorius zur Gruppe der Spätwerke und wurde am Beginn des 2. Jhs. n. Chr. verfaßt. Plutarch zeichnete zwar viele Ereignisse und Anekdoten auf, war jedoch nur wenig daran interessiert, an welchen Schauplätzen und in welcher Reihenfolge diese stattfanden. Auch macht sich häufig das Fehlen exakter geographischer Kenntnisse nachteilig bemerkbar.

Sehr viel kritischer wird Sertorius von Appian und Livius gewürdigt, worauf wiederum die Darstellungen von Eutrop und Orosius beruhen. Entsprechend zurückhaltender fällt die abschließende Beurteilung des Livius aus: «*magnus dux et adversus duos imperatores, Pompeium et Metellum, saepe (par) vel frequentius victor, ad ultimum et saevus et prodigus* – Ein großer Führer und Gegner von zwei Feldherrn, Pompeius und Metellus, häufig ebenbürtig oder auch häufiger Sieger, zuletzt wild und verschwenderisch.» (*per.* 96) Hingegen war für Appian Sertorius immerhin der beste General seiner Zeit, der von den Keltiberern sogar als «Hannibal» bezeichnet werde.

Das neuzeitliche Bild des Sertorius hat vor allem Theodor Mommsen geprägt, der ihn zum genial begabten, schließlich aber tragisch gescheiterten Volksrevolutionär stilisierte. Geradezu enthusiastisch hat ihn dann Adolf Schulten gefeiert. Zu einer anderen Wertung gelangte Helmut Berve, der vom «entwurzelten Desperado» sprach. Derzeit werden von der Forschung in erster Linie herausragende Eigenschaften des Sertorius wie seine hohe Anpassungsfähigkeit und seine Qualitäten als Heerführer gelobt, meistens kritisch fallen dagegen die Beurteilung der meisten einzelnen Unternehmungen (Hochschule von Osca, Bündnisvertrag mit Mithradates etc.) und seiner politischen Rolle insgesamt aus.

Sertorius war kein Hispanier, sondern stammte aus einer angesehenen Familie Mittelitaliens. Sein genaues Geburtsdatum ist nirgends überliefert. Wie sich mit Hilfe seiner Ämterlaufbahn errechnen läßt, wurde er um 125/123 v. Chr. in Nursia/Norcia im Sabinerland geboren, dessen Einwohner in der Antike zwar als sehr tapfer und fromm, jedoch auch als ebenso altmodisch und verschroben galten. Nach den Quellen verstarb der Vater früh, so daß seine Mutter, die Rea oder Raia hieß, die Erziehung übernahm. Zeitlebens soll er eine große Zuneigung zu ihr bewahrt haben. Eine ähnlich enge gefühlsmäßige Bindung an die Mutter wird auch anderen berühmten Helden der römischen Geschichte wie Scipio Africanus und den Gracchen zugeschrieben. Für den gebildeten Leser der Antike stellte die derart herausgestellte Mutterliebe des Sertorius selbstverständlich eine Anspielung auf diese historischen Bezugsgrößen dar.

Erste prägende militärische Erfahrungen konnte er während der Jahre 106–101 v. Chr. unter Q. Servilius Caepio und C. Marius gegen die germanischen Kimbern und Teutonen sammeln. Vermutlich kämpfte er in den Schlachten von Aquae Sextiae und Vercellae mit und stellte im Verlauf der Feldzüge wiederholt seine Tapferkeit und Kühnheit unter Beweis. Um der Gefangenschaft zu entkommen soll er verwundet die Rhône in voller Rüstung durchschwommen haben, eine Glanztat, an die man sich sogar noch in der Spätantike mit Bewunderung erinnerte (Amm. Marc. 24,6,7). Wahrscheinlich beabsichtigte Plutarch, von dem diese Anekdote überliefert wird, damit eine Anspielung auf die mythische Gestalt des Horatius Cocles, der auf die gleiche Weise einen Fluß durchquert haben und wie Sertorius einäugig gewesen sein soll. Auch während seiner Dienstzeit als Militärtribun, die er in der Provinz Hispania citerior unter dem Statthalter T. Didius verbrachte (98–93 v. Chr.), tat er sich rühmlich hervor. Besonders wegen seiner überlegten Vorgehensweise bei der Rettung der ihm anvertrauten Soldaten in Castulo, aber auch wegen der dabei gezeigten Härte gegenüber den Barbaren war er anscheinend bald in aller Munde.

Anschließend kehrte Sertorius wieder nach Italien zurück. Vermutlich eskortierte er seinen Kommandeur Didius, der am 10. Juni 93 v. Chr. einen Triumphzug durch Rom feierte. Im Jahre 91 v. Chr. bekleidete Sertorius, der über ein beträchtliches Redetalent verfügte – was von keinem geringeren Zuhörer als Cicero bezeugt wird (Cic. Brut. 180) – das Amt des Quaestors in der Provinz Gallia Cisalpina. Auch im anschließenden Bundesgenossenkrieg 90–88 v. Chr., in dessen Verlauf er allerdings ein Auge einbüßte, zeichnete er sich aus. In der Antike stellte ein solcher Verlust jedoch keineswegs einen Makel dar, sondern galt ganz im Gegenteil als Zeichen besonderer Schläue und Gerissenheit und ließ Sertorius äußerlich so bedeutenden Militärs wie Philipp II. von Makedonien (ca. 382–336 v. Chr.), dem Vater Alexanders des Großen, dem Seleukidenherrscher Antigonos I. Monophtalmos, d. h. «Einauge» (ca. 380–301 v. Chr.) und Hannibal (247–183 v. Chr.) ähnlich werden. Dies verstand er auch propagandistisch geschickt für sich auszunutzen: «Die anderen [...] könnten die Zeugnisse ihrer Heldentaten nicht immer mit sich herumtragen, sondern müßten sie ablegen, die Ketten, Spieße und Kränze; er aber habe die Kennzeichen seiner Tapferkeit immer an sich, und so seien die Augenzeugen seines Verlustes zugleich solche seines Verdienstes.» (Plut. Sert. 4,3–4; Übers. K. Ziegler) 89/88 v. Chr. bewarb Sertorius sich um das Amt des Volkstribun, scheiterte jedoch am Widerstand Sullas. Aus Enttäuschung wechselte er auf die Seite von dessen Gegenpartei, den «Popularen» unter Marius und Cinna. In den wechselvollen Auseinandersetzungen der folgenden Jahre spielte er eine nicht unbedeutende Rolle. Von dieser sind immerhin so viele Einzelheiten bekannt, daß Sertorius als einer der Exponenten der Volkspartei erscheinen mußte und infolgedessen bei den Proskriptionen der Jahre 82/81 v. Chr. auf die Liste der Geächteten gesetzt wurde. Die Denunziation von Proskribierten war allgemeine Bürgerpflicht, Geächtete durften ohne Strafverfolgung umgebracht werden. Für seine Tat wurde der Mörder mit einem hohen Preisgeld belohnt, das Vermögen des Proskribierten wurde eingezogen, und die Familienangehörigen waren vom öffentlichen Leben ausgeschlossen. Infolge dieser Verurteilung befand sich Sertorius allerdings nicht in akuter Lebensgefahr, da er sich zu diesem Zeitpunkt bereits nicht mehr in Rom aufhielt, sondern nach der Praetur 83 v. Chr. die spanischen Provinzen übernommen hatte. In Hispanien versuchte er zunächst, die Einheimischen durch Großzügigkeit, freundliches Benehmen und durch Befreiung von den lästigen Einquartierungen für sich zu gewinnen; vielleicht sah er auch schon die kommenden Auseinandersetzungen voraus. Die im Lande lebenden Römer, die vor allem in den Städten des Südens (Itálica, Corduba/Córdoba, Carteia) und entlang der Ostküste (Carthago Nova/Cartagena, Tarragona, Emporion) siedelten, und deren Gesamtanzahl sicherlich nicht allzu hoch veranschlagt werden darf, wurden von ihm mit Waffen versorgt. Außerdem ordnete Sertorius den Bau von Kriegsmaschinen und Kriegsschiffen an, was wohl mit der Furcht vor einem Angriff auf dem Seeweg zu erklären ist. Schon 81 v. Chr. mußte Sertorius vor dem mit zwei Legionen anrückenden Konsul C. Annius fliehen. Nachdem der Plan, die Pyrenäenpässe durch 6000 Mann unter dem Kommando des Livius Salinator sperren zu lassen, gescheitert war, traf dieser auf seinem weiteren Vormarsch im gesamten Land auf keine weiteren größeren Schwierigkeiten (Abb. 103). In den vorliegenden Quellen wird kein Widerstand gegen die aus Rom anrückenden Truppen erwähnt. Daraufhin schiffte Sertorius sich mit 3000 Mann in Cartagena nach Afrika ein. Zu jenem Zeitpunkt war er völlig isoliert und weit davon entfernt, eine hervorragende Rolle beim Widerstand gegen Sulla und sein Regime zu spielen.

Auf die folgende phantastische Abenteuergeschichte, die Sertorius bis an das Ende der damals bekannten Welt führen sollte, angeblich sogar bis auf die Kanarischen Inseln, soll hier nicht näher eingegangen werden. Nach mehreren vergeblichen Versuchen, erneut Fuß zu fassen, unter anderem mit Hilfe eines Bündnisses mit kilikischen Piraten, und da offenbar auch das Dasein als Söldnerführer in Mauretanien nicht gerade erfolgreich verlief, kehrte Sertorius 80 v. Chr. auf ein Hilfeersuchen der Lusitaner endgültig wieder nach Hispanien zurück. Seinem Heer aus 2600 «Römern» (Flüchtlinge aus Italien und Hispanien, Mauretanier) stellte sich zunächst der General C. (?) Aurelius Cotta entgegen, der in einem Seegefecht bei Mellaria, am westlichen Ende der Meerenge von Gibraltar, besiegt wurde. Dadurch war eine Landung bei Baelo möglich, wo ein lusitanisches Kontingent von 4000 leichtbewaffneten Fußsoldaten und 700 Reitern zu Sertorius stieß (Abb. 101). Den anschließenden Vormarsch durch die Lusitania versuchte wenig später der Statthalter der Provinz Hispania ulterior, L. Silanus Fufidius, am Unterlauf des Baetis/Guadalquivir aufzuhalten. Er erlitt jedoch daraufhin gleichfalls eine blutige Niederlage.

Aus stadtrömischer Sicht hatten sich die Dinge auf der Iberischen Halbinsel inzwischen dermaßen bedrohlich entwickelt, daß Sulla einen seiner wichtigsten politischen Anhänger, Q. Caecilius Metellus Pius (130/129–63 v. Chr.), den Mitkonsul von 80 v. Chr. mit zwei Legionen nach Hispanien schickte, der aus einer der bedeutendsten Familienclans der mittleren und späten Republik stammte (Abb. 102). Von den antiken Quellen wird Metellus allerdings als verschwenderisch, genußsüchtig und verweichlicht, kurz: als unfähig dargestellt. Ein Urteil, das in dieser harschen Form keineswegs zutreffend ist und von der Kriegspropaganda des Sertorius herrühren dürfte. Möglicherweise ist für diese verzerrte Darstellung des Metellus auch Pompeius verantwortlich, der auf diese Weise die Notwendigkeit seines nachträglichen Eingreifens unterstreichen wollte. Wiederholt wird von den Quellen die große persönliche Tapferkeit hervorgehoben, die Metellus an den Tag gelegt habe. In der Schlacht von Segontia soll

Abb. 101 Geländeaufnahme von Baelo/Belo, Prov. Cádiz. In der Umgebung dieser Stadt ging Sertorius bei seiner Rückkehr von seinem afrikanischen Ausflug 80 v. Chr. an Land.

Abb. 102 Denar des Q. Caecilius Metellus Pius. Vorderseite: Kopf der Pietas mit Diadem. Vorne Storch. Rückseite: Elephant, mit Glocke um den Hals. Beischrift: Q(uintus) C(aecilius) M(etellus) P(ius) I(mperator). Die Caecilier gehörten zum römischen Hochadel. Der Elefant war eine Art Wappentier, seit einem Mitglied der Familie in der Schlacht von Panormus 251 v. Chr. gegen die Karthager die Gefangennahme aller gegnerischen Kriegselefanten gelungen war. Geprägt ca. 82 v. Chr. (in Norditalien? Oder später in Hispanien?).

Abb. 103 Denar des C. Annius (Luscus) und L. Fabius Hispaniensis. Vorderseite: Kopf der Anna Perenna (sagenhafte Stammutter der Familie der Annier). Umschrift C(aius) ANNI(us) T(iti) F(ilius) T(iti) N(epos) PROCO(n)S(ul) EX S C. Rückseite: Victoria hält einen Palmzweig, auf einer Quadriga fahrend. Beischrift L(ucius) FABI(ius) L(ucii) F(ilius) HISP(aniensis) Q(uaestor). Geprägt ca. 82 v. Chr.

er sich in das wildeste Getümmel gestürzt haben und durch einen Speerwurf verwundet worden sein. Auch daß ihm daraufhin seine Soldaten sofort zu Hilfe geeilt seien, spricht entschieden gegen das von ihm gezeichnete negative Bild. Schließlich wagte es Sertorius erst verhältnismäßig spät, dem Metellus in offener Feldschlacht entgegen zu treten. Auf der anderen Seite zeigte es sich immer wieder, daß dieser mit der Art und Weise der gegen ihn angewandten Taktik des Guerillakrieges nicht umgehen konnte. Metellus war in einer Art der Kriegsführung ausgebildet, die sich ausschließlich in konventionellen Bahnen bewegte.

In der mitunter fragwürdigen Chronologie der Sertoriuskriege sind die Jahre 79 und 78 v. Chr. besonders heftig umstritten. Bei Versuchen, den Ablauf der damaligen Ereignisse zu rekonstruieren, ergeben sich viele offene Fragen, zumal die allermeisten der in den Quellen genannten Schauplätze nicht genauer lokalisiert werden können. Unstrittig ist lediglich, daß sich die Kampfhandlungen in Lusitanien, wohl vor allem zwischen den Flüssen Guadiana und Tajo, abgespielt haben. Sollte mit einer unklaren Textstelle bei Sallust (*hist.* 1,114), in der von einer bedeutenden Stadt (*Lusitaniae gravem civitatem*) die Rede ist, tatsächlich Olisipo/Lissabon gemeint sein und die neuerdings vorgeschlagene Lokalisierung von Langobriga am Unterlauf des Duero bei Porto zutreffen, wäre sogar der äußerste Westen der Halbinsel davon betroffen gewesen. Dort wurde eine Abteilung in den Hinterhalt gelockt und Metellus mußte beim Versuch, die Stadt zu erobern, eine schimpfliche Schlappe einstecken. Insgesamt endeten die Kämpfe für Metellus in einem völligen Desaster; das lag vor allem an der konsequenten Anwendung der Guerillataktik durch Sertorius. Diese wurde durch das schwierige Gelände und die klimatischen Besonderheiten der Iberischen Halbinsel begünstigt. Auch die große Beweglichkeit seiner einheimischen Truppenkontingente war für diese Vorgehensweise hervorragend geeignet. Nur so ließen sich die bessere Ausbildung, Bewaffnung und Disziplin der regulären römischen Truppen und nicht zuletzt auch deren größere Anzahl ausgleichen. «So kam es, daß Metellus, da er nicht zum Schlagen kam, sich in derselben schlimmen Lage befand wie sonst die Besiegten und Sertorius als Flüchtender in der Lage des Verfolgers. Denn er schnitt ihm die Wasserzufuhr ab, er verhinderte ihn am Futterholen, er stand ihm im Wege, wenn er vorrücken wollte, er beunruhigte ihn, wenn er sich gelagert hatte, und wenn er andere belagerte, erschien er ihm im Rücken und belagerte ihn seinerseits durch Abschneiden der Verpflegung.» (Plut. Sert. 13,3–4; Übers. K. Ziegler)

Eine wichtige Rolle in der zur Zeit laufenden Forschungsdiskussion spielt das Lager von Cáceres-el-Viejo, wo 1910, 1927, 1928 und 1930 Ausgrabungen durchgeführt wurden (Abb. 104–106). Von dem damals erstellten Übersichtsplan existieren mehrere verschiedene Fassungen, so daß manche Einzelheiten, vor allem die Abmessungen der Anlage unklar sind. Unstrittig ist der rechteckige Grundriß des Lagers, der an kaiserzeitliche Militäranlagen erinnert, ohne allerdings vollständig deren Exaktheit zu erreichen. Nach der Planfassung von 1930 betrugen die Seitenlängen 652/672 m x 364/372 m, was einen Flächeninhalt von ca. 24 ha ergeben würde. Vor der West- und der Nordseite wurden jeweils zwei V-förmige Lagergräben nachgewiesen, davon jeweils ein größerer Innengraben und ein schmalerer Außengraben. Die Lagermauer war 3,5–4 m breit und aus Schieferplatten aufgeschichtet, die vermutlich vom Aushub der Lagergräben stammen. Insgesamt sind vier Toranlagen (von ursprünglich sechs?) nachgewiesen. Die *porta praetoria* im Norden wurde von einer Mauerunterbrechung gebildet, die zwei Durchfahrten aufwies (Breite: 7,25 m). Seitlich flankierende Türme konnten nicht nachgewiesen werden. Die Innenbebauung war auffällig reich gegliedert; immerhin konnten 13 Gebäudekomplexe ergraben werden,

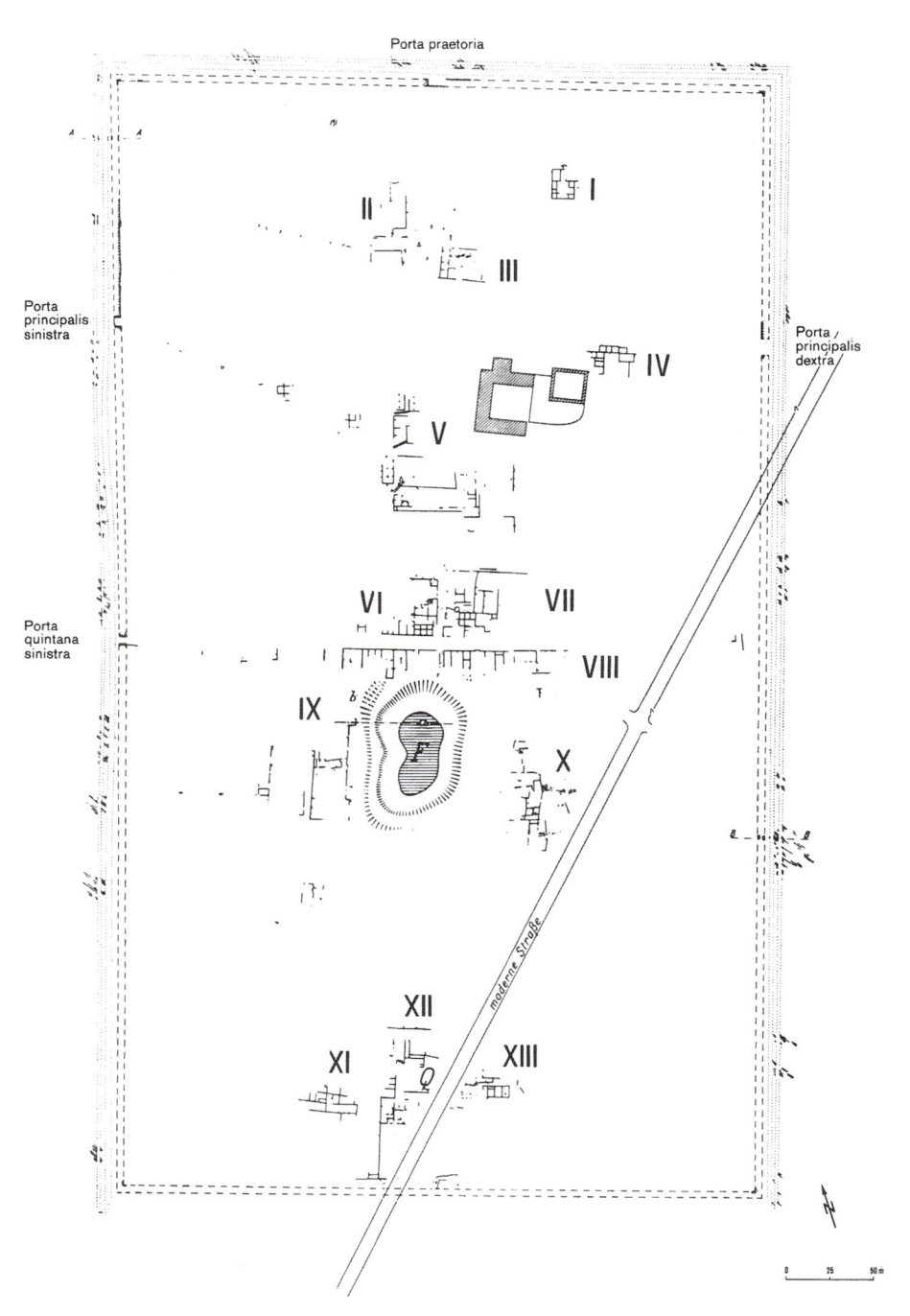

DAS 1. JAHRHUNDERT V. CHR. – BÜRGERKRIEGE UND DIE EROBERUNG DES NORDENS

Abb. 104 Plan des Legionslagers von Cáceres-el-Viejo, Prov. Cáceres. Nach den Untersuchungen von Adolf Schulten.

Abb. 105 Lager von Cáceres-el-Viejo. Geländeaufnahme.

Abb. 106 Bronzestatue der Minerva. Gefunden bei den Ausgrabungen im Legionslager von Cáceres-el-Viejo. 1. Jh. v. Chr. Museo de Cáceres.

von denen die Gebäude I und IV Tribunenhäuser darstellten, während der Bau VIII wohl zum Lagerforum zählte. Bisher fehlt der klare Nachweis von Mannschaftsunterkünften.

Während der Ausgrabungen konnte ein reiches Fundmaterial geborgen werden. Die Anlage wurde durch eine Brandkatastrophe, die sich grob in die 80er Jahre des 1. Jhs. v. Chr. datieren läßt, zerstört und anschließend aufgegeben. Eine Identifikation mit dem angeblich im Verlaufe von Kampfhandlungen jener Jahre zerstörten Castra Caecilia ist sehr wahrscheinlich.

Durch die oben geschilderte Zermürbungstaktik gelang es Sertorius, binnen zweier Jahre den Westen Lusitaniens vollständig unter Kontrolle zu bringen. Schließlich wurde 79 v. Chr. auch der Krieg im Osten des Landes eröffnet. Zur Bekämpfung der dortigen gegnerischen Streitkräfte wurde der Proquaestor Hirtuleius entsandt, der zunächst bei Consabura/Consuegra (Provinz Toledo) den Statthalter der Hispania citerior, M. Domitius Calvinus, schlagen konnte, der dabei den Tod fand. Vermutlich noch im gleichen Jahr gelang ihm dann bei Ilerda/Lleida-Lérida ein weiterer Sieg, diesmal über L. Manlius, den Prokonsul der Provinz Gallia Transalpina, der mit drei Legionen und 1500 Reitern über die Pyrenäen zu Hilfe geeilt war.

Im Jahre 77 v. Chr. änderte Sertorius seine Kriegstaktik, indem er den bisher so erfolgreichen Hirtuleius nach Lusitanien zurückbeorderte. Dort sollte er Metellus unter unbedingter Vermeidung einer offenen Feldschlacht in Schach halten, während Sertorius selbst mit eigenen Truppen an den Ebro eilte, um die letzten Widerstandsnester niederzuwerfen. Besonders berühmt geworden ist dabei die Unterwerfung von Carac(c)a, wohl dem heutigen Taracena (Provinz Guadalajara). Plutarch beschreibt die Ereignisse ausführlich und schildert einleitend, wie die Einwohner sich vor den Angriffen in uneinnehmbaren Berghöhlen versteckt hielten. «Das ganze [...] Land besteht aus einer pulverartigen Erde, die, wenn man über sie gehen will, keinen festen Tritt gewährt und, wenn man sie nur ein wenig aufrührt, wie Asbest und Asche weit herumfliegt» (Sert. 17). Vor den Eingängen dieses Bergmassivs ließ nun Sertorius von seinen Soldaten das erwähnte lockere Erdmaterial aufschichten. «Der Nordwestwind (Anm.: der noch heute gefürchtete «cierzo») nahm alles Zerbröckelte und Hochgewirbelte und trieb es gegen die Wohnungen der Barbaren, die sich gegen den [...] (Anm.: Nordwestwind) öffneten, und da die Höhlen nur diese eine Öffnung für die Luftzufuhr hatten, auf welche der Wind traf, so wurden sehr bald ihre Augen verdunkelt, und sehr bald litten sie unter schwerer Atemnot [...] Sie ertrugen das zur Not zwei Tage, und am dritten ergaben sie sich, womit sie dem Sertorius nicht so sehr einen Zuwachs an Macht als an Ruhm verschafften, daß er, was mit den Waffen nicht zu nehmen war, durch seine Klugheit sich untertan gemacht hatte.» (Übers. K. Ziegler)

Unterdessen hatte sich in Rom die politische Lage durch die Abdankung und den folgenden Tod Sullas 78 v. Chr. völlig verändert. Alsbald setzte dort heftiger Widerstand gegen das von ihm installierte Senatsregime ein, der auf eine Revision zahlreicher, für die Popularen nachteiliger Bestimmungen zielte. Von den anschließenden Bürgerkriegswirren profitierte Sertorius insofern erheblich, als ihm der Praetor M. Perperna Veiento auf dem Seeweg aus Italien große Truppenverstärkungen – angeblich 53 Kohorten (rund 20 000 Mann) – zuführte, die aus dem gescheiterten Aufstand des M. Aemilius Lepidus, des Konsuls von 77 v. Chr., stammten und viel besser als seine eigenen Soldaten ausgerüstet waren. Zunächst scheint Perperna versucht zu haben, dieses Heer selbst zu führen, mußte sich und seine Truppen nach dem Eintreffen des Pompeius auf Druck der Soldaten jedoch dem Kommando des Sertorius unterstellen. Mit Perperna, wie Sertorius ein Proskribierter, kommt ein weiterer wichtiger Akteur der folgenden Jahre hinzu. Er war bis zu dessen Ermordung, an der er maßgeblich beteiligt war, der wichtigste, freilich nur mäßig erfolgreiche General des Sertorius. Im Jahre 72 v. Chr. wurde er auf Befehl des Pompeius selbst umgebracht. Erst jetzt, durch diese Vergrößerung und durch die Verbesserung der Kampfkraft als Folge der Ausrüstung und der Ausbildung aller Soldaten nach römischem Vorbild, war es möglich, das Heer der Aufständischen zu einem Machtfaktor zu formen, der es mit den aus Rom entsandten Senatsarmeen aufnehmen konnte. Sertorius war jetzt endgültig vom obskuren Abenteurer zum gefährlichsten Gegner des Sullanischen Regimes geworden, der über weite Teile Lusitaniens und der Hispania citerior gebot, damals sowohl von seinen Soldaten als auch von den Einheimischen gleichermaßen tief verehrt. Insgesamt war die Anhängerschaft des Sertorius höchst unterschiedlich zusammengesetzt, was seine Handlungen je nach Sichtweise suspekt erscheinen lassen mußte, da sich darunter sowohl Flüchtlinge des römischen Bürgerkriegs befanden – die natürlich die römische Herrschaft möglichst weitgehend bewahrt wissen wollten und auf die Rückkehr nach Rom hofften – als auch die verschiedensten Stämme der Iberer und Keltiberer, die keinerlei Interesse für die innerrömischen Auseinandersetzungen aufbrachten, und für die nur die vollständige Loslösung von Rom in Frage kam. Ein innerer Widerspruch, der in den antiken Quellen kaum Berücksichtigung findet, gleichwohl er fundamental war und ohne definitive Lösung bleiben mußte. Kaum glaubhaft ist in diesem Zusammenhang die Angabe des Livius, daß Sertorius den Aufständischen keineswegs die Freiheit, sondern lediglich eine bessere Behandlung, jedoch unter Verbleib im römischen Reichsverband versprochen habe.

Zur Sicherung seiner Herrschaft schreckte Sertorius auch vor der Anwendung von psychologischen Tricks nicht zurück. Wichtiges Hilfsmittel zur Beeinflußung der einheimischen Bevölkerung war ein weißes Hirschkalb, von dem Sertorius behauptete, daß es sich dabei um ein Geschenk der Artemis handle, das ihm viele Dinge verrate, die Normalsterblichen ansonsten verborgen blieben. «Er wußte nämlich, daß das Barbarentum sehr anfällig ist für Aberglauben.» (Plut. Sert. 11,3 – 4; Übers. K. Ziegler) Viel entscheidender war, daß er mit Hilfe dieses Kunstgriffs gegenüber seiner Umgebung behaupten konnte, er stehe mit den Göttern in unmittelbarer Verbindung und seine Entscheidungen würden durch sie entscheidend beeinflußt. Mit der Betonung dieser angeblichen besonderen Beziehung und durch sein tatkräftiges Handeln versuchte sich Sertorius offenbar das notwendige Charisma zu verschaffen, das ihm in seiner juristisch problematischen Position offenkundig fehlte.

Cn. Pompeius in Spanien

Inzwischen hatte sich die Situation in Spanien ernsthaft zugespitzt, sodaß man in Rom ein erneutes, diesmal noch energischeres Eingreifen für dringend notwendig erachtete und zu diesem Zweck nach heftigen innenpolitischen Diskussionen den damals mächtigsten Mann, Cn. Pompeius (Magnus) (106 – 48 v. Chr.), den späteren Triumvirn und Gegenspieler Caesars, mit einem *extraordinarium imperium* ausstattete (Abb. 107). Schon zu diesem Zeitpunkt, mit knapp 30 Jahren, hatte Pompeius eine glänzende militärische Karriere durchlaufen. Im gerade eben zurückliegenden Bürgerkrieg hatte er 83 v. Chr. ein großes Privatheer aus der Klientel seines Vaters zusammengestellt und sich dann auf die Seite Sullas geschlagen, dem er damit entscheidende Vorteile während der folgenden Auseinandersetzungen des Bürgerkriegs verschaffte. Auch bei der anschließenden Bekämpfung von letzten Bürgerkriegsgegnern auf Sizilien und in Afrika erwies er sich als ein so ausgezeichneter Organisator, daß er geradezu zwangsläufig als die am besten geeignete Person zur Lösung der anstehenden Probleme erscheinen mußte. In der sagenhaft kurzen Zeit von 40 Tagen wurde ein kampfbereites Heer aus angeblich 30 000 Fußsoldaten und 1000 Reitern aus dem Boden gestampft, das sich alsbald nach Spanien in Marsch setzte. Sertorius war sich der besonderen Gefährlichkeit der heraufziehenden Lage voll bewußt; jetzt kam alles darauf an, eine Vereinigung der verschiedenen, im Land operierenden gegnerischen Heere zu verhindern: dem Heer des Metellus, der sich noch immer im Süden aufhielt, mit demjenigen des Pompeius, der allmählich, jedoch scheinbar unaufhaltsam von Osten heranrückte.

Möglicherweise fand noch im Herbst des gleichen Jahres bei der Stadt Lauron eine erste direkte Auseinandersetzung zwischen Sertorius und Pompeius statt. Die Lage der Stadt wird von den meisten Autoren in der Gegend von Valencia vermutet. Ein daraus abgeleiteter Vorstoß des Pompeius läßt sich vor allem als Anstrengung deuten, die eigenen Truppen möglichst rasch mit dem Heer des Metellus zu vereinigen. Auf diese Weise konnten die Aufständischen von jeglichem Nachschub über den Seeweg abgeschnitten werden. Auch bei der «Katastrophe von Lauron» (Plutarch), von der verschiedene Darstellungen vorliegen und deren genaue chronologische Einordnung schwierig ist, erwies sich Sertorius nach allen vorliegenden Versionen erneut als einfallsreicher Taktiker und glänzend begabter Heerführer. Von Appian und Frontin wird überliefert, daß zunächst fouragierende Soldaten des Pompeius von Truppen, die sich in einem Wald versteckt hielten, überfallen und aufgerieben worden seien. Anschließend habe man einer römischen Legion, die den Bedrängten zu Hilfe kommen wollte, dasselbe Schicksal bereitet. Andere Autoren wie Plutarch verlegen den Schwerpunkt der Kampf-

Abb. 107 Denar. Vorderseite: Kopf des Pompeius, nach rechts gewandt. Umschrift CN. MAGNVS IMP(erator). Rückseite: Stehende Hispania, nach rechts gewandt, Turmaufsatz tragend, grüßt Pompeius, der seine Hand einer vor ihm knienden weiblichen Person mit Turmaufsatz entgegenstreckt, die einen Schild hält. Umschrift M(arcus) MINAT(ius) SABI(nus) PR(o)Q(uaestor). Geprägt 46 v. Chr., vermutlich in Córdoba. Die Münzprägung sollte an die spektakulären Erfolge des Pompeius erinnern, die damals freilich schon eine Generation zurücklagen. «Pompeius' große militärische Erfolge werden durch seine letzte Niederlage überschattet, seine organisatorischen Verdienste für die Republik in den 60er Jahren durch den Bürgerkrieg. Jenseits unbestrittener Fähigkeiten weisen ihn rücksichtsloser Ehrgeiz, unmäßige Bereicherung, opportunistisches Taktieren und letztliches Scheitern als Exemplum einer spätrepublikanischen Biographie aus.» (W. Will)

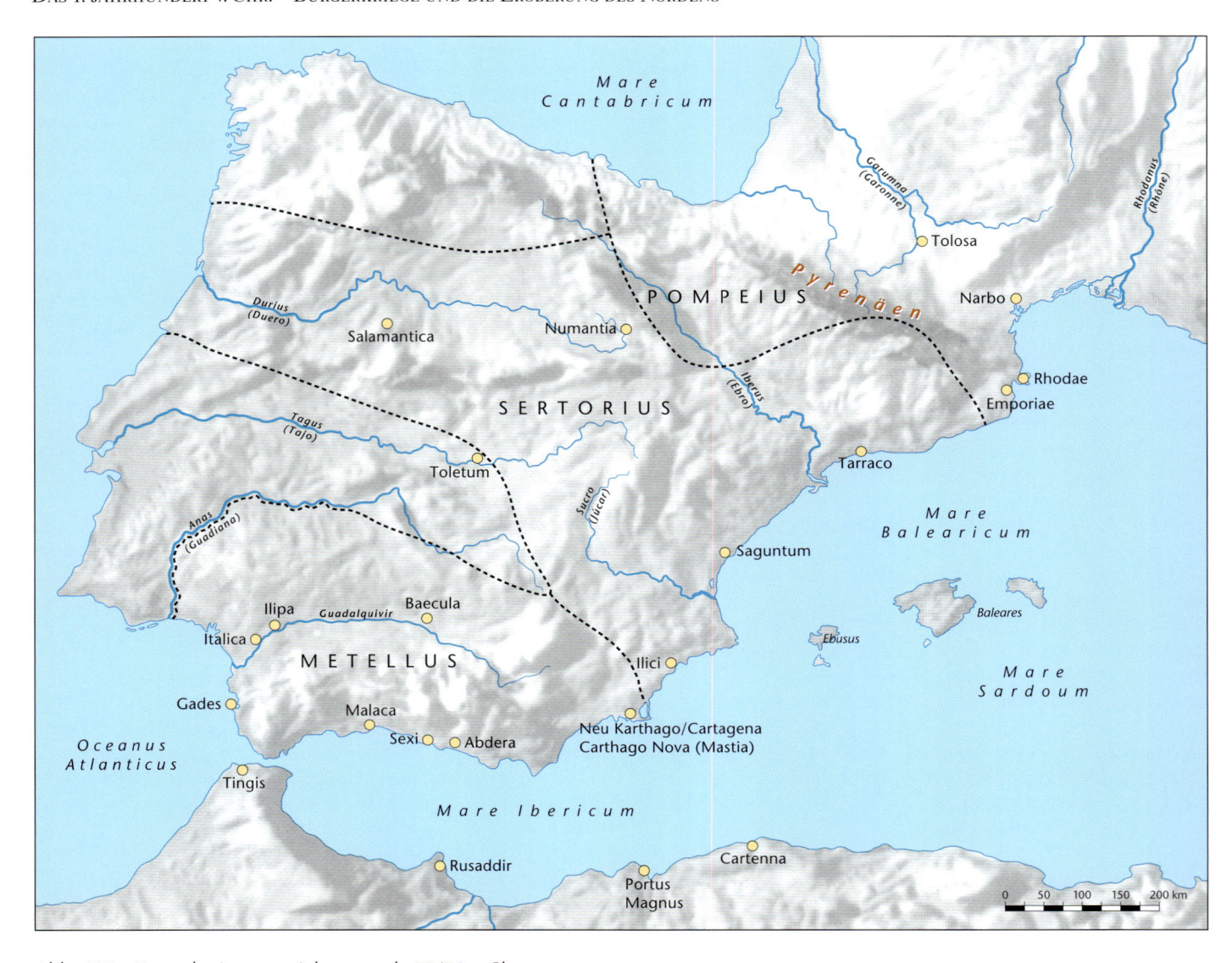

Das 1. Jahrhundert v. Chr. – Bürgerkriege und die Eroberung des Nordens

Abb. 108   Karte der Lage zur Jahreswende 77/76 v. Chr.

handlungen nach Lauron selbst: Pompeius habe die Stadt von der Belagerung befreien wollen, was Sertorius zu vereiteln wußte, indem er bei der Besetzung einer strategischen Anhöhe zuvorkam und Pompeius anschließend sogar mit der Einkreisung bedrohte. Dieser habe daher sein Vorhaben aufgeben müssen und die Einwohner von Lauron seien zur Kapitulation gezwungen gewesen; anschließend wurden sie nach Angaben des Orosius nach Lusitanien verschleppt. Insgesamt steckte Pompeius, von dem Sertorius spöttisch gesagt haben soll, «er werde dem Schüler Sullas [...] eine Lektion erteilen», eine herbe Niederlage ein. Dabei büßte er nach Angaben Frontins 10 000 Soldaten und seinen Troß ein, und zog sich hinter den Ebro in die Winterquartiere zurück. Ob er über die nötige Kraft verfügte, von dort aus noch während dieses Winters einen Feldzug in das obere Ebrotal zu unternehmen, wie es von der Forschung gelegentlich vermutet wird, ist gleichfalls umstritten, muß aber angesichts der soeben erlittenen hohen Verluste an Menschen und Material eher bezweifelt werden.

Den Winter 77/76 v. Chr. verbrachte Sertorius mit der Belagerung einiger keltiberischer Städte, darunter zuletzt der Höhensiedlung von Contrebia Belaisca/Botorrita, die er nach 44 Tagen eroberte, wobei die Besiegten nach der Einnahme auffallend milde behandelt wurden. Unter anderem besagten die Kapitulationsbestimmungen, daß Geiseln zu stellen waren, ein mäßiger Geldbetrag entrichtet werden mußte und die Waffen abzuliefern seien. Beim Abmarsch wurde eine Garnisonstruppe vor Ort zurückgelassen. Sein Winterlager bezog Sertorius in Castra Aelia, das weiter östlich nahe der Mündung des Jalón in den Ebro, bei El Castellar-Valdeviñas (Provinz Zaragoza) vermutet wird.

Einem Textfragment des Geschichtswerks des Livius zufolge wurde die Ruhepause des Winters für die Durchführung verschiedener Reorganisationsmaßnahmen genutzt. Livius erwähnt die Anfertigung neuer Waffen und Ausrüstung, wofür man offenbar eigens eine Waffenmanufaktur gründete, und deren systematische Verteilung unter die Soldaten. Man habe auch die Kriegspropaganda verstärkt und eine Stammeskonferenz einberufen, auf der weitere Mannschaften und notwendige Verstärkungen eingefordert wurden. Während dieses Winters sind Maßnahmen zu vermuten, die weit über die Erfordernisse der praktischen Kriegsführung hinausgingen und die Errichtung von eigenen staatlichen Institutionen nach stadtrömischem Vorbild betrafen: So die Gründung eines aus 300 Mitgliedern bestehenden Exilsenats, der sich wohl hauptsächlich aus geflohenen Senatoren zusammensetzte, aus dem Magistrate, Quaestoren und Praetoren bestimmt wurden, weshalb sich Sertorius als Verteidiger der althergebrachten römischen Ordnung feiern lassen konnte. Propagandistisch entscheidend trug dazu auch bei, daß die Befehlshaber des mehrheitlich aus Nicht-Römern bestehenden Hee-

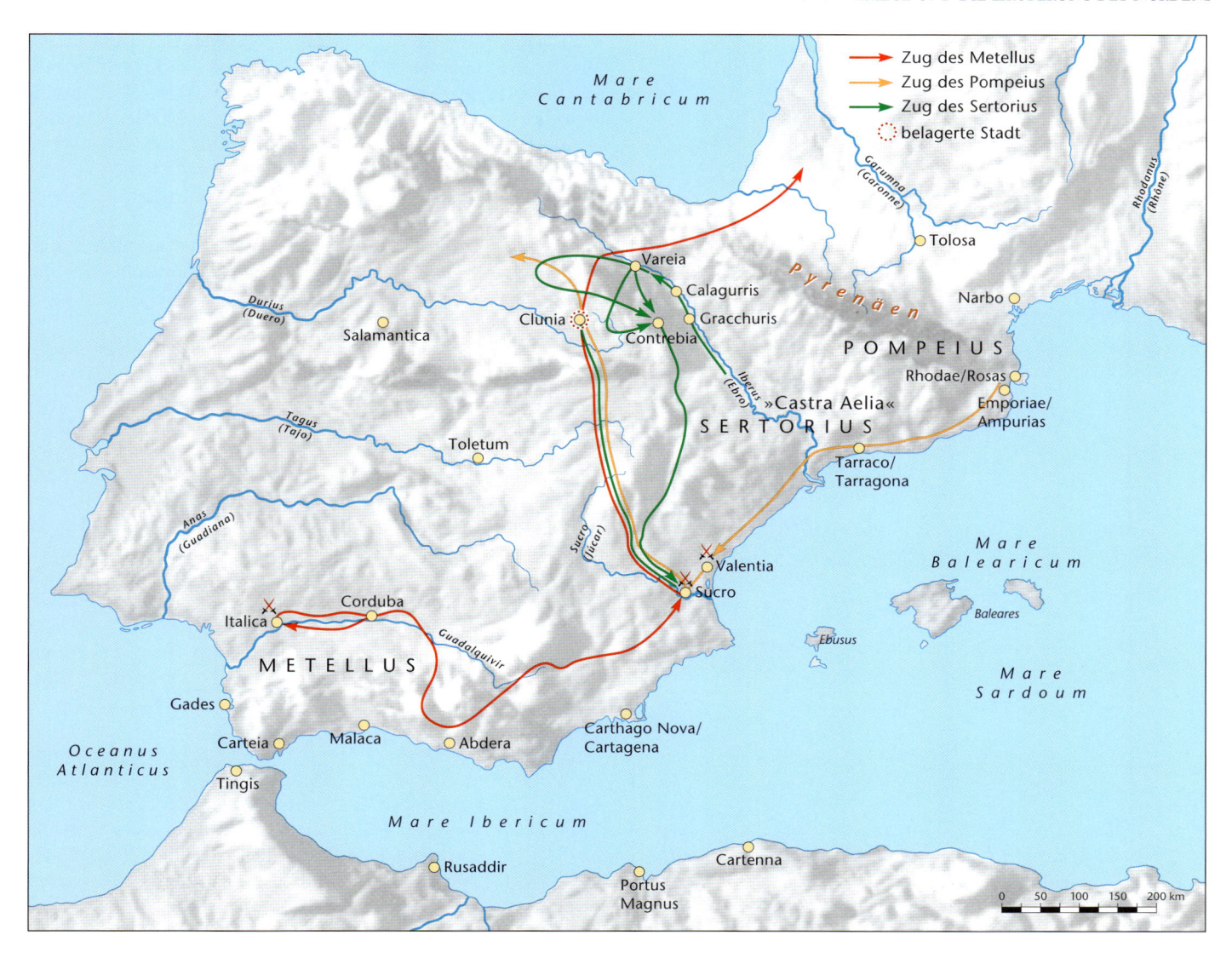

Abb. 109 Feldzüge des Jahres 76 v. Chr.

res ausschließlich «Römer» waren. Wohl ungefähr zur gleichen Zeit wurde in Osca/Huesca eine Schule für adlige Söhne der einheimischen Stämme gegründet, die im Umfeld von Sertorius lebten und die dort Latein und Griechisch lernen sollten; ein Nebeneffekt dieser Maßnahme war, daß dadurch eine bessere Überwachung dieser Geiseln gewährleistet war. Nach Plutarch war damit die Hinführung der Adligen zum römischen Bürgerrecht sowie deren Erwerben des *ius honorum* (passives Wahlrecht) beabsichtigt. Sollten diese Angaben zutreffen, handelte es sich um den ältesten bisher bekannten Versuch einer konsequenten Romanisierung einheimischer Oberschichten, den man bisher kennt. Daß Sertorius dann gegen Ende seiner Herrschaft, bereits in aussichtsloser Lage diese Schüler in die Sklaverei verkaufen oder sogar brutal umbringen ließ, wirft allerdings ein bizarres Schlaglicht auf diese «pädagogische Großtat».

Mit all diesen Maßnahmen war wohl kaum die Begründung eines Separatreiches beabsichtigt, viel eher scheinen sie als Vorbereitung auf die Rückkehr nach Rom gedient zu haben. Ob es damals tatsächlich konkrete Angriffsabsichten auf Italien gab, kann nur vermutet werden. Den Wunsch, die Waffen niederzulegen und als Privatmann friedlich nach Rom heimzukehren, hat Sertorius jedenfalls wiederholt geäußert. Über entsprechende Verhandlungen mit Metellus und Pompeius ist jedoch nichts Genaueres bekannt geworden. Die inzwischen an verschiedenen Plätzen (Sierra de Lebia, Navarra; Renieblas) aufgefundenen Schleuderbleie mit der Inschrift PROCOS (Prokonsul) beweisen, daß Sertorius sich als rechtmäßig eingesetzter Statthalter Roms in Hispanien betrachtete (Abb. 108). Die auf einigen dieser Fundstücke angebrachte Inschrift PIETAS unterstreicht propagandistisch seine große Verbundenheit mit der alten Heimat und den dort üblichen Spielregeln, sowohl auf religiösem als auch auf politischem Gebiet.

Im Winter 77/76 v. Chr. befand sich Sertorius auf dem Höhepunkt der Macht und übte über große Teile Lusitaniens und der Hispania citerior Kontrolle aus (Abb. 108). Sein damaliges Herrschaftsgebiet läßt sich geographisch folgendermaßen umschreiben: Es umfaßte den Norden Portugals, das zentrale Hochland Spaniens, im einzelnen die spanischen Regionen Castilla y León (Stammesgebiete der Vakkäer, Vettonen, Arevaker), den Norden und Osten von Castilla-La Mancha, den größten Teil von Aragón (Ilergeten), die westlichen und südlichen Bereiche Kataloniens und außerdem das Valenciano (Ilercaonen, Contestaner). Unsicherer Besitz waren die gesamte Extremadura sowie das westliche Neukastilien, das Stammesgebiet der Karpetaner, ebenso das Alentejo, während der Süden (Andalusien, Murcia) dem Metellus folgte und der gesamte Norden, das Baskenland, Navarra und La Rioja (Vasconen, Beronen) sowie die übrigen Teile Kataloniens zu Pompeius hielten, auf dessen Seite außerdem stets ein-

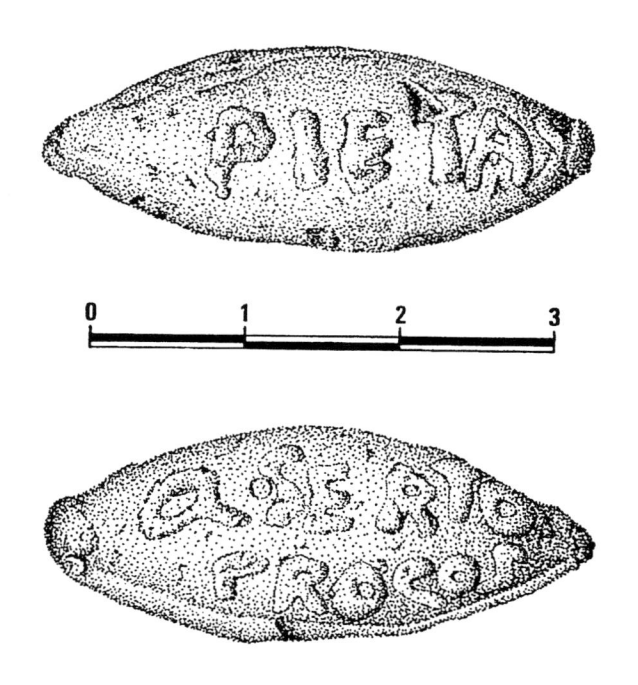

Abb. 110 Schleuderblei aus den römischen Lagern bei Renieblas (Provinz Soria). Oben PIETAS, unten Q SERTOR(ius) PROCO(n)-S(UL).

zelne, jedoch wichtige Städte (Sagunt) innerhalb des aufständischen Gebietes standen.

Der Kriegsplan des Sertorius vom Frühjahr 76 v. Chr. sah folgendermaßen aus (Abb. 109): An Perperna erging der klare Auftrag, Pompeius mit allen Kräften an der Überquerung des Ebro zu hindern. Daraufhin setzte dieser sich angeblich mit 20 000 Infanteristen und 1500 Reitern an die Ostküste in Marsch, um zu dem Heer, das in dieser Gegend schon unter dem Kommando des Herennius bereitstand, zu stoßen. Währenddessen sollte im Süden Hirtuleius seinen Guerillakrieg gegen Metellus, der wahrscheinlich in Corduba/Córdoba überwintert hatte, fortsetzen, um ihn damit am Vormarsch nach Norden und an der Vereinigung mit den Truppen der Nordarmee unter Pompeius zu hindern, die noch in Katalonien lagerte. Sertorius selbst wollte im Hinterland abwarten, welche der beiden sich entwickelnden Kriegsfronten dringender seine Hilfe benötigen würde. Bis die Lage wirklich ernst wurde, unternahm er einen Feldzug, der ihn westwärts am Südufer des Ebro entlang führte, gegen Beronen und Autriconen (Navarra, La Rioja), und insgesamt länger gedauert zu haben scheint. Um weitere, für die heraufziehenden Auseinandersetzungen dringend notwendige Verstärkungen und Vorräte (Getreide) einzuholen, wurde von Calagurris Nasica aus der Quaestor M. Marius zu den Stämmen der Pelendonen und Arevaker in Marsch gesetzt. Gleichzeitig brach der *Praefectus equitum* Insteius zu den Vakkäern auf; wohl mit dem Zweck, in dieser Gegend Reitpferde zu requirieren. Nach Erfüllung ihrer jeweiligen Aufträge sollten Marius und Insteius in Contrebia Leukade/Inestrillas, Cervera del Rio Alhama wieder zu Sertorius stoßen, was um die Jahresmitte herum geschah.

Über Aktivitäten des Pompeius während des gesamten Frühjahrs hören wir nichts. Dies kann nur plausibel damit erklärt werden, daß er länger als gewöhnlich in seinen Winterquartieren verharrte und auf Mannschaften aus Italien wartete, welche die großen Verluste des vergangenen Jahres wettmachen sollten. In der Zwischenzeit konnte Metellus in der Baetica einen entscheidenden Sieg über die Truppen des Hirtuleius erringen, der sich trotz aller berechtigter Warnungen auf eine offene Feldschlacht eingelassen hatte. Das Treffen fand nach den Angaben Frontins während der heißesten Jahreszeit (Juli/August) nahe Itálica statt. Wenigstens gelang es Hirtuleius, mit einigen Soldaten zu entkommen. Als unmittelbare Folge fiel der gesamte Westen von Sertorius ab und ging zu Metellus über, für den nun der Weg nach Osten zu Pompeius frei war. Auf die von ihm eingeschlagene Marschroute weisen möglicherweise zwei Münzschätze hin, die in Baños de Fortuna und Las Somblancas, Provinz Murcia gefunden wurden.

Unaufhaltsam rückte jetzt die von Sertorius befürchtete Vereinigung der beiden gegnerischen Heeressäulen näher: Inzwischen hatte Pompeius sein Winterlager verlassen, den Ebro überquert und war immer an der Küste entlang nach Süden gezogen, bis sich ihm am Fluß Turia unmittelbar vor Valencia die beiden Generäle Perperna und Herennius in den Weg stellten. Entgegen der klaren Anweisung des Sertorius gingen sie die Schlacht ein, verloren prompt und büßten 10 000 Mann ein; Herennius fand dabei den Tod. Anschließend wurde Valencia durch die Truppen des Pompeius geplündert und zerstört. Die Zerstörung der Stadt läßt sich neuerdings eindrucksvoll im archäologischen Befundbild nachweisen (Abb. 111). Bei Ausgrabungen in der Stadt stieß man vor einer Tabernenreihe in einer mächtigen Brandschicht auf Skelette bzw. Skelettteile von mindestens sieben verschiedenen Individuen, die traumatische Verletzungen – wohl Kampfspuren – zeigten. In unmittelbarer Nähe wurden zahlreiche Waffenteile gefunden, darunter ein Zungenpilum der gestreckten Form mit pyramidaler Spitze und ein Tüllenpilum mit pyramidal verdicktem Kopf, in beiden Fällen Waffenformen der 2. Hälfte des 2./frühen 1. Jhs. v. Chr. Für einen unmittelbaren Zusammenhang mit der literarisch bezeugten Zerstörung der Stadt durch Pompeius spricht allerdings in erster Linie die Zusammensetzung des Keramikspektrums, worin Amphoren Dressel 1A zu fehlen scheinen.

Inzwischen hatte Sertorius alle seine Truppen im Raum um Contrebia mobilisiert und war zur Ostküste marschiert. Auf Betreiben des Sertorius kam es im Spätsommer schließlich am Sucro/Júcar, wohl nahe der gleichnamigen Stadt beim heutigen Alzira, Prov. Valencia, rund 20 km vom Meer entfernt, zu einer doppelten Schlacht. Nach der Schilderung von Plutarch kämpfte anfangs Sertorius, der auf dem rechten Flügel stand, gegen Afranius, einen Unterfeldherrn des Pompeius, während auf dem linken Flügel seinerseits Pompejus (gegen Perperna?) siegreich war. Anschließend wechselte Sertorius auf die linke Seite, wo er die Truppen des Pompeius besiegte; dabei wurde Pompeius verwundet, geriet beinahe in Gefangenschaft und konnte sich nur retten, indem er sein prunkvoll aufgezäumtes Reitpferd preisgab. Auf dem rechten Flügel behielt jetzt Afranius die Oberhand über Perperna und vermochte sogar das feindliche Lager zu erobern, von wo er jedoch durch den siegreichen Sertorius vertrieben wurde. Nach den Angaben des Orosius sollen an diesem Tag beide Kampfparteien rund 10 000 Soldaten verloren haben. Nur vordergründig ging die Doppelschlacht unentschieden aus, tatsächlich bedeutete sie einen Sieg der Senatspartei, da die Verluste für Sertorius viel schwerer als für seine Gegner ins Gewicht fielen.

Sertorius in der Defensive

Die veränderten Kräfteverhältnisse wurden bereits am nächsten Tag spürbar; Sertorius bot erneut die Schlacht an, stellte die Vorbereitungen dann jedoch abrupt ein, als die Truppen des Metellus – nur einen einzigen Tag zu spät! – nach einem Gewaltmarsch von rund 600 km auf dem Schlachtfeld erschienen. Durch diese Zusammenkunft veränderte sich das Kräfteverhältnis so entscheidend zu seinen Ungunsten, daß Sertorius seine Positionen entlang der Küste weitgehend räumte und sich in das Landesinnere absetzte. Die unmittelbaren Folgen dieser Ereignisse waren einschneidend: Nicht nur, daß bis auf einige wenige Stützpunkte (Tarraco, Dianium/Dénia, Prov. Alicante) die gesamte Küstenregion verloren ging, vom Hauptakteur wurde er zum Gejagten, der endgültig in die Defensive geriet.

In den folgenden Jahren verlagerten sich die Kämpfe wieder in das Landesinnere, Schauplatz wurde jetzt das rauhe und unwirtliche Keltiberien. Noch im Herbst kam es zu einer weiteren großen, den ganzen Tag über andauernden Schlacht, die in Segontia stattfand, womit nach neuesten Vermutungen Segontia Lanka/Langa de Duero gemeint ist. Vor allem Sallust stellt einen klaren Bezug zwischen dem Ort der Schlacht und dem Durius/Duero her. Auch hier enthält die schriftliche Überlieferung wenig klare und auch unvollständige Angaben. Offenbar waren aber die Senatstruppen zur Beschaffung von Nachschub ausgerückt, als sich die Kampfhandlungen zu entwickeln begannen, die wiederum in mehrere Einzeltreffen geteilt waren. Nachdem Perperna von Metellus geschlagen worden war, besiegte Sertorius die Truppen des Pompeius. Anschließend wandte er sich gegen Metellus, der dadurch in große persönliche Bedrängnis kam. Schließlich verblieb das Schlachtenglück aber doch auf der Seite der Senatspartei. Dieses Mal hieß der Gewinner des Tages Metellus. Nachdem ein abschließender Überraschungsangriff auf das Lager des Metellus, der das Blatt noch einmal wenden sollte, gescheitert war, gab Sertorius auf. Um die Verfolgung zu erschweren, befahl er seinen Soldaten, sich zu zerstreuen und sich an einem bestimmten Sammelpunkt wieder einzufinden, der jedoch nirgends näher angegeben wird. Insgesamt markiert die Schlacht von Segontia einen weiteren Wendepunkt des Kriegsgeschehens, denn jetzt war für Sertorius kräftemäßig die Führung von großen Feldschlachten endgültig unmöglich geworden. Von nun an mußte er sich ganz mit einem Guerillakrieg begnügen, von dem er vermutlich wußte, daß er letztendlich nicht zum erhofften Erfolg führen würde. Vielleicht hätte Sertorius früher, auf dem Scheitelpunkt der Macht, versuchen sollen, die Pyrenäenpässe unter seine Kontrolle zu bekommen, um den Nachschub für die Senatspartei aus Gallien und Italien zu unterbinden. Gleichwohl, für solche Unternehmungen war es zu spät geworden! Um den Widerstand fortsetzen zu können, zog sich Sertorius noch weiter in das Landesinnere zurück und besetzte

Abb. 111 Valentia/Valencia. Die Zerstörungsschicht von 76 v. Chr. im archäologischen Befund.

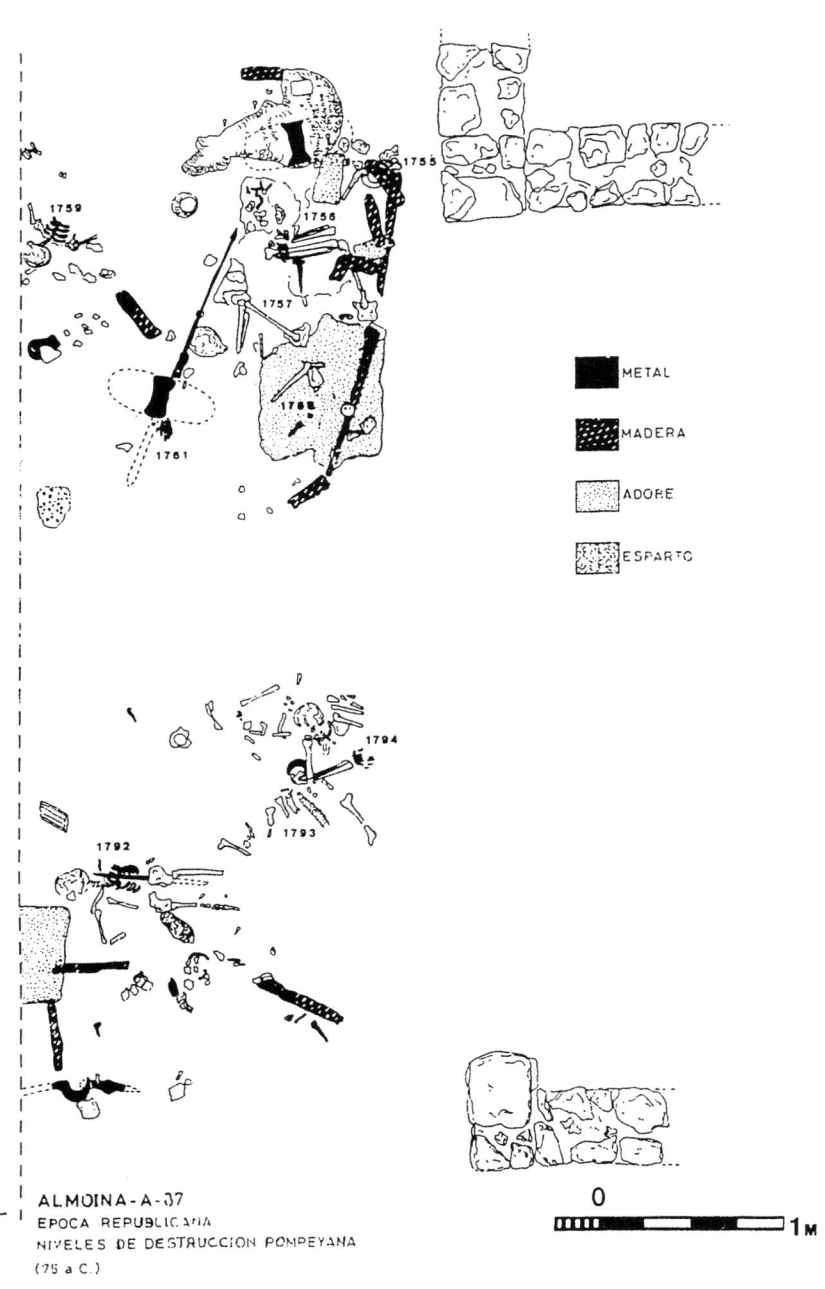

Abb. 112   Höhensiedlung von Azaila, Prov. Teruel. Blick auf die Befestigung des Oppidum. Offenbar während des Sertorius-Aufstands fiel die Siedlung einer Brandkatastrophe zum Opfer.

Abb. 113   Höhensiedlung von Azaila. Blick über das Oppidum nach Süden.

Abb. 114 Höhensiedlung von Contrebia Belaisca/Botorrita, Prov. Zaragoza. Blick auf ein aufwendig mit Säulen geschmücktes, öffentliches Gebäude (Horreum?). Wahrscheinlich während des Sertorius-Aufstands zerstört.

die nahezu uneinnehmbare Bergfestung von Clunia/Coruña de Conde, wo er von Pompeius belagert wurde, der aber die Stadt nicht erstürmen konnte. Auch gelang es, den Belagerern schweren Schaden zuzufügen. Schließlich konnte Sertorius wieder entkommen und seine Truppen erneut sammeln.

Für die folgenden drei Jahre, die der Krieg bis zur Ermordung des Sertorius 73 v. Chr. noch andauern sollte, dünnt die Überlieferungslage ganz erheblich aus. In diesem Zeitraum scheint sich Sertorius ganz auf punktuelle Angriffe und auf die Strategie der verbrannten Erde verlegt zu haben. Da es ihm offenbar (mit Hilfe verbündeter Piraten?) gelang, den Nachschub zur See beträchtlich zu stören, brachte er die Heere des römischen Senats trotz aller Widrigkeiten erneut in ernsthafte Versorgungsschwierigkeiten, die sich bald nach Abbruch der Belagerung von Clunia in die

Abb. 115 Luftbild des Lagers Renieblas IV., Prov. Soria. Blick von Westen.

Abb. 116 Lager Renieblas V. Wehrturm an der Nordseite des Lagers.

Winterquartiere zurückzogen. Wohl da die Ressourcen der Hispania Ulterior erschöpft waren, begab sich Metellus nach Gallien, während ein Teil seiner Truppen im Lande verblieben zu sein scheint. Pompeius überwinterte «kümmerlich» (Plutarch) im Stammesgebiet der Vakkäer, in unmittelbarer Nähe der letzten Schauplätze der Auseinandersetzungen. Wo Sertorius den Winter verbracht hat, ist nicht bekannt.

Spätestens zu diesem Zeitpunkt wurde klar, daß sich die militärischen Kräfteverhältnisse unumkehrbar zugunsten der Partei des Pompeius entwickelten. Inzwischen waren große Teile des aufständigen Gebietes niedergeworfen. Während die Senatspartei stets auf Verstärkung aus Italien hoffen konnte, stand Sertorius als Versorgungsgebiet nur noch ein nahezu vollständig ausgeblutetes und ausgepreßtes Land zur Verfügung. Ungefähr um diese Zeit setzte Metellus auf die Ermordung des Sertorius das horrende Kopfgeld von hundert Talenten Silber aus, verbunden mit der Schenkung von 20 000 Morgen Land. Verbannten Personen wurden als Belohnung für diese Tat Bemühungen um eine Begnadigung zugesichert.

Im Frühjahr 75 v. Chr. setzte Pompeius seinen Angriff im Land der Vakkäer fort. Pallantia/Palenzuela, eine ihrer wichtigsten Städte, wurde erfolglos belagert, anschließend wurde Cauca erobert. Inzwischen kehrte Metellus aus den gallischen Winterquartieren auf die Iberische Halbinsel zurück und agierte offenbar im oberen Ebrotal und entlang des Jalón (Bilbilis, Segobriga etc.), worauf zahlreiche Münzschatzfunde jener Zeit hindeuten könnten. Wohl im Hochsommer vereinigten sich schließlich beide Heeressäulen und gingen gegen eine der strategischen Schlüsselstellungen des gesamten Ebrotals vor, die Stadt Calagurris, die unter dem persönlichen Kommando von Sertorius verteidigt wurde; dort gelang es ihm, der gegnerischen Seite schwere Verluste zuzufügen und die Senatstruppen zum Abzug zu zwingen. Wieder wurde deutlich, daß Sertorius nichts von seinen bekannten Qualitäten als Heerführer eingebüßt hatte; auch militärisch angeschlagen blieb er stets ein brandgefährlicher Gegner.

Mit den Feldzügen dieses Jahres könnte das Lager Renieblas IV in Verbindung stehen, das in den Jahren 1909–1911 archäologisch untersucht wurde. (Abb. 115) Das Lager hat eine regelmäßige, nahezu quer-rechteckige Form. Im Westen, Norden und

Abb. 117 Lager Renieblas V. Mauerbefund im oberen Teil des Lagers.

Osten sind die ungefähr 3 m breiten Lagerwälle gut erhalten, so daß sich in diesen Abschnitten die Abmessungen des Lagers eindeutig nachweisen lassen, während die Südseite nur bis zur *porta praetoria* erhalten ist. Die Maße der verschiedenen Lagerfronten betragen: Süden ca. 795 m, Westen ca. 740 m, Norden ca. 855 m, Osten 670 m. Daraus ergibt sich ein Flächeninhalt von rund 59 ha. Auffälligerweise fehlen Türme ganz, sogar an den acht Toranlagen, die durch Titula geschützt waren. An der Westseite war 80 m südlich der Nordwestecke ein Wall angebaut, der zum Merdancho hinunterführte. Dieser Wall (*bracchium*) war 600 m lang und wies zwei Toranlagen auf, die ebenfalls mit Titula versehen waren. Da während der Ausgrabungen keinerlei Innengebäude beobachtet wurden, dürfte es sich um ein Sommerlager handeln, das möglicherweise nie ganz fertiggestellt wurde, worauf die fehlenden Türme hinweisen könnten. Die Datierung hängt eng mit derjenigen des Lagers V zusammen, das eine sehr ähnliche Form aufweist und wenig später erbaut worden sein muß.

In diesem Herbst bezog Metellus seine Winterquartiere in der Ulterior, wo er begeistert empfangen worden zu sein scheint. Pompeius unternahm einen Feldzug durch das nördliche Keltiberien, durch Kantabrien und gegen die Basken, um dann den Winter in Gallien zu verbringen. Zur Überwachung wurden 15 Kohorten unter dem Legaten Titurius in Keltiberien zurückgelassen. Seit den Forschungen von Schulten neigt man zu der Ansicht, die Truppen des Titurius könnten im Lager V von Renieblas untergebracht gewesen sein. (Abb. 116–118) Die Untersuchungen der Jahre 1909–1912 wurden von einem ganzen Mitarbeiterstab unter der Leitung von Schulten durchgeführt, von denen als wichtigste Teilnehmer, ähnlich wie bei den Lagern der Circumvallationslinie um Numantia und von Renieblas I–IV, wiederum Constantin Koenen, aber auch Walter Barthel (1880–1915), der spätere Direktor der Römisch-Germanische Kommission, der Prähistoriker Max Ebert und der Althistoriker Ulrich Kahrstedt genannt seien. Die Untersuchungen waren für die damalige Zeit erstaunlich großzügig angelegt und betrafen sämtliche Teile des Lagers; sowohl den felsigen Nordteil, wo die Befunde auch heute teilweise vorzüglich erhalten sind, als auch den gesamten, landwirtschaftlich genutzten Süden, wo alle Befunde von einer Aufschüttung überlagert waren. Der dazwischen liegende, sich quer erstreckende Steilhang wirkte sich sehr nachteilig für die Anlage des Lagers aus. Offenbar wollte sich man aber bei dessen Errichtung sowohl die exponierte Hochfläche mit ihrer weiten Fernsicht als auch die klimatisch besser geschützte Lage des südlichen Teils nutzbar machen.

Das Lager V hatte eine Ausdehnung von ca. 930 x 636 m

Abb. 118 Lager Renieblas V. Mannschaftsunterkünfte in Hufeisenform. Nach Schulten und Lammerer.

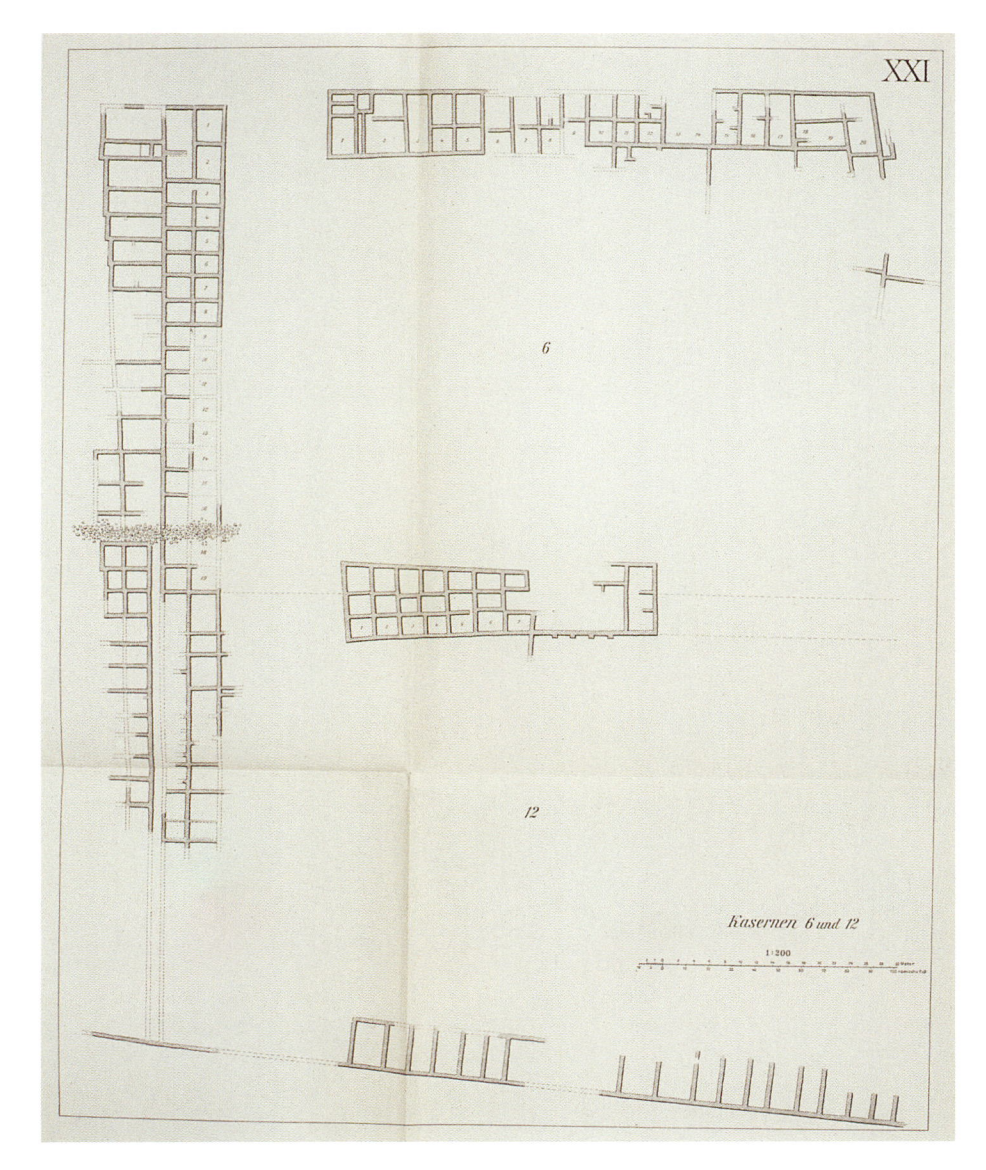

Auf den folgenden Seiten:

Abb. 119 Clunia, Prov. Burgos. Blick auf das szenische Theater (1. Hälfte 1. Jh. n. Chr. ?).

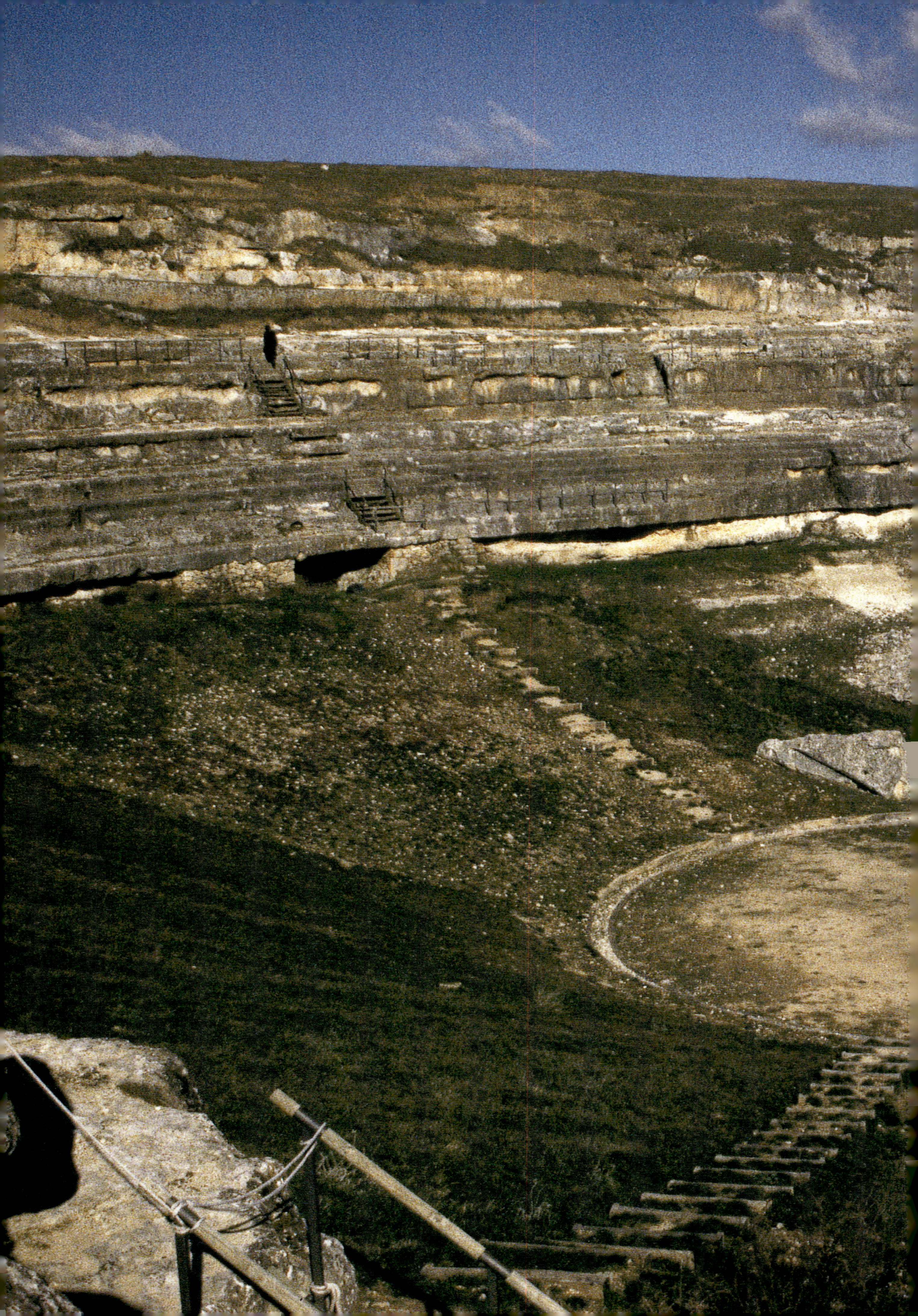

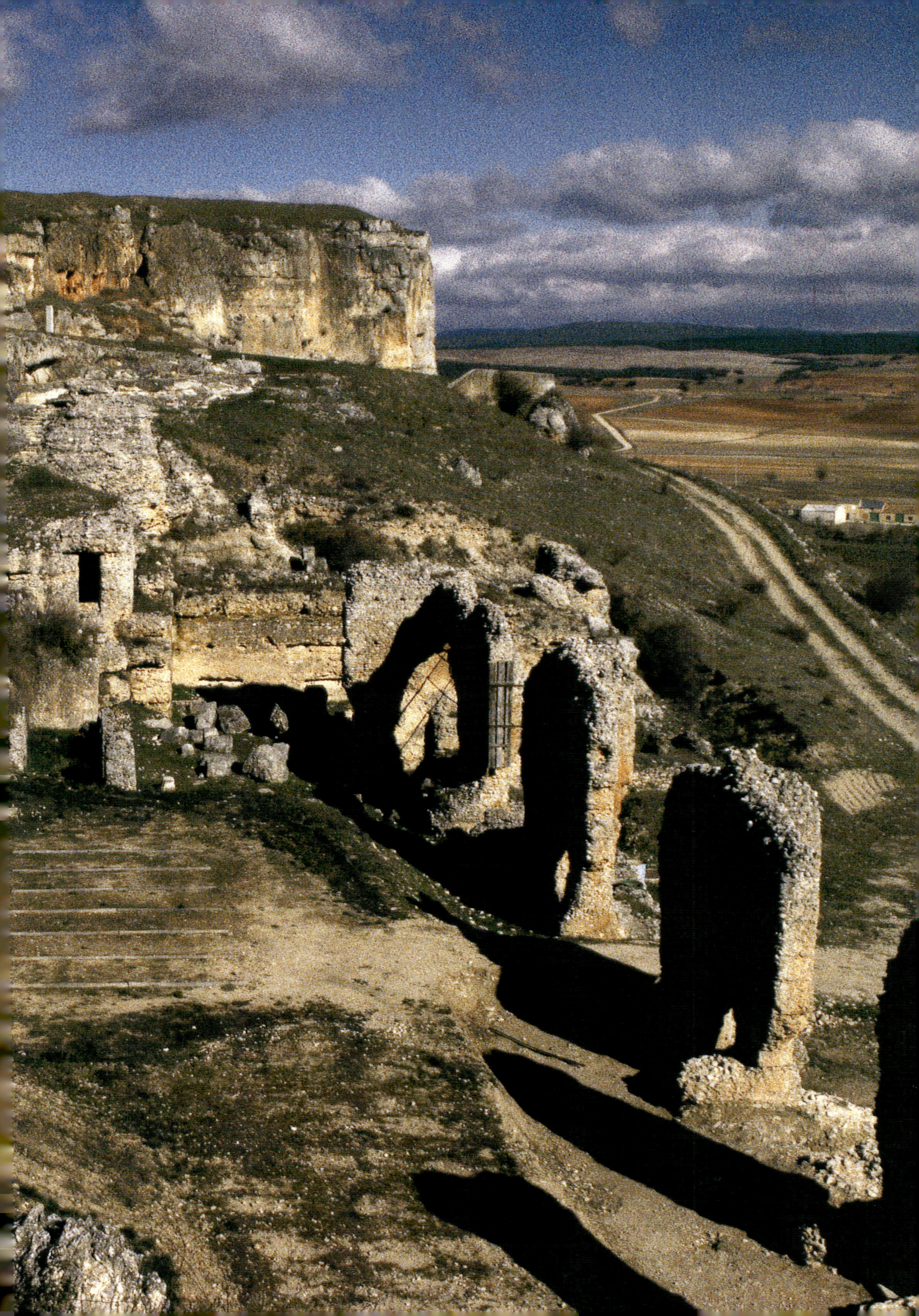

Das 1. Jahrhundert v. Chr. – Bürgerkriege und die Eroberung des Nordens

(61,2 ha) und war nach Süden orientiert. Der Lagerwall war vor allem im Nordabschnitt noch sehr gut erhalten und aus zwei Mauerschalen konstruiert. Umfassungsgräben wurden nicht beobachtet. Von den Türmen konnten 16 auf der Nordseite, einer auf der Westseite und vier auf der Ostseite nachgewiesen werden. Insgesamt glaubte Schulten fünf Toranlagen entdeckt zu haben. Im Inneren des Lagers rekonstruierte er eine Dreiteilung des Bebauungsschemas. Im Norden stieß man hinter einem Intervallum auf Steingebäude, darunter zahlreiche hufeisenförmige Mannschaftsunterkünfte, die nach einem Rekonstruktionsvorschlag von Schulten in drei Gruppen zu je vier Kasernen im Osten, zwei Kasernen in der Mitte und sechs Kasernen im Westen angeordnet waren. Allerdings ist allgemein zu diesen Vorschlägen von Schulten festzuhalten, daß diesen stets die Prämisse zugrunde liegt, es handele sich bei der Anlage um das Winterlager der 15 Kohorten unter dem Oberbefehl des Titurius.

Die Zentralgebäude des Lagers sind in dessen Südteil zu vermuten und konnten bisher nicht sicher nachgewiesen werden. Auch während der Geländearbeiten der Jahre 1997–2001 gelang dies nicht. In diesem Lagerbereich konnten Schulten und seine Mitarbeiter Überreste von Triclinienhäusern und eine Reihe von Tribunenhäusern, außerdem einen großen Magazinkomplex aufdecken.

Abb. 120 Stele eines Reiters, bewaffnet mit Stoßlanze und Rundschild. Fundort Clunia, 2./1. Jh. v. Chr. (?). Burgos, Museo Arqueológico.

Abb. 121 Schatzfund 1 von Arrabalde (Provinz Zamora). Wahrscheinlich während des Sertorius-Aufstands versteckt. Zamora, Museo Provincial.

Im Auftrag des Deutschen Archäologischen Instituts wurde in den Jahren 1997–2001 eine archäologisch-topographische Neuvermessung des gesamten Lagergeländes durchgeführt. Vor allem zeigte sich dabei, daß die Nordseite noch vollständig (Länge 925 m) und die West- und Südseite in beachtlichen Abschnitten, jeweils im nördlichen Bereich, vorhanden waren. Einwandfreie Anhaltspunkte zum Verlauf der Südseite liegen bisher nicht vor, die allerdings aus topographischen Gründen vermutlich ungefähr dort verlief, wo sie seinerzeit von Schulten vermutet wurde.

In den am besten erhaltenen Mauerabschnitten bestand die Umwehrung aus zwei Mauerschalen, die mit lockeren Steinen und Erdmaterial verfüllt waren (Breite: ca. 4–4,4 m). Während die Tiefe der Türme einheitlich 2,8 m betrug, waren die Türme sehr unterschiedlich breit – zwischen 4,3 m und 16,4 m. Besonders häufig betrug die Breite 5–6 m. Die Türme waren stets in die Außenfront der Lagermauer eingebunden und traten nicht nach außen vor die Flucht der Wehrmauer. Auch die Abstände schwankten beträchtlich. In den meisten Fällen betrug die Distanz zwischen 20 m und 30 m, in mindestens vier Fällen zwischen 45 m und 50 m. Geringere Turmabstände hängen vermutlich mit der Überwachung von Toranlagen und von besonders gefährdeten Abschnitten der Umwehrung zusammen. Von den drei Toranlagen, die Schulten an der Nordseite nachgewiesen zu haben glaubte, konnte jetzt vor allem das westlichste Tor einwandfrei dokumentiert werden, wobei es sich um einen einfachen Mauerdurchbruch (Breite: 9 m) handelt. Seitlich flankierende Türme sind nicht eindeutig erkennbar. Von der Innenbebauung wurden auf der gesamten nördlichen Hochfläche beachtliche Überreste dokumentiert. Besonders auffällig war ein Horreum (28 x 16 m), das man auf einem künstlich erhöhten Podest errichtet hatte und dessen innere Struktur mit den charakteristischen Unterzügen für die Schwebeböden vorzüglich zu erkennen war. Auch die Mannschaftsunterkünfte in Hufeisenform wurden mit modernen Methoden vermessen. Stellenweise waren dort sogar noch die einzelnen Raumfluchten obertägig sichtbar. Eine ausführliche Darstellung und wissenschaftliche Auswertung aller bisher bekannten Befunde wird an anderer Stelle erfolgen.

Die Jahre 75/74 v. Chr. und der Sieg über Sertorius

Den Winter 75/74 v. Chr. über war die Kriegslage keineswegs so eindeutig, wie es im Rückblick erscheinen mag (Abb. 120–122). Wie verzweifelt Pompeius seine Situation damals tatsächlich einschätzte, zeigt jener, an den Senat gerichtete Brief, dessen Originaltext von Sallust überliefert ist (Sall. hist. 2,98). Anfangs beklagt sich Pompeius gegenüber den Senatoren über die fehlende Unterstützung während der vergangenen drei Jahre, die er daher aus eigener Tasche hätte bestreiten müssen, und jetzt fehle es sogar an Lebensmitteln: «[...] wie seit meiner frühesten Jugend unter meiner Führung die verruchtesten Feinde geschlagen worden sind und für euch Rettung erreicht wurde, so hättet ihr nichts Ärgeres gegen mich in Abwesenheit beschließen können, als ihr es bis jetzt noch betreibt, versammelte Väter; und mich, der ich ungeachtet meines jugendlichen Alters leichtfertig in den schrecklichsten Krieg zusammen mit einem hochverdienten Heer gestürzt wurde, habt ihr, soweit es an euch liegt, durch Hunger, die allerelendste Todesart, aufgerieben. Hat in dieser Hoffnung das römische Volk seine Söhne in den Krieg geschickt? Sind das die Belohnungen für die Wunden und für das Blut, das um des Gemeinwesen willen so oft vergossen wurde? Müde geworden durch Schreiben und durch Entsendung von Gesandtschaften habe ich alle meine persönlichen Mittel und Erwartungen aufgebraucht, während indessen von euch im Verlauf von drei Jahren kaum der Bedarf für ein Jahr gewährt wurde.»

Anschließend werden die bisherigen Verdienste aufgezählt: «Ich habe [...] dem ersten Ansturm des siegreichen Sertorius mit jungen, zahlenmäßig weit geringeren Soldaten standgehalten und den Winter im Feldlager inmitten der wildesten Feinde, nicht in festen Städten und nicht entsprechend meinem Buhlen um Gunst zugebracht. Was soll ich weiterhin Gefechte oder Unternehmungen im Winter, was die Zerstörung oder Rückeroberung von Städten aufzählen, da die Wirklichkeit doch mehr gilt als Worte? Die Eroberung eines feindlichen Lagers am Sucro, die Schlacht an der Turia, die Vernichtung des feindlichen Führers C. Herennius mitsamt der Stadt Valentia und seinem Heere sind euch hinreichend bekannt: Als Lohn für dieses Taten gebt ihr, dankbare Väter, Armut und Hunger. [...] Das diesseitige Spanien, soweit es noch nicht von den Feinden besetzt gehalten wird, haben wir oder Sertorius bis zum völligen Ruin verwüstet mit Ausnahme der Seestädte: Sie bringen für uns dazu noch Kosten und sind so eine Bürde. Gallien unterhielt noch im vergangenen Jahr das Heer des Metellus durch Zahlung von Sold und Lieferung von Getreide, und heute kann es infolge von Mißernten kaum selbst bestehen. Ich habe nicht nur mein Vermögen, sondern auch meinen Kredit verbraucht. Ihr seid noch übrig: Wenn ihr nicht hel-

Abb. 122 Silberner Armreif mit reicher Punzverzierung aus dem Schatzfund 1 von Arrabalde. Zamora, Museo Provincial.

Abb. 123 Rekonstruktionsversuch des in den Pyrenäen errichteten Tropaion, das zur Erinnerung an den Sieg über Sertorius und seine Anhänger aufgestellt wurde.

fend einspringt, wird gegen meinen Willen, wohl aber gemäß meiner Vorhersage das Heer und mit ihm der ganze Krieg in Spanien von hier nach Italien hinübergehen.» (Übers. O. Leggewie)

Als unmittelbare Reaktion auf dieses Scheiben trafen im nächsten Frühjahr zwei weitere Legionen als Verstärkung und der dringend benötigte Nachschub bei Pompeius ein. Auch Metellus erhielt die notwendigen Verstärkungen. Im Winter 75 v. Chr., vielleicht auch einige Monate früher, ereignete sich eine der umstrittensten Maßnahmen des Sertorius, nämlich der Abschluß eines Vertrages mit König Mithradates VI. Eupator Dionysos von Pontos (132–63 v. Chr.). Dieser galt als erbitterter Gegner Roms über viele Jahre hinweg, der sich von einem derartigen Bündnis die langfristige Bindung des römischen Heeres im Westen und die Rückgewinnung von Gebieten in Kleinasien erhoffte. An Sertorius übersandte er die Summe von dreitausend Talenten und vierzig Schiffen, wofür ihm die Wiederinbesitznahme von Bithynien und Kappadokien zugesichert werden mußte. Außerdem wurden Offiziere und Soldaten des Sertorius zur Schulung der Truppen des Königs nach Kleinasien entsandt. In seiner ausweglosen Situation beschaffte sich Sertorius Bundesgenossen, wo und auf welche Weise auch immer er sie gewinnen konnte. Die Schiffe des Königs wurden in Dianium stationiert. Über den Einsatz dieses Flottengeschwaders ist nichts bekannt geworden, sicherlich hängt die Unternehmung des M. Antonius (Creticus) «gegen Piraten» Ende 74 v. Chr. damit zusammen. Nach der Niederschlagung des Sertoriusaufstandes kehrten die Schiffe wieder in das östliche Mittelmeer zurück, wo sie bei einer Seeschlacht vernichtet wurden.

Mit frischen Kräften ausgerüstet, setzte Pompeius im Frühjahr 74 v. Chr. seine Offensive fort. Es sind nur wenige Einzelheiten über den Verlauf des Krieges bekannt. Über die Tätigkeiten des Metellus während dieser Zeit schweigen die Quellen sogar ganz. Doch war Pompeius offenbar so erfolgreich, daß es vor lauter Unzufriedenheit zu großer Unruhe und Aufruhr in dem restlichen Aufstandsgebiet kam. Zuletzt in verzweifelter Lage, floh Sertorius nach Osca/Huesca, wo er dann in der zweiten Jahreshälfte 73 v. Chr. von Angehörigen seiner engsten Umgebung während eines Festbanketts ermordet wurde. «So endigte einer der größten, wo nicht der größte Mann, den Rom bisher hervorgebracht, ein Mann, der unter glücklicheren Umständen vielleicht der Regenerator seines Vaterlandes geworden sein würde, durch den Verrat der elenden Emigrantenbande, die er gegen die Heimat zu führen verdammt war.» (Th. Mommsen) Und Schulten urteilte: «Ein tragischer Zug durchzieht das Leben des Sertorius und verleiht ihm einen eigenen Reiz. Ein echter Römer führt er die Iberer gegen die Heere Roms; mit jeder Faser an der italischen Heimat hängend, muß er von Land zu Lande irren und in der Fremde sterben; des Krieges müde und gewillt auf fernen Inseln ein stilles Leben fern von Kampf und Not zu führen, wird er immer wieder in den Strudel des Krieges gezogen. So geht er unter, geächtet von Rom und verlassen von den Iberern, ringend und kämpfend bis an das Ende, der Heimat fern, nach der sich sein Herz bis zum letzten Schlag gesehnt hatte.» (A. Schulten, Sertorius, 1926, S. 163)

Durch diese Bluttat wurde der Sache des Aufstands natürlich ein schwerer Schlag zugefügt, aber noch nicht das vollständige Ende bereitet. Zwar versuchte Perperna, einer der Rädelsführer dieser Verschwörung, die Erhebung noch einige Zeit fortzuführen, geriet jedoch schließlich in Gefangenschaft. Trotz des Angebots, die angeblich kompromittierende Korrespondenz des Sertorius auszuliefern, vermochte er sein Leben nicht zu retten, sondern wurde auf Befehl des Pompeius 72 v. Chr. hingerichtet. Nur wenige Städte wie Clunia (Abb. 119), Uxama Argaela, Calagurris und Osca im Landesinneren bzw. Tarraco und Dianium an der Küste setzten den Kampf noch kurze Zeit fort; aber bald war auch der letzte Widerstand erloschen. Als letzte Kampfhandlung ist die Eroberung und Zerstörung von Calagurris, wo sich zum Schluß sogar kannibalische Ausschreitungen ereignet haben sollen, durch Afranius überliefert. Sie fand wohl noch im gleichen Jahr 72 v. Chr. statt. Ende 71 v. Chr. zogen Metellus und Pompeius im Triumphzug durch Rom. Von Sallust (*hist.* 3,89) und anderen antiken Schriftstellern ist die Errichtung eines großen Tropaion (Siegesdenkmal) bezeugt, das an der Straße von Tarraco/Tarragona nach Südfrankreich aufgestellt wurde. Es soll eine Stelle gewesen sein, wo die Pyrenäen bis an die Küste des Mittelmeers stießen (Abb. 123).

Entgegen allen Erwartungen, daß jetzt ein grausames Strafgericht über Hispanien hereinbrechen würde, ließ Pompeius mit Ausnahme der Proskribierten alle Aufständischen begnadigen. Den aufständischen Gemeinden wurden zwar hohe Kontributionen auferlegt, jedoch wurden besonders hartnäckige Aufständische nicht umgebracht, sondern lediglich umgesiedelt. Auf der anderen Seite konnten durch ein eigens erlassenes Sondergesetz Einzelpersonen, welche die Sache der siegreichen Senatspartei besonders tatkräftig unterstützt hatten, mit dem römischen Bürgerrecht belohnt werden. Mit den Anhängern des Sertorius verfuhr Pompeius demnach ausgesprochen milde. Durch dieses kluge Verfahren vermochte er sich in Hispanien eine große, treu ergebene Anhängerschaft (Klientel) zu schaffen, die noch Jahrzehnte später während des Bürgerkriegs mit Caesar ohne zu zögern seine Partei ergriff. Von der klugen Vorgehensweise ihres Vaters vermochten selbst noch die Söhne des Pompeius zu profitieren.

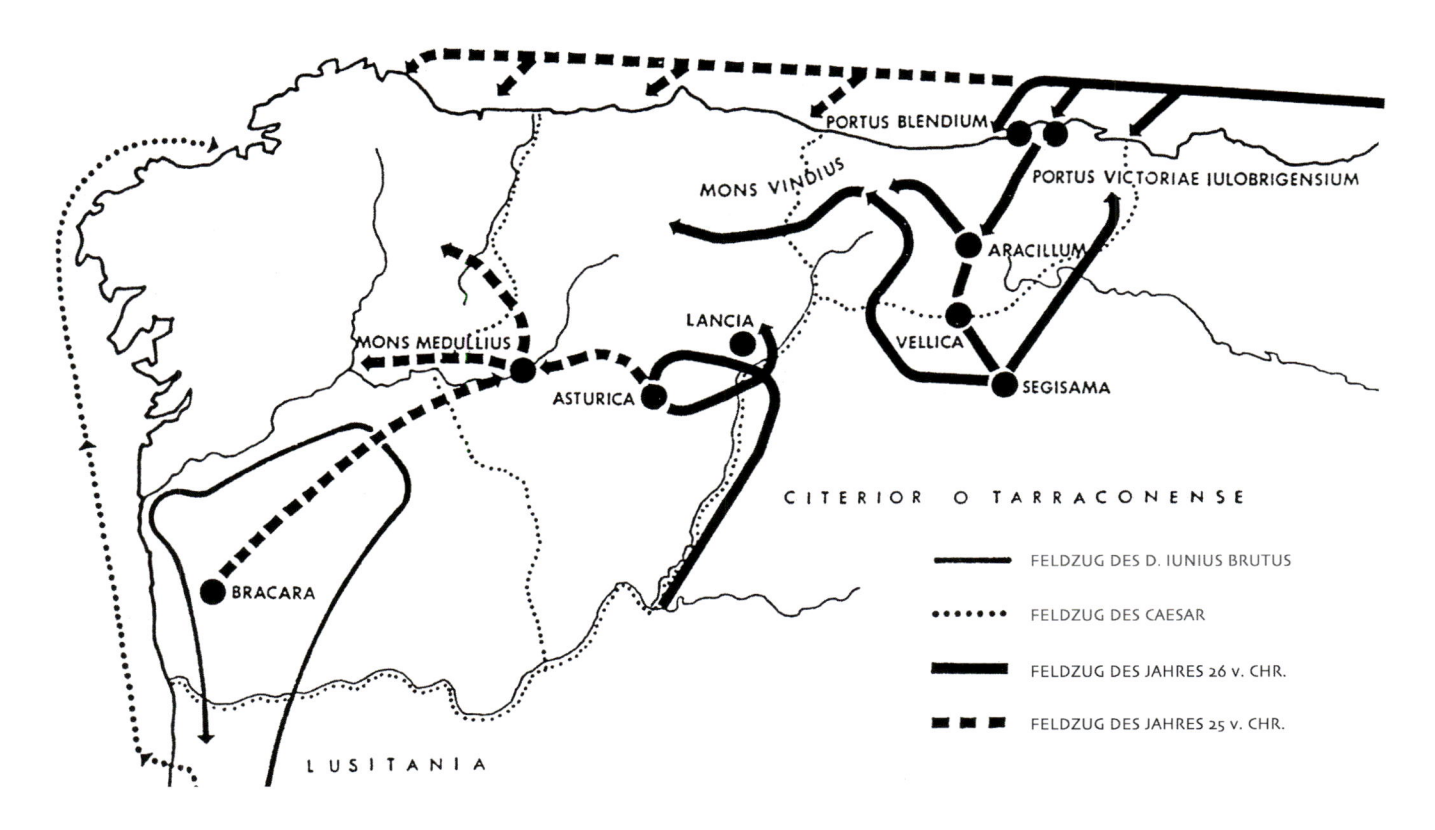

DAS 1. JAHRHUNDERT V. CHR. – BÜRGERKRIEGE UND DIE EROBERUNG DES NORDENS

Abb. 124   Karte der Feldzüge im Norden.

Die Statthalterschaft Caesars in Hispania ulterior

In den Jahrzehnten nach der Beendigung des Sertorius-Aufstandes geriet Hispanien fast vollständig aus dem Blickfeld der römischen Öffentlichkeit, wo man zu jener Zeit vor allem mit der Bewältigung der drängenden innenpolitischen Probleme beschäftigt war. Jetzt zeigte sich immer stärker, daß das Herrschaftssystem der römischen Republik den Anforderungen einer Weltmacht nicht mehr gewachsen war.

Größere Beachtung schenkten die antiken Autoren (Sueton, Plutarch, Cassius Dio) nur der Statthalterschaft Caesars in der Provinz Hispania ulterior 61 v. Chr. Die meisten modernen Historiker tun diesen Aufenthalt zumeist mit einigen knappen Bemerkungen ab, welche darauf abzielen, daß Caesar sich bei die-

Abb. 125   Blick auf Lomba do Canho (District Viseu, Portugal). Die römischen Gebäude liegen auf dem Umlaufberg in der Bildmitte.

103

ser Gelegenheit die erforderlichen Geldmittel für die Bewerbung um das Konsulat (59 v. Chr.) beschafft habe. Zu diesem Zeitpunkt stellte Caesar lediglich einen von zahlreichen ehrgeizigen Nachwuchspolitikern dar, dazu von besonders dubiosem Ruf. Zwar war er für seine große Freigebigkeit bekannt, sie hatte ihn jedoch andererseits in eine extrem hohe Verschuldung getrieben, während von seiner welthistorischen Einmaligkeit damals noch kaum jemand etwas ahnte.

Schon die überstürzte Abreise Caesars in die ihm zugeloste Provinz, noch bevor der Senat über die Größe des Heeres in der Provinz und den finanziellen Rahmen seiner Mittel entschieden hatte, wurde von den Zeitgenossen als handfester Skandal empfunden; Sueton nennt als wichtigsten Grund die Furcht vor einer gerichtlichen Klage seitens der Gläubiger. Erst eine Bürgschaft des Crassus über 5 Millionen Denare (ca. ein Fünftel der Schuldsumme, die absolut horrend war) habe schließlich den Aufbruch aus Rom ermöglicht. Crassus war bereit, diese Summe zu übernehmen, da er sich davon eine bessere Wahrnehmung seiner wirtschaftlichen Interessen im Silberbergbau sowie im Zinnhandel versprach. Die Provinz Hispania ulterior und ihre spezifischen Probleme waren Caesar durch seine dortige Tätigkeit als Quaestor 68 v. Chr. gut vertraut, da zu dessen Amtspflichten auch die Verpachtung und der Verkauf der Anteile an den staatlichen Bergwerken gehörten.

Sofort nach der Ankunft auf der Pyrenäenhalbinsel bewies Caesar seine später so gerühmte Tatkraft. Ohne einen Senatsbeschluß als Grundlage dafür zu haben, ließ er die Stärke des Provinzialheeres von 20 auf 30 Bürgerkohorten erhöhen und mit dem Aufbau einer Flotte beginnen, deren Kosten durch städtische Sondersteuern und Geldspenden bestritten werden mußten. Bei diesen Rüstungen tat sich erstmals der aus Gades stammende, reiche L. Cornelius Balbus hervor, der später zu einem der engsten Berater Caesars werden sollte.

Solchermaßen gerüstet setzte sich die Streitmacht im April/Mai nach Norden in Bewegung (Abb. 124). Im Herminiusgebirge (Sierra de Estella) kam es zu ersten Kampfhandlungen, bei denen der Großteil eines einheimischen Stammes unterworfen werden konnte, während der Rest auf eine Insel im Atlantik

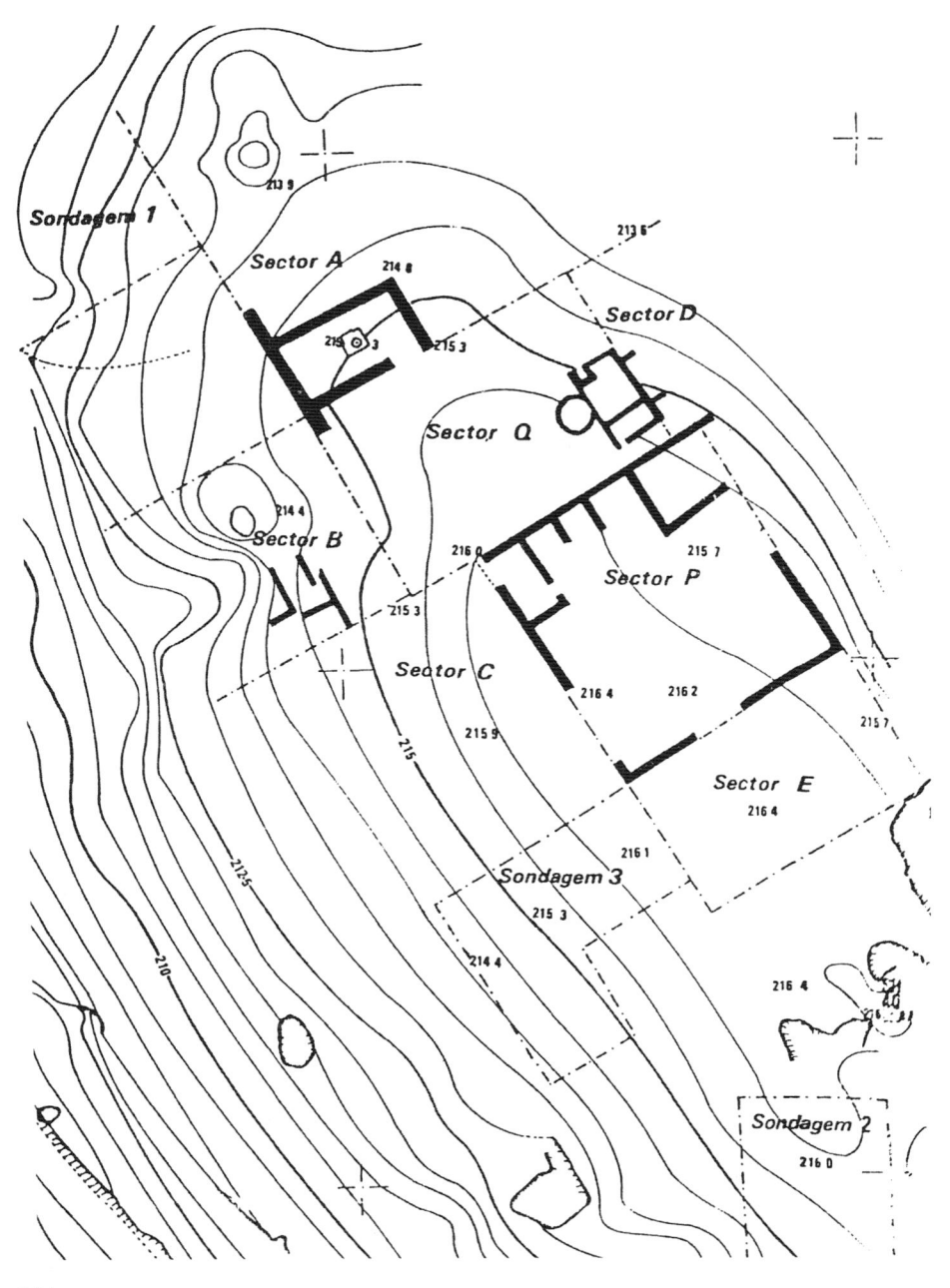

Abb. 126 Lomba do Canho. Im Norden (Sektor A) ein rechteckiger Bau mit großer zentraler Herdstelle, weiter südlich (Sektor Q) ein weiteres Gebäude mit kreisförmigem Anbau (Badegebäude?), daran anschließend (Sektor P) ein großes Gebäude (25 x 20 m), bestehend aus einer Raumfolge im Norden und einem großen Innenhof mit begleitender Portikus. Die zahlreichen militärischen Kleinfunde (über 140 Geschoßspitzen, Schleuderbleie) sprechen gegen eine primär zivile Nutzung der Gebäude. Datierung wohl 2./3. Viertel des 1. Jhs. v. Chr.

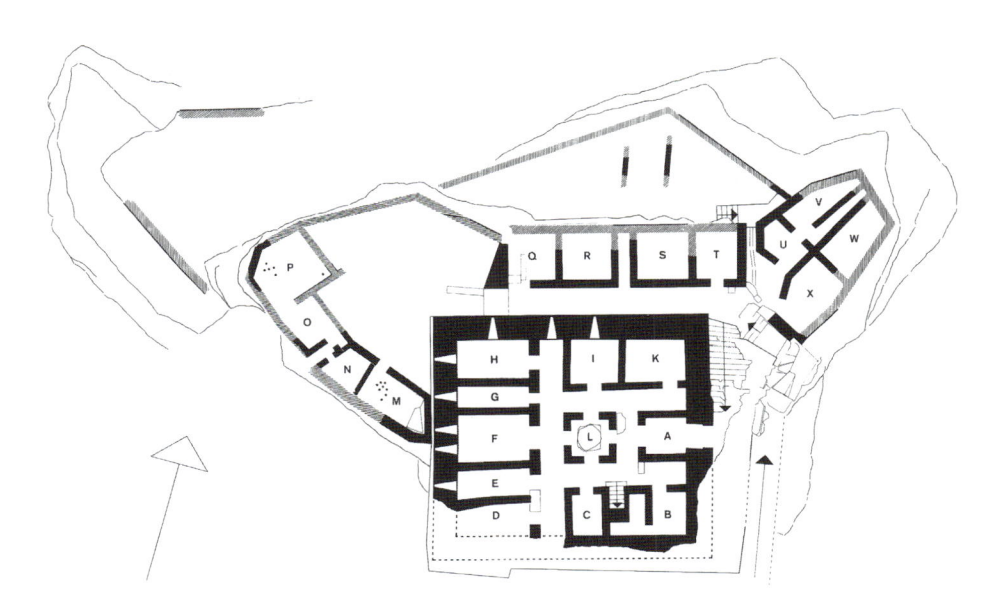

DAS 1. JAHRHUNDERT V. CHR. – BÜRGERKRIEGE UND DIE EROBERUNG DES NORDENS

Abb. 127 Castelo da Lousa (District Évora, Portugal). Plan des Wehrgehöftes.

floh. Bei dem Versuch, mittels Flößen auf diese Insel überzusetzen, wurde Caesar blutig zurückgeschlagen. Dem aus Gades herbeigerufenen Flottengeschwader unter dem Befehl des D. Iunius Brutus Albinus, einem weiteren später wichtigen Helfer Caesars, gelang schließlich die Besetzung der Insel. Anschließend führte die Fahrt an der Küste entlang gegen die Galläker. Nach der Anlandung in Brigantium (La Coruña) erfolgte die Akklamation Caesars zum Imperator.

Auf den ersten Blick ist nicht ersichtlich, welchen wirtschaftlichen Gewinn Caesar aus diesem Feldzug im Hinblick auf seine desolate Finanzlage gezogen hat, da die einheimische Bevölkerung in eher ärmlichen Verhältnissen lebte. Ob aus dem Verkauf in die Sklaverei bedeutende Erlöse zu erzielen waren, muß ernsthaft bezweifelt werden. Vielleicht spielten dabei die bessere Erschließung der reichen Bodenschätze in Galicien und die Kontrolle über den Zinnhandel mit Britannien die entscheidende

Abb. 128 Castelo da Lousa. Blick auf den Kernbau von Norden.

Abb. 129 Castelo da Lousa. Blick über den Kernbau. Gut sichtbar der zentrale Lichthof mit Zisterne in der Mitte sowie die umgebenden Korridorfluchten. Datierung spätrepublikanisch-mittelaugusteisch.

Rolle. Offenbar kam es aber in dem neu eroberten Gebiet zur Errichtung von kleinen Kontrollstationen, die mit militärischen Besatzungen versehen waren, wie das Beispiel von Lomba do Canho zeigt (Abb. 125. 126).

Keinesfalls unterschätzt werden darf aber auch die enorme propagandistische Ausstrahlungskraft einer maritimen Unternehmung am Rande der bekannten Welt. Sie bildete die Entgegnung zu den soeben errungenen Erfolgen des Pompeius im Osten. Diese möglichen Perspektiven einer neuen Expansionsrichtung hat Caesar allerdings nicht weiter betrieben, sondern kehrte nach Rom zurück, um dort 59 v. Chr. das angestrebte Konsulat anzutreten. Anschließend eröffnete unter anderem der Tod des Statthalters der Provinz Gallia Narbonensis im April 59 v. Chr. ein neues Betätigungsfeld, das den entscheidenden Vorteil besaß, um vieles näher bei Rom zu liegen. Von dort aus war eine viel direktere Beobachtung und Beeinflußung der politischen Situation in der Hauptstadt möglich. Diesem neuen Operationsgebiet hat sich Caesar in den nächsten Jahren mit all seiner Energie gewidmet – mit den bekannten historischen Folgen (Eroberung von Gallien, 58–51 v. Chr.).

Der Bürgerkrieg in Rom und seine Auswirkungen

Aus Hispanien sind für die folgenden Jahre kaum Ereignisse überliefert. Episodenhaft wird für das Jahr 56 v. Chr. von einer Revolte des Stammes der Vakkäer berichtet, die vom Statthalter der Hispania citerior niedergeschlagen wurde, der dabei den Hauptort Clunia eroberte. Auch weiter im Süden der Halbinsel muß permanent Unruhe geherrscht haben. Die Errichtung zahlreicher kleiner Überwachungsstationen, die bisher vor allem im Alentejo nachgewiesen wurden, lassen diesen Schluß zu. Das besterhaltene und bisher besterforschte Beispiel ist das Castelo da Lousa, das nach Ausweis der Funde bis in die mittelaugusteische Zeit besetzt blieb (Abb. 127–129).

Als Ausgleich für die Erfolge Caesars in Gallien wurde Pompeius 55 v. Chr. das Kommando über das gesamte Hispanien für die Dauer von fünf Jahren übertragen. Er übte es jedoch nicht persönlich aus, sondern ließ es *in absentia* durch Legaten verwalten. Während des Bürgerkriegs zwischen Caesar und Pompeius zählte das Land zur treuen Gefolgschaft des letzteren, so daß es durch Caesar in zwei Feldzugskampagnen (49 v. Chr. bzw. 45 v. Chr.) blutig niedergeworfen werden mußte.

Nach der Ermordung Caesars an den Iden des März 44 v. Chr. brach erneut der Bürgerkrieg aus. Die Einigung der Triumvirn Antonius, Oktavian und Lepidus über die Aufteilung des Imperium Romanum 40 v. Chr. bedeutete mit dem gesamten Westen des Reiches auch die Unterwerfung Hispaniens unter Oktavian. Dieser mußte allerdings seinen Machtanspruch zunächst gegen den populären Sextus Pompeius durchsetzen, der die Inseln Korsika, Sardinien und Sizilien sowie Achaia kontrollierte und mit seiner gewaltigen Flotte eine potentielle Gefahr für die Versorgung Roms mit Getreide darstellte. Die Einigung von 39 v. Chr. zwischen den Triumvirn auf der einen und Pompeius auf der anderen Seite war lediglich von vorübergehender Dauer, die Auseinandersetzung wurde schließlich mit der Seeschlacht bei Naulochus an der Nordküste Siziliens im Jahre 36 v. Chr. zugunsten Oktavians und damit der Triumvirn beendet.

Ab 39 v. Chr. führte in Hispanien ein einziger Prokonsul mit konsularischem Rang, der beide Provinzen gleichzeitig verwaltete, das Kommando. Aus den antiken Schriftquellen liegen mehrere Hinweise auf Konflikte in den 30er Jahren des 1. Jhs. v. Chr. vor, die gewaltsam eskalierten. So kam es 38 v. Chr. im Zusammenhang mit dem Krieg gegen Sextus Pompeius offenkundig zu Unruhen im Süden des Landes. Außerdem setzte König Bogud von Mauretanien an der Meerenge von Gibraltar über und belagerte sogar Gades, mußte dann allerdings wegen einer Erhebung seiner Untertanen wieder abziehen. Wohl im gleichen Jahr war im Nordosten der Prokonsul Domitius Calvinus gegen den Stamm der Ceretaner vorgegangen. Auch in diesem Fall kann ein näherer Zusammenhang mit der Rebellion des Sextus Pompeius nicht völlig ausgeschlossen werden, da die Stämme südlich der Pyrenäen, außer den Ceretanern auch die Iacetaner und Vasconen, sowie die Stadt Pompaelo/Pamplona zur Klientel seines Vaters gehört hatten. Die dortigen Kämpfe verliefen wechselhaft; schließlich geriet ein Legat des Prokonsuls in einen Hinterhalt und wurde von der ganzen Legion im Stich gelassen, worauf drakonische, entehrende Strafmaßnahmen die Folge waren, die über die gesamte Legion verhängt wurden. Durch die *fasti triumphales* sind jeweils für die Jahre 36, 34, 33 und 32 v. Chr. Triumphe bezeugt, ohne daß nähere Angaben über die damit verbundenen Ereignisse möglich wären. Einen Hinweis darauf, daß von den damaligen Auseinandersetzungen das Baskenland betroffen war, stellen die unlängst vorgelegten Waffenfunde von Andagoste (Provinz Álava) dar (Abb. 130).

Die Unterwerfung des Nordens (29–19 v. Chr.) (Abb. 124)

«*Von allen Provinzen des römischen Volkes, denen Völker benachbart waren, die unserer Herrschaft nicht gehorchten, habe ich die Grenzen erweitert. Die gallischen und spanischen Provinzen, ebenso Germanien, soweit der Ozean von Gades* (Anm.: *Cádiz*) *bis zur Elbe* (Anm.: *das Land*) *umschließt, habe ich befriedet [...]*»

(Augustus, *res gestae* 26,1 ff.;
Übers. K. Bringmann/Th. Schäfer)

Abb. 130 Waffenfunde von Andagoste (Provinz Álava).

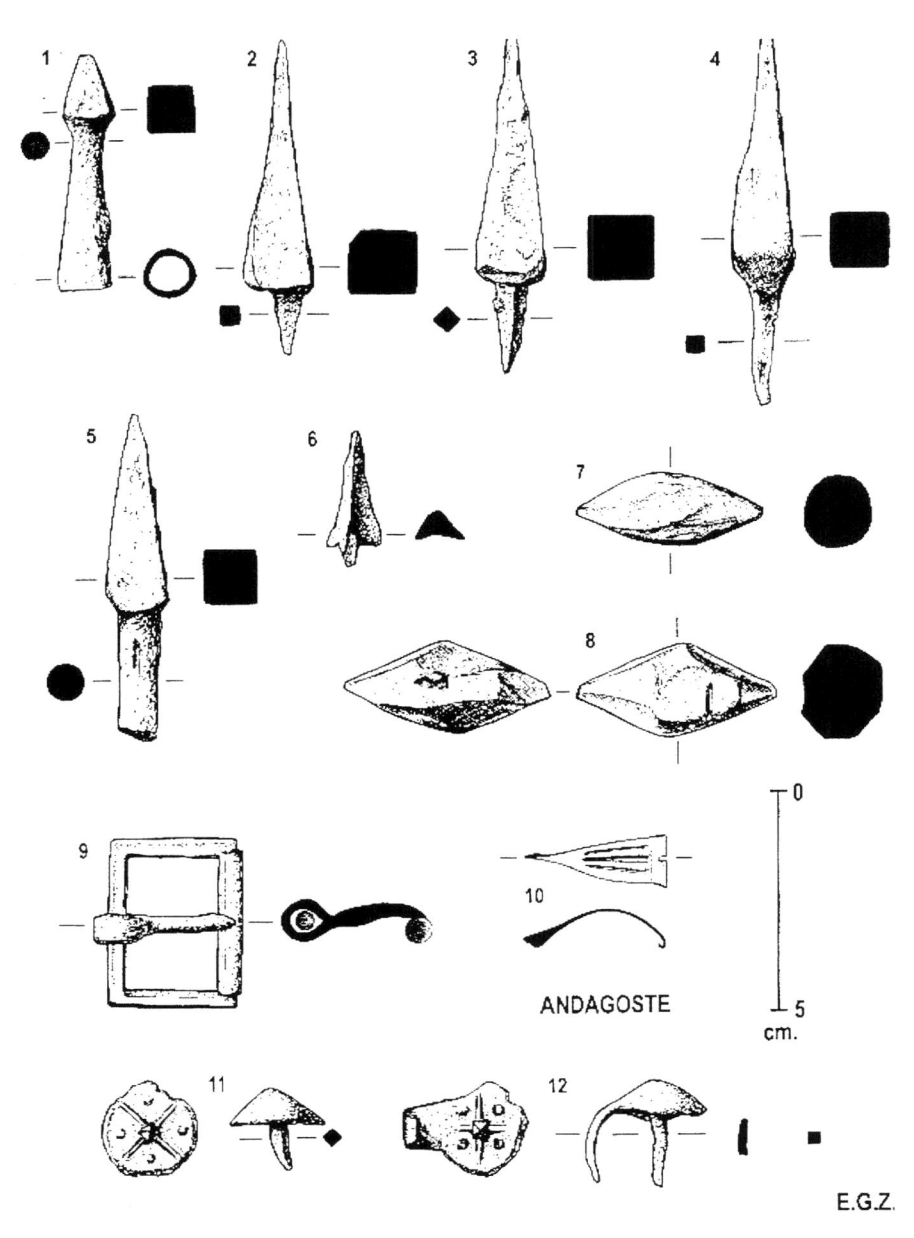

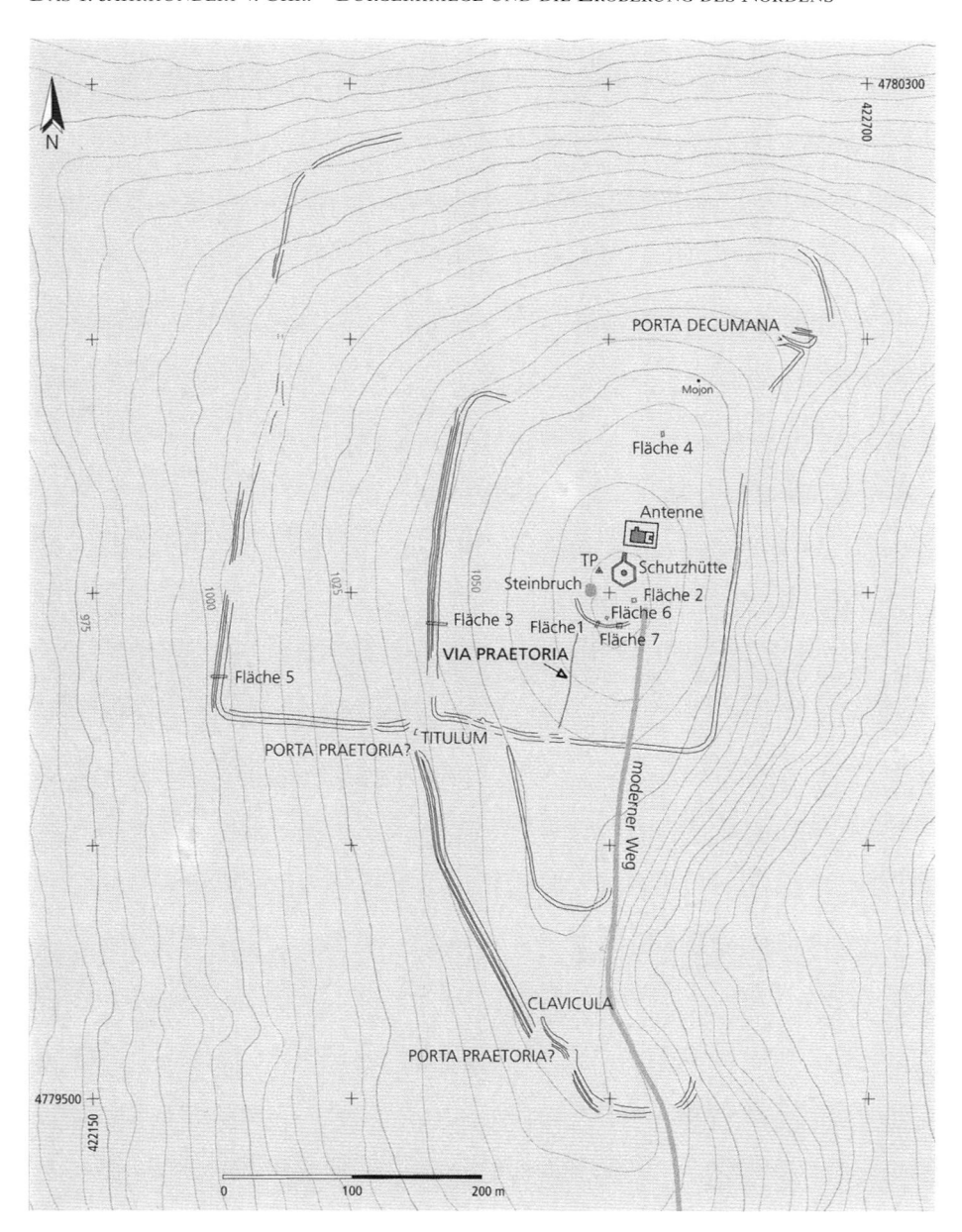

Abb. 131 Römisches Lager von Cildá (Cantabria). Größe 5 ha. Besonders stark war die Westseite befestigt, jeweils mit einem doppelten Wall-Graben-System. Für das Zentrallager wird eine ständige Besatzung (aus Legionären?), für die beiden Annexlager im Westen und Süden die temporäre Unterbringung von Truppen vermutet.

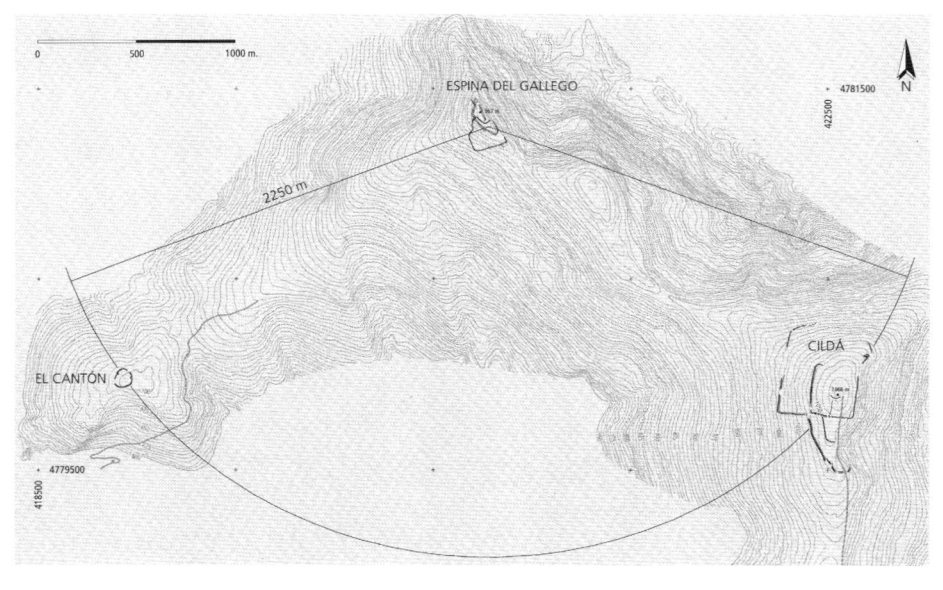

Abb. 132 Die römischen Lager von El Cantón (links) und Cildá (rechts) dienten zur Überwachung des einheimischen Castros von Espina del Gallego. Auf die Errichtung einer durchgehenden Circumvallationslinie wie in Numantia hat man dagegen verzichtet.

In Rom faßte man offenbar in jenen Jahren endgültig den Entschluß, Hispanien nun vollständig zu unterwerfen. Ein erster Schritt zur Unterwerfung der noch unabhängigen Stämme im Nordosten und Norden der Halbinsel war der Feldzug des Statilius Taurus gegen Vakkäer, Kantabrer und Asturer, wofür ihm 29 v. Chr. die imperatorische Akklamation gewährt wurde. Ein Vorstoß des römischen Heeresverbandes von Pamplona bis zum Atlantik führte zur Unterwerfung verschiedener Stämme in diesem Gebiet. Letzte Operationen wurden von Süden her in das Gebiet der Autrigonen vorgetragen, um schließlich in der Bucht von Bilbao zu enden. Im einzelnen wurden die Stämme der Vasconen, der Varduler, die in der Provinz Guizpúzcoa bis zur Sierra de Cantabria und im östlichen Teil der Ebene von Alava siedelten, die Karister (zwischen Deva und Nervión), die Autrigonen (westlich des Nervión, entlang der Küste bis zu den Kantabrern) und die Turmoger (Gebiet um Segisamo/Sasamón) unterworfen. Durch einen Feldzug des Prokonsuls Sextus Apuleius 28/27 v. Chr. wurde die Gebirgszone an der Ostflanke der Kantabrer endgültig dem Imperium Romanum einverleibt.

Auch nach zwölf Jahren Krieg waren die Asturer und Kantabrer immer noch unabhängig. Augustus ordnete ihre Unterwerfung an und befehligte sie sogar persönlich, da er auf diese Weise seine besondere Fürsorge gegenüber seinen Untertanen unter Beweis stellen konnte. Im Frühjahr 27 v. Chr. reiste der Princeps von Rom zunächst nach Gallien und dann weiter nach Spanien, wo er sich nach Tarraco/Tarragona begab, der neuen Hauptstadt der Hispania Citerior. Diese Stadt machte Augustus für mehrere Jahre zu seinem bevorzugten Aufenthaltsort. Hier trat er sein achtes und neuntes Konsulat am 1. 1. 26 v. Chr. bzw. 1. 1. 25 v. Chr. an. Vorübergehend wurde die Stadt zum Mittelpunkt der Macht: Gesandtschaften gingen ein und aus, wichtige politische Entscheidungen auf dem Weg hin zum Kaisertum (Prinzipat) fielen. Zunächst hatte Augustus wohl die Absicht, gegen Britannien zu Felde zu ziehen, gab diese Pläne aber schließlich zugunsten einer Unterwerfung der Kantabrer und Asturer (26–16 v. Chr.) auf.

Die erste Feldzugskampagne 26 v. Chr. gegen die Kantabrer, die in der Bergregion zwischen Burgos und Santander lebten, wurde von Augustus persönlich angeführt. Um für jedermann zu demonstrieren, daß jetzt Kriegszustand herrschte, wurden sogar die Türen des Janustempels von Rom geöffnet. Als wichtigstes Standquartier diente Segisama Iulia, zur gleichen Zeit wurde gegen die Kantabrer und die westlich davon ansässigen Asturer operiert. Gegen die Kantabrer waren die drei Legionen der Hispania citerior (I Augusta, IV Macedonica, VI Victrix) unter dem Oberbefehl des C. Antistius Vetus im Einsatz, gegen die Asturer und Galläker gingen die zwei Legionen der Lusitania (X Gemina, V Alaudae) unter P. Carisius vor, wobei zu jedem Heeresverband auch Hilfstruppen gehörten. Die Kantabrer ließen sich auf keine offene Schlacht ein, sondern begnügten sich mit der Guerillataktik, derer sie sich sehr wirkungsvoll bedienten, indem sie die Berghöhen vor den Römern besetzten, denen sie dann in den Tälern Hinterhalte legten. Anfangs hatte Augustus den Feldzug persönlich begleitet, als jedoch während eines Nachtmarschs ein Blitz unmittelbar neben seiner Sänfte einschlug, wodurch ein Fackelträger den Tod fand, und der Princeps außerdem bald darauf erkrankte, kehrte er vorzeitig nach Tarraco zurück. Daraufhin änderte das römische Heer seine Vorgehensweise grundlegend. Unter dem Oberbefehl des Antistius rückte es in drei Heeressäulen vor und suchte jetzt gezielt den offenen Konflikt mit den Bergbewohnern. Nahe bei Vellica (Vilegia? an der Straße Pisoraca/Herrera de Pisuerga – Portus Blendium/Ría de Suances, Santander) gelang ein erster wichtiger Sieg, worauf die Kantabrer auf dem Mons Vindius (Bergmassiv des Picos de Europa) Zuflucht suchten, der allerdings ein unüberwindbares Bollwerk darstellte und erst allmählich durch Aushungern der Belagerten bezwungen werden mußte. Außerdem gelang die Eroberung von Aracillum (wohl nicht Aradillos, Reinosa/Cantabria). Zur gleichen Zeit unternahm Carisius einen Entlastungsangriff gegen die Asturer, um diese an der Unterstützung der Kantabrer zu hindern, die schwer in Bedrängnis geraten waren. Ein Angriff der Asturer im folgenden Frühjahr (25 v. Chr.) wurde erfolgreich abgewiesen und mit einer römischen Gegenoffensive beantwortet. In deren Verlauf gelang die Einnahme von verschiedenen bedeutenden befestigten Plätzen. Weitgehend unklar ist noch die genaue Einordnung von Angriffen, die die aquitanische Flotte von See her zur Unterstützung der Landoperationen unternahm.

Der Abschluß dieser Kämpfe wurde propagandistisch als großartiger Sieg der römischen Waffen gefeiert. In den Legionslagern wurden Siegesfeiern mit prächtigen Spielen abgehalten, die jeweils unter dem Vorsitz von engsten Angehörigen des Kaiserhauses, von M. Claudius Marcellus, dem damals vorgesehenen Nachfolger des Augustus, und des späteren Kaisers Tiberius stattfanden. Augustus selbst blieb währenddessen in Tarraco, um Ende 25 v. Chr. nach Rom zurückzukehren. Gegen Jahresende er-

Abb. 133 Luftbild des römischen Lagers von Campo de las Cercas. Die römischen Wehranlagen sind gut zu erkennen. Blick von Südwesten.

folgte außerdem die Gründung der römischen Kolonie von Emerita Augusta/Mérida, wo Veteranen der beteiligten Legionen V Alaudae und X Gemina angesiedelt wurden. Gerade Mérida sollte sich zu einer der wichtigsten römischen Ansiedlungen auf der Iberischen Halbinsel entwickeln. Im Laufe der Zeit entstanden dort zahlreiche monumental ausgestattete Gebäudeanlagen, deren teilweise vorzüglicher Erhaltungszustand auch heute noch zu beeindrucken vermag.

Allerdings wurde die Unterwerfung Nordwestspaniens erst durch L. Aelius Lamia (24–23 oder 22 v. Chr.) vollendet, der ein verräterisches Angebot der Asturer zur Lieferung von Getreide mit der systematischen Verwüstung der Felder, der Zerstörung von Befestigungsanlagen und Grausamkeiten gegenüber der Bevölkerung bestrafte und große Gebietsgewinne machen konnte. Gegen die sich darüber empörenden Asturer mußte C. Furnius (22–20 oder 19 v. Chr.) zu Hilfe kommen. Zunächst besiegte er die aufständischen Kantabrer und eilte Carisius zu Hilfe, während die Asturer im Gebirge zunächst in Ruhe gelassen wurden. Erst im Jahre 19 v. Chr. konnte Agrippa den letzten Widerstand der Bergvölker ersticken, womit der Krieg offiziell als beendet galt.

Die Unternehmungen des Augustus im Norden der Halbinsel stellen in erster Linie Maßnahmen dar, die Eindruck auf die römische Öffentlichkeit machen sollten. Immerhin schenkte Augustus den Feldzügen gegen Kantabrer, Asturer und Galläker soviel Beachtung, daß er selbst wie auch verschiedene andere Mitglieder der kaiserlichen Familie sogar über mehrere Jahre hinweg anwesend war. Nicht zuletzt schloß Augustus seine eigene, nicht erhaltene Autobiographie mit dem Ende des Kantabrischen Krieges ab. Trotz allen geschilderten propagandistischen Theaterdonners gingen die Kämpfe in Wirklichkeit auch die nächsten Jahre über mit unverminderter Härte weiter, wobei sich P. Silius Nerva (19–16 v. Chr.) bei der Belagerung des Mons Medullius und L. Sestius Quirinalis (16–14 v. Chr.) durch die Besetzung der Küstengebiete besonders hervortaten.

Erst seit wenigen Jahren sind nun auch tatsächlich römische Militäranlagen nachgewiesen, die in eindeutigem Zusammenhang mit den soeben geschilderten Ereignissen stehen, auch wenn sie offenbar unterschiedlichen historischen Zusammenhängen angehören (Abb. 131–133).

Verwaltungsreformen des Augustus

Die umfangreichen Verwaltungsreformen des Augustus in den Jahren 16–13 v. Chr. demonstrierten nochmals nachdrücklich die Wichtigkeit, die der Princeps diesem Teil seines riesigen Reiches beimaß; diese damals von ihm durchgeführte administrative Reorganisation hatte für die nächsten 300 Jahre Bestand. Bereits ab 27 v. Chr. stand den beiden Provinzen Hispania citerior bzw. ulterior jeweils ein *legatus Augusti pro praetore* vor. Vermutlich im Jahre 13 v. Chr. wurde die Provinz Hispania ulterior weiter aufgeteilt. Es entstand die senatorische Provinz Baetica mit der

Abb. 134 Brücke («Pont del Diable») von Martorell, Prov. Barcelona. Aus römischer Zeit (ca. 16/13–8 v. Chr.) stammen lediglich die untersten Bereiche der Brücke (u. a. der Überlauftunnel an der Ostseite) und der Ehrenbogen. Die weiter aufgehenden Teile der Brücke sind späteren Datums.

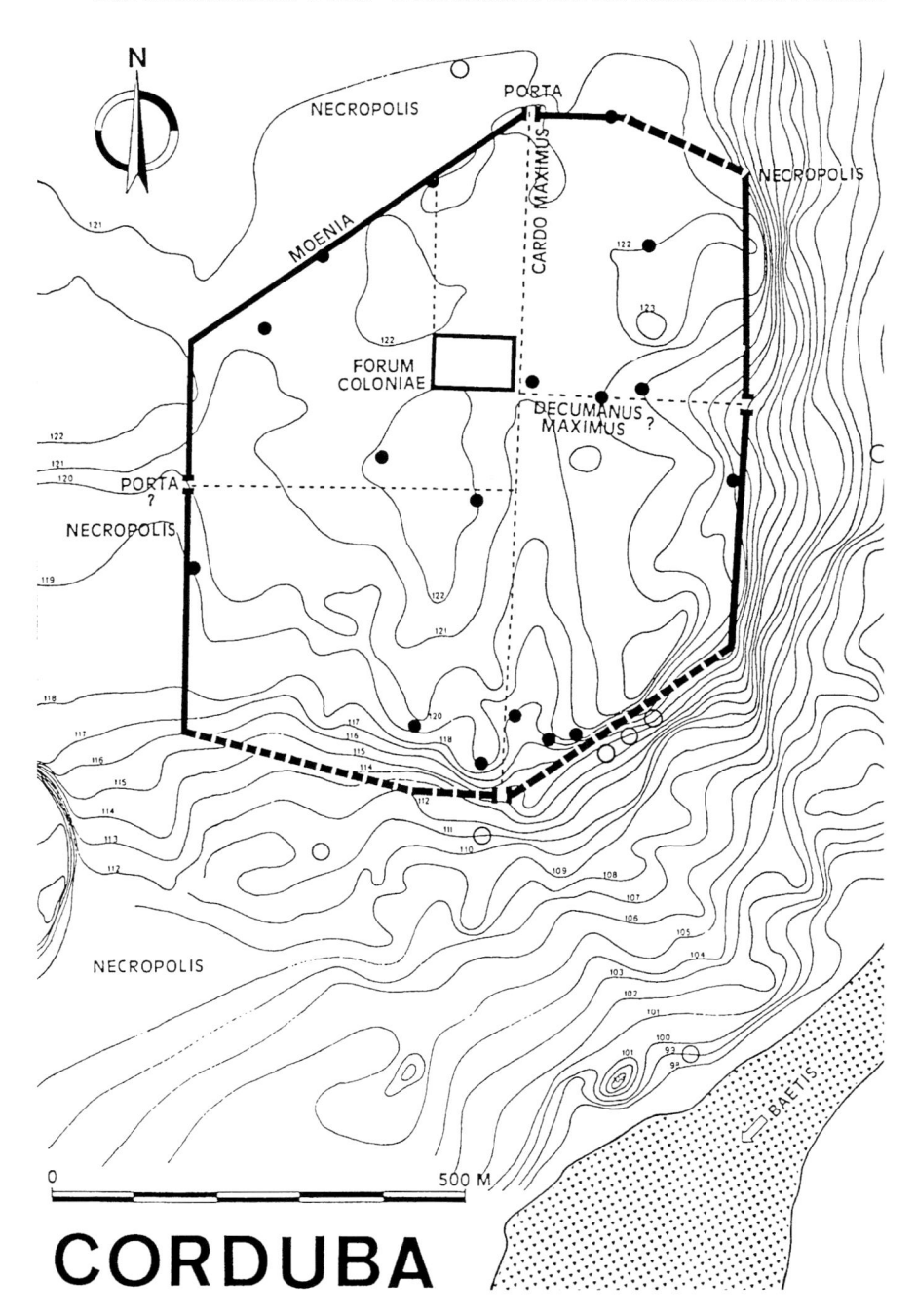

Abb. 135 Siedlungsplan von Corduba/Córdoba während der republikanischen Epoche.

Hauptstadt Corduba/Córdoba und einem jährlich durch den Senat bestimmten Prokonsul an der Spitze, der über die westlichen und mittleren Teile von Andalusien gebot. Der südwestliche Teil wurde die kaiserliche Provinz Lusitania mit der Hauptstadt Emerita/Mérida, die fast das gesamte Portugal (ohne den Nordteil), Spanisch-Extremadura und die Gegend von Salamanca umfaßte und der ein *legatus Augusti pro praetore* vorstand. Schließlich war die Provinz Hispania citerior, später auch Hispania Tarraconensis genannt, eine der territorial größten römischen Provinzen überhaupt, deren Statthalter Nordwest- und Nordspanien sowie Portugal nördlich des Duero mit seinen reichen Bodenschätzen, außerdem ganz Ostspanien einschließlich des östlichen Andalusien verwaltete.

In diesen Jahren wurde auch der systematische Ausbau des Straßennetzes vorangetrieben, wie das Beispiel der *via Augusta* zeigt, die vom Coll de Perthus über Tarraco, Valentia/Valencia, Corduba/Córdoba bis nach Gades an den Atlantik geführt wurde. Die im Zuge dieses Straßenbaus errichtete Brücke von Martorell trägt die abgekürzten Namen der Legionen IV, VI und X (Abb. 134).

Die Anfänge der Romanisierung

Zur Zeit der Republik war Rom seiner Verfassung nach ein Stadtstaat, der für die Verwaltung seiner Provinzen nur über geringe Möglichkeiten und über noch weniger Personal verfügte (s. S. 36 ff.). Aus diesem Grund rief die immer größere Ausdehnung des Imperium wachsende, zunehmend chronisch werdende Probleme hervor, die erst unter Augustus definitiv gelöst wurden. Er konnte den finanziellen Spielraum des römischen Staates so vergrößern, daß ein gezielter Ausbau der Bürokratie möglich war,

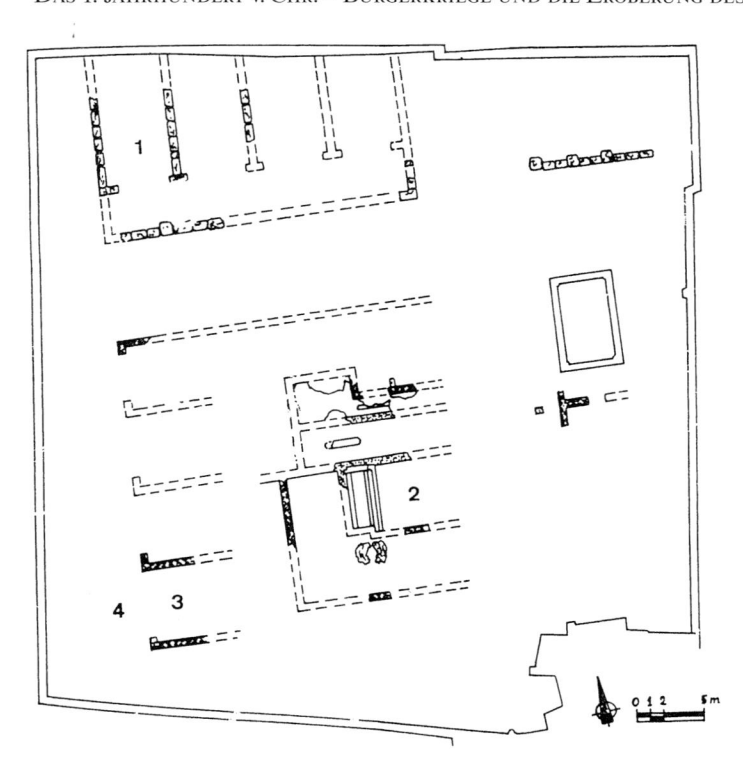

Abb. 136 Valentia/Valencia. Das Zentrum der römischen Kolonie vor der Zerstörung während des Sertoriusaufstands. 1: Horreum/Getreidespeicher; 2: Thermen; 3: Tabernen; 4: archäologisch untersuchte Fläche.

wobei ganz wesentliche Elemente der republikanischen Zeit beibehalten wurden.

Vor allem zur Zeit der Republik, in abgemilderter Form auch später, bedeutete es für die dauerhafte Sicherung der römischen Herrschaft eine unabdingbare Voraussetzung, möglichst große Gebiete in einem Zustand der Selbstverwaltung belassen und sich mit einer Art Oberaufsicht begnügen zu können. Ein möglichst gut ausgebautes und funktionierendes Städtewesen lag in Roms ureigenstem Interesse. Man nahm sowohl Umwandlungen von geeigneten vorhandenen Siedlungen wie auch deren vollständige Neugründung vor. Damit einher ging die gezielte Ansiedlung von Römern/Italikern (Deduktion), von ausgewanderten Händlern und von Veteranen des Heeres. Es wurden verschiedene Rechtsformen des Bürgerrechts (römisches bzw. latinisches Bürgerrecht) verliehen. Daraus ergaben sich unterschiedliche Rechtsstufen des Stadtrechts (Municipium, Colonia) die hier nicht im einzelnen erörtert werden sollen.

Wie bereits an anderer Stelle erwähnt, war die älteste römische Stadtgründung auf hispanischem Boden Italica (Santiponce bei Sevilla), das 206 v. Chr. für Kranke und Verwundete des zweiten Punischen Krieges gegründet wurde (s. S. 35). Selbstverständlich kommt dabei dem Namen der Koloniestadt im Sinne von «neuem Italien», «neuer Heimat» programmatische Bedeutung zu; der genaue Rechtsstatus der Stadt ist unbekannt.

Während des gesamten 2. Jhs. v. Chr. lassen sich dann weitere Siedlungsgründungen nachweisen. Von der Stadtanlage des Ti. Sempronius Gracchus 179 v. Chr. in Gracchuris (Alfaro, La Rioja) war bereits die Rede. Sie besaß im 1. Jh. n. Chr. sicher den Rechtsstatus eines latinischen Municipium (s. S. 48).

Wenige Jahre später folgte 171 v. Chr. an der Südküste Carteia (El Rocadillo bei Algeciras). Es war die erste Stadtgemeinde mit eindeutig römisch/latinischem Stadtstatut bereits seit der Frühzeit. Nach Angaben des Livius (43,3,3-4) wurde Carteia für über 4000 Söhne aus den Verbindungen römischer Soldaten und einheimischer Frauen gegründet, hat jedoch niemals größere Wichtigkeit erlangt.

Größte Bedeutung erreichte dafür später die Gründung des M. Claudius Marcellus in Corduba/Córdoba (Strabo 3,2,1) im Jahre 152/51 v. Chr. (oder 169/68 v. Chr.). Sie war unmittelbar einer iberischen Siedlung benachbart, die seit dem ausgehenden 2. Jh. v. Chr. als Sitz des Statthalters der Baetica diente. Die Koloniegründung des D. Iunius Brutus Callaicus 138 v. Chr. in Valentia/Valencia stellte hingegen eine Anlage ex novo dar.

Sowohl von Corduba als auch von Valentia liegen aufgrund von Grabungen der vergangen Jahre neue wichtige Erkenntnisse über die urbanen Strukturen der Frühphase vor. In Corduba ist der Verlauf der ältesten Stadtmauer fast vollständig gesichert. Sie umschloß ein Areal von fast 60 ha und gilt daher als die größte römische Stadtgründung zur Zeit der Republik (Abb. 135). Die Mauer hatte man sehr solide aus großen, sorgfältig behauenen Blöcken in der üblichen Zweischalentechnik errichtet (Breite: 1,5 m). Dahinter erhob sich ein 6 m breiter Erdwall, der den Wehrgang trug. Bereits damals wurde offenbar der Verlauf der wichtigsten Straßenzüge festgelegt, deren Flucht während der Kaiserzeit beibehalten wurde. Die Lage der öffentlichen Gebäude in der Stadt (Forum, Thermen etc.) ist bisher nicht genau bekannt. Ihre Existenz ist jedoch durch schriftliche Quellen eindeutig belegt (s. S. 82).

Die Bauweise der frühesten Wohnhäuser unterscheidet sich kaum von derjenigen, wie sie in einheimischen Siedlungen vergleichbarer Zeitstellung auftritt: die Hausfundamente bestanden aus Lesesteinen und Flußkies, die aufgehenden Wände waren aus luftgetrockneten oder gebrannten Ziegeln, die Fußböden aus einfachsten Materialien konstruiert. Auch die Dächer waren zu jener Zeit offenkundig ausschließlich mit vergänglichen Materialien (Stroh, Schindeln etc.) gedeckt. Hingegen läßt sich die Verwendung von Dachziegeln erst an der Wende vom 2. zum 1. Jh. v. Chr. nachweisen, wo auch für die Hauswände die Technik von römischem *opus quadratum* beobachtet werden kann. Außerdem wurden jetzt die Innenräume der Häuser mitunter mit Wandmalerei und qualitätvolleren Fußböden geschmückt.

Während des Bürgerkriegs zwischen Caesar und Pompeius 46/45 v. Chr. spielte Corduba eine wichtige Rolle, was der Stadtentwicklung allerdings nur wenig zuträglich war. Nach der Schlacht von Munda 45 v. Chr. ließ Caesar die Stadt belagern und schließlich grausam zerstören, wobei sehr viele Einwohner den Tod gefunden haben sollen (angeblich 20000). Während der frühen Kaiserzeit erlebte Corduba eine neue Blütezeit, was nicht zuletzt darin zum Ausdruck kommt, daß das ummauerte Stadtgebiet (von knapp 60 ha) auf stattliche 78 ha erweitert wurde.

In Valentia wird die Existenz eines regelmäßigen Straßennetzes bereits in der Anfangszeit der Besiedlung vermutet. Es wurden verschiedene öffentliche Gebäude wie öffentliche Thermen, Tabernen (zu einem Forum gehörig?), vielleicht auch ein Horreum, sowie Überreste von privaten Wohnhäusern ausgegraben (Abb. 136). Auffälligerweise zeichnete sich eine Nekropole des städtischen Umfeldes durch die Anwendung von italischen Bestattungssitten aus: es handelt sich um Brandgräber, die Beigaben in Form von Importkeramik (Campana, Amphoren) und Strigiles (Körperschaber) enthielten. Nach der Zerstörung durch die Truppen des Pompeius während des Sertorius-Aufstandes scheint die Siedlungstätigkeit für einige Jahrzehnte unterbrochen gewesen zu sein, bis dann während der Regierungszeit des Augustus die Wiederbesiedlung einsetzte.

Die Reihe der Koloniegründungen des 2. Jhs. v. Chr. beschließen Palma und Pollentia (La Alcudia) auf den Balearen

(123/22 v. Chr.). Pollentia war eine mit Hilfe von 3000 vom Festland herübergeholten Siedlern errichtete latinische Kolonie.

Für die 1. Hälfte des 1. Jhs. liegen nur wenige konkrete Anhaltspunkte über Koloniegründungen vor. Offenbar verhinderte die innere Krise des römischen Staates das Betreiben einer konsequenten Siedlungspolitik. Siedlungsgründungen jener Zeit werden – mit jeweils unterschiedlich stichhaltigen Gründen – in Ilerda/Lérida, Caecilia Metellinum/Medellín und Pompaelo/Pamplona, letztere durch Pompeius, vermutet.

Die am besten untersuchten Beispiele für das zweite Entwicklungsmodell, die Umwandlung von bestehenden Siedlungen, stellen derzeit Emporiae und Tarraco dar. In Emporiae, wo die römische Stadt direkt an die griechische Kolonie angrenzte, haben geophysikalische Messungen der letzten Zeit ergeben, daß die gesamte, von einer massiven Umwehrung umgebene Innenfläche der römischen Stadt in *insulae* (1 x 2 *actus*) aufgeteilt war. Wohl gegen Ende des 2. Jh. v. Chr. wurde das Forum der Stadt erbaut. Es war eine zunächst eher bescheidene Anlage, die bezeichnenderweise ihre volle Monumentalisierung erst zu Beginn der römischen Kaiserzeit erfuhr (Abb. 137).

Tarraco wurde auf einer Hochfläche über dem Meer anstelle einer vorhandenen iberischen Siedlung angelegt und bereits gegen Ende des 3. Jhs. v. Chr. mit einer Stadtmauer umgeben, die während der 2. Hälfte des 2. Jhs. v. Chr. bis zum Hafen hinunter verlängert wurde, wobei auch hier die Innenfläche systematisch vermessen war (1 x 2 *actus*).

Allen bisher ausführlicher vorgestellten Stadtanlagen, sowohl den Siedlungen mit einheimischen Vorläufern als auch den vollständigen Neugründungen, scheint gemeinsam zu sein, daß man von städtischen Gemeinwesen im römischen Sinne erst ab dem Ende des 2. Jhs. v. Chr. sprechen kann, während die monumentale Ausgestaltung des Stadtbildes erst noch später nachzuweisen ist. Offenbar erst zu diesem Zeitpunkt hatte sich eine lokale Führungsschicht wohlhabender Familien herausgebildet, die über ein eigenes Selbstbewußtsein verfügte, das auf eine konsequente Darstellung nach außen drängte. In diesen Zusammenhang fügt sich die Beobachtung ein, daß lateinische Inschriften in den städtischen Zentren der Hispania citerior selten vor der Mitte bzw. der 2. Hälfte des 1. Jhs. v. Chr. vorkommen und offenkundig auf Emporiae, Tarraco, Saguntum und Carthago Nova beschränkt bleiben, während sie in der Hispania ulterior in diesem Zeitraum sogar ganz zu fehlen scheinen. Dabei handelt es sich um offizielle Inschriften, die von Provinzstatthaltern gesetzt wurden und im Zusammenhang mit administrativen Aufgaben bei der Verwaltung und der Erschließung des Landes (z. B. Straßenbau) stehen. Die für die Kaiserzeit so typischen Ehreninschriften und Grabinschriften dagegen fehlen.

Während zur Zeit der römischen Republik die Städtegründungen demnach eine punktuelle Erscheinung darstellen, erfolgt noch unter Caesar und verstärkt ab Augustus der systematische Aufbau eines Netzwerkes von Städten, das vor allem den Süden (Baetica) und den Osten des Landes betroffen hat.

Nach dem Zeugnis des Strabo (3,2,14) verwendeten bereits gegen Ende der Republik die Bewohner des Baetistales (Guadalquivir) ihre einheimische Sprache nicht mehr.

Abb. 137 Ampurias. Übersichtsplan des Forum der römischen Stadt. Schwarz: Truppenlager (Praesidium) von 195 v. Chr. Ocker: Wende 2./1. Jh. v. Chr. Blau: Augusteische Zeit. Die nachträgliche aufwendige Monumentalisierung des gesamten Gebäudekomplexes ist klar zu erkennen.

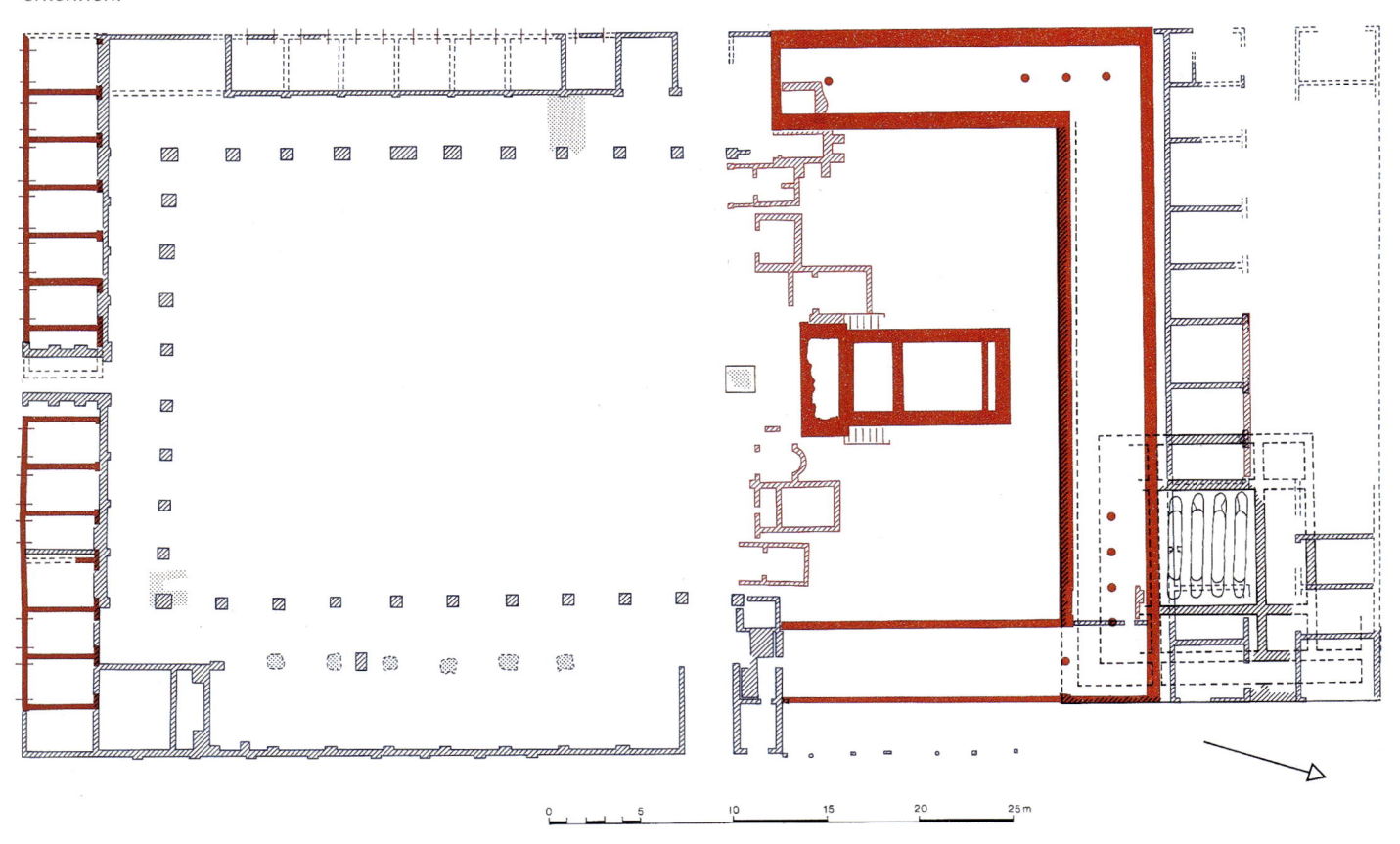

ZUSAMMENFASSUNG

Für Rom standen auf der Iberischen Halbinsel während der ersten Jahrzehnte die Auseinandersetzungen mit Karthago im Vordergrund. Man drang auf die Beseitigung der karthagischen Machtbasis und die Vernichtung seiner Ressourcen.

Erst später scheint als weiteres Interessenfeld der Abbau der reichen Bodenschätze hinzugekommen zu sein. Dieser erwies sich als höchst lukrativ und stellte schließlich das Hauptmotiv für das römische Verbleiben im Lande auch nach dem Friedensschluß mit Karthago 201 v. Chr. dar.

Das Fehlen natürlicher Grenzen, die Abenteuerlust und Raubgier einheimischer Stämme, aber auch die innenpolitisch motivierte Profilierungssucht einzelner römischer Generäle führten dazu, daß sich Rom immer unaufhaltsamer in die Konflikte der Iberischen Halbinsel verstrickte und bald keinen anderen Ausweg mehr sah, als den einmal eingeschlagenen Weg der Okkupation zu Ende zu führen.

Die wichtigsten Etappen bis zur vollständigen Unterwerfung der Iberischen Halbinsel, die wechselvollen Ereignisse, aber auch die häufig damit verbundenen übermenschlichen Strapazen, die Unerbittlichkeit und der Fanatismus, welche die Auseinandersetzungen prägten, sind im vorliegenden Band nachgezeichnet worden.

Nicht zuletzt für die römische Sozialgeschichte ist die Eroberung der Iberischen Halbinsel von allergrößter Bedeutung. Während Rom sich in anderen Gebieten mit der Entsendung von *ad hoc*-aufgestellten Truppenverbänden bzw. mit Hilfeleistungen von einheimischen Verbündeten begnügte, kam es dort als unmittelbare Folge der unablässigen, einfach nicht enden wollenden Konflikte erstmalig zum Aufbau eines quasi ständigen Provinzialheeres. Dies hatte gravierende Auswirkungen auf die weitere innere Entwicklung des Imperium Romanum, die über die Ausbildung des Berufsheeres, was einen enormen Machtzuwachs für einzelne Heerführer bedeutete, und die Bürgerkriege des 1. Jhs. v. Chr. schließlich in der Errichtung des Prinzipats durch Augustus einmündete.

ANHANG

Literatur

Antike Quellen

A. Schulten / L. Pericot / P. Bosch-Gimpera / R. Rubio / R. Grosse, *Fontes Hispaniae Antiquae*, 9 Bände (1922–1959).

Überblicksdarstellungen

A. Tovar / J. M. Blázquez, *Forschungsbericht zur Geschichte des römischen Hispanien*, in: Aufstieg und Niedergang der römischen Welt II 3 (1975) 429 ff.
R. C. Knapp, *Aspects of the Roman Experience in Iberia, 206–100 B. C.* Hispania Antiqua Anejos 9 (1977).
J. M. Blázquez u. a., *Hispania Romana. Historia de España Antigua* II (1978).
J. Richardson, *Hispaniae. Spain and the Development of Roman Imperialism, 218–82 BC* (1986).
L. Suarez Fernández (Hrsg.), *De la protohistoria a la conquista romana. Historia General de España y América* 1,2 (1987), bes. die Beiträge von A. Lozano Velilla, *Conquista de España por Roma*, 385 ff.
M. Bendala Galán, *La cultura en la Hispana romano-republicana*, ebd. 569 ff.
L. Abad Casal, *La cultura material y el arte romano-republicano en Hispania*, ebd. 595 ff.
J. de Alarcão, *Roman Portugal* (1988).
L. A. Curchin, *Roman Spain. Conquest and assimiliation* (1991).
A. Morillo Cerdán, *Fortificaciones Campamentales de Época Romana en España*, in: Archivo Español de Arqueología 64 (1991) 135 ff.
M. Almagro Gorbea / G. Ruiz Zapatero (Hrsg.), *La Paleoetnologia de la Peninsula Ibérica* (1992).
W. Trillmich u. a., *Denkmäler der Römerzeit. Hispania Antiqua* (1993), bes. die Beiträge von M. Koch, 1 ff., W. Trillmich, 41 ff., M. Blech, 71 ff.
M. Salinas de Frías, *El Gobierno de las Provincias Hispanas durante la República Romana (218–27 A.C.)*, in: Acta Salmanticensia. Estudios históricos y geográficos 96 (1995).
M. C. Fernandez Castro, *Iberia in Prehistory* (1995).
M. Salinas de Frías, *Conquista y Romanización de Celtiberia*, in: Acta Salmanticensia. Estud. hist. y geogr. 50 (²1996).
J. de Francisco Martín, *Conquista y Romanización de Lusitania*, in: Acta Salmanticensia. Estudios históricos y geográficos 58 (²1996).
J. S. Richardson, *The Romans in Spain* (1996).
Los Finisterres Atlánticos en la Antigüedad (Época prerromana y romana), in: Koll. Internat. Gijon 1995 (1996).
J. Arce / S. Ensoli / E. La Rocca (Hrsg.), *Hispania Romana. Desde tierra de conquista a provincia del imperio*, Ausstellungskatalog Rom (1997).
La guerra en la antigüedad. Una aproximación al origen de los ejércitos en Hispania, Ausstellungskatalog Madrid (1997).
M. Luik, *Die römischen Militäranlagen der Iberischen Halbinsel von der Zeit der Republik bis zum Ausgang des Prinzipats*, in: Jahrbücher des Römisch-Germanischen Zentralmuseums 44 (1997) 213 ff.
P. Barceló u. a., in: *Der Neue Pauly* 5 (1998) s. v. Hispania, Iberia, Sp. 618 ff.
M. Blech, in: *Der Neue Pauly* 10 (2001) s. v. Pyrenäenhalbinsel, Sp. 625 ff.
S. Keay / N. Terrenato (Hrsg.), *Italy and the West. Comparative Issues in Romanization* (2001), bes. die Beiträge von S. Keay, *Romanization and the Hispaniae*, 117 ff. bzw. M. Castro López / L. Gutiérrez Soler, *Conquest and Romanization of the upper Guadalquivir valley*, 145 ff.
M. Blech / M. Koch / M. Kunst, *Denkmäler der Frühzeit. Hispania Antiqua* (2001).
M. Almagro / O. Arteaga / M. Blech / D. Ruiz Mata / H. Schubart, *Protohistoria de la Península Ibérica* (2001).
M. Luik, *Militaria in städtischen Siedlungen der Iberischen Halbinsel*, in: Jahresbericht der Gesellschaft Pro Vindonissa (2001) 97–104.
K. Bringmann, *Geschichte der römischen Republik. Von den Anfängen bis Augustus* (2002).
S. Keay, *Recent archaeological work in Roman Iberia (1990–2002)*, in: Journal of Roman Studies 93 (2003) 146–211.

Spezialuntersuchungen

Phönizier/Punier

J. M. Blázquez, *La expansión cartaginesa, Colonización cartaginesa en la Península Ibérica*, in: Ders. u. a., Historía de España Antigua 1: Protohistoria (1980) 389 ff.
W. Huss, *Geschichte der Karthager*, in: Handbuch der Altertumswissenschaft III 8 (1985).
D. Ruiz Mata, *La colonizacíon fenicia en la peninsula ibérica*, in: Suarez Fernández (s. o.), 31 ff.
M. Bendala Galán, *Los cartagineses en España*, ebd. 115 ff.
P. Barceló, *Karthago und die iberische Halbinsel vor den Barkiden*, in: Antiquitas 1,37 (1988).
E. Lipiński (Hrsg.), *Dictionnaire de la civilisation phénicienne et punique* (1992).
W. Ameling, *Karthago. Studien zu Militär, Staat und Gesellschaft*, in: Vestigia 45 (1993).
M. E. Aubet, *Tiro y las colonias fenicias de occidente* (²1994).
S. Lancel, *Carthage* (1995).
V. Krings (Hrsg.), *La civilisation phénicienne et punique*, in: Handbuch der Orientalistik I 20 (1995).
M. Koch, *Hispanien und Karthago in vorbarkidischer Zeit*, in: Madrider Mitteilungen 41 (2000) 162 ff.
H. G. Niemeyer / W. Röllig / W. Eder, in: *Der Neue Pauly* 9 (2000) s. v. Phönizier/Punier 911 ff.

Iberer

P. Rouillard, *Les Fortifications Préromaines de l'Aire Ibérique*, in: P. Leriche / H. Tréziny (Hrsg.), La Fortfification dans l'Histoire du Monde Grec, in: Actes du Colloque Internat. Valbonne 1982 (1986) 213 ff.
F. Quesada Sanz, *El Armamento ibérico. Estudio tipológico, geográfico, funcional, social y simbólico de las armas en la Cultura ibérica (siglos V–VI a.C.)*, in: Monographies Instrumentum 3 (1997).
M. Díaz-Andreu / S. Keay (Hrsg.), *The Archaeology of Iberia* (1997).
Die Iberer, Ausstellungskatalog Bonn (1998).
P. Moret / F. Quesada Sanz (Hrsg.), *La guerra en el mundo ibérico y celtibérico*, in: Seminario Madrid 1996 (2002).

Griechen

J. Arce, *Colonización griega en España: algunas consideraciones metodológicas*, in: Archivo Español de Arqueología 52 (1979) 105 ff.
J. Boardman, *Kolonien und Handel der Griechen* (1981).
W. Kimmig, *Die griechische Kolonisation im westlichen Mittelmeergebiet und ihre Wirkung auf die Landschaften des westlichen Mitteleuropa*, in: Jahrbuch des Römisch-Germanischen Zentralmuseums 30 (1983) 5 ff.
J. Pérez Ballester, *La colonización griega*, in: Suarez Fernández (s. o.), 93 ff.
H. G. Niemeyer, *Die Griechen und die Iberische Halbinsel. Zur historischen Deutung der archäologischen Zeugnisse*, in: Hamburger Beiträge zur Archäologie 15–17 (1988/90) 269.
P. Cabrera Bonet / C. Sánchez (Hrsg.), *Els Grecs a Iberia. Segunt les passes d'Heracles* (2000).

Kelten, Keltiberer

W. Schüle, *Die Meseta-Kulturen*, in: Madrider Forschungen 3 (1969).
M. Lenerz-de Wilde, *Iberia Celtica. Archäologische Zeugnisse keltischer Kultur auf der Pyrenäenhalbinsel* (1991).
L. Berrocal-Rangel, *Los Pueblos Célticos del suroeste de la Península Ibérica*, in: Complutum Extra 2 (1992).
R. Martín Valls / A. Esparza, *Génesis y evolución de la Cultura Celtibérica*, in: M. Almagro Gorbea / G. Ruiz Zapatero (Hrsg.), Paleoetnologia de la Península Ibérica (1992) 259 ff.
M. Almagro-Gorbea (Hrsg), *Los Celtas: Hispania y Europa* (1993).
A. J. Lorrio, *Los Celtíberos*, in: Complutum Extra 7 (1997).
F. Burillo Mozota, *Los Celtíberos. Etnias y estados* (1998).

Vorgeschichte und Verlauf des 2. Punischen Krieges

Außer den genannten Literaturzitaten zu den Phöniziern/Puniern
J. F. Lazenby, *Hannibal's War. A military history of the 2nd Punic war* (1978).
P. Guérin / H. Bonet / C. Mata, *La deuxième guerre punique dans l'est ibérique à travers les données archéologiques*, in: Studia Phoenicia 10 (1989) 193–204.
J. Seibert, *Hannibal* (1993).
Ders., *Forschungen zu Hannibal* (1993).
S. Lancel, *Carthage* (1995).
Y. Le Bohec, *Histoire militaire des guerres puniques* (1996).
P. Barceló, *Rom und Hispanien vor Ausbruch des 2. Punischen Krieges*, in: Hermes 124 (1996) 45 ff.

Anhang

S. Lancel, *Hannibal* (1998).
P. Barceló, *Hannibal* (1998).
J.-M. Roddaz, *Les Scipions et l'Hispanie*, in: *Revue Études Anciennes* 100 (1998) 341 ff.
N. Bagnall, *The Punic Wars. Rome, Carthage and the struggle for the mediterranean* (1999).
K.-H. Schwarte, *Publius Cornelius Scipio Africanus der Ältere – Eroberer zwischen West und Ost*, in: K.-J. Hölkeskamp / E. Stein-Hölkeskamp (Hrsg.), *Von Romulus zu Augustus. Große Gestalten der römischen Republik* (2000) 106 ff.
B. Costa / J. H. Fernández (Hrsg.), *La Segunda Guerra Púnica en Iberia*, in: *XIII Jornadas de Arqueología Fenicio-Púnica Eivissa 1998* (2000).

Cato

A. Schulten, *Die Keltiberer und ihre Kriege mit Rom*, in: *Numantia* I (1914).
A. Astin, *Cato the Censor* (1978).
R. C. Knapp, *Cato in Spain: 195/194 B.C.: Chronology and Geography*, in: C. Deroux (Hrsg), *Studies in Latin Literature and Roman History II. Collection Latomus* 168 (1978) 21 ff.
J. M. Nolla, *La campanya de M. P. Cato a Empúries el 195 A.C. Algunes consideracions*, in: *Revista de Girona* 108 (1984) 150 ff.
J. de Arbulo Bayona, *Los inicios de la romanización en occidente: los casos de Emporion y Tarraco*, in: *Athenaeum Neue Folge* 69 (1991) 459 ff.
W. Kierdorf, in: *Der Neue Pauly* 2 (1997) s. v. Porcius Cato, 1033 ff.
H.-J. Gehrke, *Marcus Porcius Cato Censorius – ein Bild von einem Römer*, in: Hölkeskamp / Stein-Hölkeskamp (s. o.) 147 ff.

«Numantinische Kriege»

A. Schulten, *Numantia* I–IV (1927–1931).
Ders., *Geschichte von Numantia* (1933).
H. Simon, *Roms Kriege in Spanien 154–133 v. Chr.*, in: *Frankfurter Wissenschaftliche Beiträge, Kulturwissenschaftliche Reihe* 11 (1962).
Ö. Wikander, *Hostilius Mancinus and the foedus Numantinum. Opuscula Romana* 11 (1976) 85 ff.
H.-J. Hildebrandt, *Die Römerlager von Numantia. Datierung anhand der Münzfunde*, in: *Madrider Mitteilungen* 20 (1979) 238 ff.
M. V. Romero Carnicero, *La romanización en la provincia de Soria*, in: *II. Symposium de arqueología Soriana. Kolloquium Soria 1989* (1992) 699 ff.
A. Jimeno Martínez / A. M. Martín Bravo, *Estratigrafía y numismática: Numancia y los campamentos*, in: M. P. García-Bellido / R. M. Sobral Centeno (Hrsg.), *La moneda hispánica. Ciudad y territorio*, in: *Actas I. Encuentro peninsular numismática antigua Madrid 1994. Archivo Español de Arqueología Anejos* 14 (1995) 179 ff.
J. Pamment Salvatore, *Roman Republican Castrametation. A reappraisal of historical and archaeological sources*, in: *British Archaeological Reports, International Series* 630 (1996).
J. González, *P. Cornelius Scipio Aemilianus et Aetoli*, in: *Athenaeum* 84 (1996) 143–156.
P. Nadig, in: *Der Neue Pauly* 5 (1998) s. v. Hostilius Mancinus, 746 f.
M. Zahrnt, *Publius Cornelius Scipio Aemilianus – der intrigante Enkel*, in: Hölkeskamp / Stein-Hölkeskamp (s. o.) 159 ff.
M. Luik, *Die Funde aus den römischen Lagern um Numantia im Römisch-Germanischen Zentralmuseum*, in: *Kataloge vor- u. frühgeschichtlicher Altertümer* 31 (2002).
A. Jimeno Martínez, *Numancia: Campamentos romanos y cerco de Escipión*, in: *Archivo Español de Arqueología* 75 (2002) 159–176.
F. Morales Hernández, *La circunvalación escipionica de Numancia: viejos y nuevos datos para una interpretación*, in: Morillo Cerdán 2002 (s. o) 283 ff.

Viriatus

H. G. Gundel, in: *RE* IX A 1 (1961) s. v. Viriatus, 203 ff.
Ders., *Probleme der römischen Kampfführung gegen Viriatus*, in: *Legio VII Gemina* (1970) 109 ff.
Z. W. Rubinsohn, *The Viriatic war and its Roman repercussions*, in: *Rivista di Storica Antichità* 11 (1981) 161 ff.
N. Santos Yanguas / M. del P. Montero Honorato, *Viriato y las guerras lusitanas*, in: *Bracara Augusta* 37 (1983) 153 ff.
R. Lopez Melero, *Viriatus Hispaniae Romulus*, in: *Espacio, Tiempo y Forma* II 1 (1988) 247 ff.
T. C. Brennan, *Notes on praetors in Spain in the mid-second century B.C.*, in: *Emerita* 65 (1995) 47 ff.
Th. Grünewald, *Räuber, Rebellen, Rivalen, Rächer. Forschungen zur antiken Sklaverei* (1999) 49 ff.
D. Rohmann, in: *Der Neue Pauly* 12/2 (2002) s. v. Viriatus, Sp. 244.

Sertorius

A. Schulten, *Sertorius* (1926).
H. Berve, *Sertorius*, in: *Hermes* 64 (1929) 199 ff.
B. Scardigli, *Sertorio: problemi chronologici*, in: *Athenaeum Neue Folge* 49 (1971) 229 ff.
G. Ulbert, *Cáceres el Viejo. Ein spätrepublikanisches Legionslager in Spanisch-Extremadura*, in: *Madrider Beiträge* 11 (1984).
M. Gelzer, *Pompeius* (1984).
Ph. O. Spann, *Quintus Sertorius and the Legacy of Sulla* (1987).
F. Beltrán Lloris, *La «pietas» de Sertorio*, in: *Gerión* 8 (1990) 211–226.
F. García Morá, *Un episodio de la Hispania republicana: La guerra de Sertorio* (1991).
G. Wylie, *The Genius and the Sergeant: Sertorius versus Pompey*, in: C. Deroux (Hrsg.), *Studies in Latin Literature and Roman History* VI. *Collection. Latomus* 217 (1992) 145 ff.
F. García Morá, *Sertorio frente a Metelo (79–78 a. C.)*, in: *Actas del II. Congresso Peninsular de História Antiga Coimbra 1990* (1993) 375 ff.
R. v. Haehling, *Sertorius – Restitutor oder Verräter Roms? Zur Ambivalenz historischer Wertung*, in: Kh. Dietz / D. Hennig / H. Kaletsch (Hrsg.), *Klassisches Altertum, Spätantike und frühes Christentum. A. Lippold zum 65. Geburtstag gewidmet* (1993) 147–161.
J. Arce, *Los trofeos de Pompeyo «in Pyrenaei iugis»*, in: *Archivo Español Arqueología* 67 (1994) 261 ff.
C. F. Konrad, *Plutarch's Sertorius. A Historical Commentary* (1994).
Ders., *Segovia and Segontia*, in: *Historia* 43 (1994) 440 ff.
Ders., *A new chronology of the Sertorian war*, in: *Athenaeum* 83 (1995) 157 ff.
A. Ribera i Lacomba, *La primera evidencia arqueológica de la destrucción de Valentia por Pompeyo*, in: *Journal of Roman Archeology* 8 (1995) 19 ff.
Ph. O. Spann, *The Lauro of the Sertorian war: where was it?*, in: *Athenaeum* 85 (1997) 603–611.
K.-L. Elvers, in: *Der Neue Pauly* 2 (1997) s. v. Caecilius Metellus Pius (I 31), 890 f.
F. Pina Polo / J. A. Pérez Casas, *El oppidum Castra Aelia y las campañas de Sertorius en los años 77–76 a.C.*, in: *Journal of Roman Archaeology* 11 (1998) 245 ff.
A. V. Ribera, *La fundació de Valencia. La ciutat a l'època rómanorepublicana (segles II–I A. de C.)*, in: *Estudis Universitais* 71 (1998) bes. 160 ff. (zur Zerstörung der Stadt durch Pompeius).
W. Dahlheim, *Gnaeus Pompeius Magnus – «immer der erste zu sein und die anderen überragend»*, in: Hölkeskamp / Stein-Hölkeskamp (s. o.) 230 ff.
I. König, *Q. Sertorius. Ein Kapitel des frühen römischen Bürgerkriegs*, in: *Klio* 82 (2000) 441–458.
W. Will, in: *Der Neue Pauly* 10 (2001) s. v. Pompeius Magnus (I 3) 99 ff.
K.-L. Elvers, in: *Der Neue Pauly* 11 (2001) s. v. Sertorius, 459 f.
Luik 2002 (s. o.)
K. Christ, *Sulla. Eine römische Karriere* (2002).
A. Gómez Pantoja / F. Morales Hernández, *Sertorio en Numancia: una nota sobre los campamentos de la Gran Atalaya*, in: Morales (s. o., 2002) 303 ff.
M. Luik, *Die römischen Lager bei Renieblas, Prov. Soria (Spanien). Ergebnisse der Vermessungskampagnen 1997–2000*, in: Ph. Freeman / J. Bennett / Z. T. Fiema / B. Hoffmann (Hrsg.), *Limes XVIII. Proceedings of the XVIIIth International Congress of Roman Frontier Studies Amman 2000*, in: *British Archaeological Reports, International Series* 1084 (2002) 771 ff.
K. Christ, *Pompeius. Der Feldherr Roms* (2004).

Caesar

R. Schulz, *Caesars Statthalterschaft in Spanien. Ein vergessenes Kapitel römischer Herrschaftspolitik in der späten Republik*, in: J. Spielvogel (Hrsg.), *Res publica reperta. Zur Verfassung und Gesellschaft der römischen Republik und des frühen Prinzipats. Festschrift J. Bleicken* (2002) 263 ff.

Revolte der Vakkäer 56 v. Chr.

L. Amela Valverde, *La sublevación vaccea del año 56 A.C.*, in: *Gallaecia* 21 (2002) 269 ff.

Bürgerkrieg zwischen Caesar und Pompejus

E. Gabba, *Aspetti della lotta in Spagna de Sesto Pompeo*, in: *Legio VII Gemina* (1970) 131 ff.
J. Harmand, *César et l'Espagne durant le second «bellum civile»*. Ebd. 181 ff.

Sextus Pompeius

L. Amela Valverde, *Las acuñaciones romanas de Sexto Pompeyo en Hispania*, in: *Archivo Español de Arqueología* 73 (2000) 105 ff.
B. J. Lowe, *Sextus Pompeius and Spain: 46–44 BC.*, in: A. Powell / K. Welch (Hrsg), *Sextus Pompeius* (2002) 65 ff.

Feldzüge des Augustus

A. Schulten, *Los Cántabros e Astures y su Guerra con Roma* (1943).
R. Syme, *The conquest of North-West Spain*, in: *Legio VII Gemina* (1970).
N. Diego Santos, *Die Integration Nord- und Nordwestspaniens als römische Provinz in der Reichspolitik des Augustus*, in: *Aufstieg und Niedergang der römischen Welt* II. 3 (1975) 523 ff.
R. F. J. Jones, *The Roman military occupation of north-west Spain*, in: *Journal of Roman Studies* 66 (1976) 45 ff.

Cántabros, Astures y Galaicos. Bimilenario de conquista romana del norte de Hispania (1982).
N. Santos Yanguas, *La conquista romana del N.O. de la Península Ibérica*, in: *Latomus* 41 (1982) 5 ff.
Astures. Pueblos y culturas en la frontera del imperio romano, Ausstellungskatalog Gijon (1995).
E. Peralta Labrador, *Arqueología de las Guerras cántabras. Un campo de batalla en las sierras de Iguña y de Toranzo*, in: *Revista de Arqueología* 198 (1997) 14 ff.
E. S. Ramage, *Augustus' Propaganda in Spain*, in: *Klio* 80 (1998) 434 ff.
J. Bleicken, *Augustus. Eine Biographie* (1999).
D. Kienast, *Augustus. Princeps und Monarch* 3 (1999) 322 ff. (jeweils zur Einordnung).
E. Peralta Labrador, *Los cántabros antes de Roma. Real Academia de Historia, Bibliotheca Archaeologica Hispana* 4 (2000).
E. Peralta Labrador, *Die augusteische Belagerung von La Espina del Gallego (Kantabrien, Spanien)*, in: *Germania* 79 (2001) 21 ff.
E. Peralta Labrador, *Los campamentos de las Guerras Cántabras de Toranzo, Iguña y Buelna (Cantabria)*, in: Morales (s. o. 2002) 327 ff.

Romanisierung

E. Ortiz de Urbina / J. Santos (Hrsg.), *Teoría y Práctica del ordenamiento municipal en Hispania*, in: *Actas del symposium de Vitoria-Gasteiz 1993. Veleia Anejos Serie Actas* 3 (1996).
C. Marín Jordá / A. Ribera Lacomba / S. Keay, *Romanization and the Hispaniae*, in: S. Keay / N. Terrenato (Hrsg.), *Italy and the West. Comparative Issues in Romanization* (2001) 117 ff.

Córdoba

P. León (Hrsg.), *Colonia Patricia Corduba. Una reflexión arqueológica* (1996).
A. Ventura u. a., *Roman Corduba in the light of recent archaeological research*, in: S. Keay (Hrsg.), *The Archaeology of Early Roman Baetica. Journal of Roman Archaeology Suppl.* 29 (1998) 87 ff.
S. Panzram, *Stadtbild und Elite: Tarraco, Corduba und Augusta Emerita zwischen Republik und Spätantike*, in: *Historia Einzelschriften* 161 (2002) 129 ff.
X. Dupré Raventos (Hrsg.), *Córdoba – Colonia Patricia Corduba*, in: *Las capitales provinciales de Hispania* 1 (2004).

Valencia

A. Ribera, *La fundació de Valencia a l'època romanorepublicana (segles II–I a. de C.)* (1998).
C. Marín Jordá / A. Ribera Lacomba, *Un caso precoz de edificio termal: Los baños republicanos de Valentia*, in: C. Fernández Ochoa / V. García Entero (Hrsg.), *Termas romanas en el Occidente del Imperio. Coloquio Internacional de Arqueología Gijon 1999* (2000) 151 ff.

Tarragona

Panzram (s. o.) 23 ff.
X. Dupré Raventos (Hrsg.), *Tarragona – Colonia Iulia Urbs Triumphalis Tarraco*, in: *Las capitales provinciales de Hispania* 3 (2004).

Bildnachweis

Abb. 1, 3, 30, 49, 53: W. Kiessling.
Abb. 2, 4, 9, 13, 14, 28, 39, 40, 42, 43, 50, 51, 56, 59–61, 70, 71, 74, 75, 77, 85, 86, 94, 97, 101, 105, 112–114, 116, 117, 125, 128, 129, 134: M. Luik.
Abb. 5: nach Die phönizisch-punische Welt, in: Der Neue Pauly, Enzyklopädie der Antike. Bd. 9: Or–Poi. Hrsg. v. H. Cancik und H. Schneider Sp. 932 f. © 2000 J. B. Metzlersche Verlagsbuchhandlung u. Carl Ernst Poeschel Verlag GmbH in Stuttgart.
Abb. 6: nach E. Lipiński (Hrsg.), Dictionnaire de la civilisation phenicienne et punique (1992) 19 Abb. 15.
Abb. 7, 29: © Paisajes Españoles S. A.
Abb. 8a, b: nach M. E. Aubet, Tiro y las colonias fenicias de occidente (²1994) 263 Abb. 63 d, a.
Abb. 10, 38, 48, 52, 91, 96, 104, 126, 127: nach M. Luik, Die römischen Militäranlagen der Iberischen Halbinsel von der Zeit der Republik bis zum Ausgang des Prinzipats, in: Jahrbuch des Römisch-Germanischen-Zentralmuseums 44 (1997) 216 Abb. 2; 219 Abb. 5; 217 Abb. 4; 222 Abb. 8; Taf. II, 2; 251 Taf. I.1; 251 Taf. 1.2; 236 Abb. 19; 237 Abb. 20; 241 Abb. 24.
Abb. 11, 19–21, 29, 89: nach M. Blech / M.Koch / M.Kunst, Denkmäler der Frühzeit. Hispania Antiqua (1993) Taf. 205b, Taf. 198, 177, 178a, 14; Taf. 226b.
Abb. 12, 27, 35, 46, 69, 108, 109: P. Palm, Berlin nach Vorlage des DAI Madrid.
Abb. 15, 106, 137: nach W. Trillmich u. a. (Hrsg.), Denkmäler der Römerzeit. Hispania Antiqua (1993) Farbtaf. 11; Taf. 23b; 252 Abb. 119.
Abb. 16, 72, 91, 96, 115: Luftbilder O. Braasch.
Abb. 17: nach A. J. Lorrio, Los Celtíberos, in: Complutum Extra 7 (1997) 106 Abb. 37.
Abb. 18, 79: nach M. Luik, Die Funde aus den römischen Lagern um Numantia im Römisch-Germanischen Zentralmuseum, in: Kataloge vor- und frühgeschichtlicher Altertümer 31 (2002) 32 Abb. 1; 4 Abb. 2.
Abb. 22–25, 34: nach H. H. Scullard, Scipio Africanus. Soldier and Politician (1970) Abb. 7–14; Abb. 1.
Abb. 26: nach S. Moscati, Die Karthager. Kultur und Religion einer antiken Seemacht (1996) 18.
Abb. 31, 100: nach J. Warry, Die Kriegskunst der Griechen und Römer (1980) 110; 134; Zeichnung I. Burns.
Abb. 32: © Florenz, Museo Archeologico.
Abb. 33, 120: nach J. A. García Castro / V. Antona del Val (Hrsg.), La Guerra en la antigüedad. Una aproximación al origen de los ejércitos en Hispania (1997) 311; 187.
Abb. 36: nach S. Ramallo u. a., in: Dialoghi di archeologia 10 (1992) 112 Abb. 5.
Abb. 37, 41: nach Kromayer/Veith, Schlachten-Atlas zur antiken Kriegsgeschichte (1922–29) Karte 8.
Abb. 44, 45, 63, 64: nach Hispania Romana. Da terra di conquista a provincia dell'Impero (1997) 330 Abb. 36; 332 Abb. 40, 334 Abb. 44; 335 Abb. 45.
Abb. 47, 88: © Photo RMN/Les frères Chuzeville; Daniel Arnaudet.
Abb. 54, 55: nach M. Almagro-Gorbea (Hrsg.), Los Celtas: Hispania y Europa (1993) 267 Abb. 6; 271 Abb. 7.
Abb. 56, 57, 90, 119: D. Müller.
Abb. 58: nach F. Burillo Mozota / J. A. Pérez Casas / M. L. de Sus Giménez, Los Celtiberos (1988) 37.
Abb. 62, 65–68: nach Celtas y Vettones. Ausstellungskatalog Ávila (2001) 230; 220; 221; 222; 225.
Abb. 73, 118: nach A. Schulten, Die Lager bei Renieblas, Numantia IV (1929) Planbeilagen II; XXI.
Abb. 76, 78, 92, 93, 95: nach A. Schulten, Die Lager des Scipio, Numantia III (1927) Planbeilagen I; V-VII 1; VIII 1-2; XI; XXIV-XXV, XXX.
Abb. 80: Junta de Castilla y León, Museo Numantino, Soria, Photo A. Plaza.
Abb. 81: nach A. J. Lorrio, Los Celtíberos, in Complutum Extra 7 (1997) 193 Abb. 79.
Abb. 82: nach H. G. Gundel, in: Legio VII gemina (1970) 130.
Abb. 83: Ph. Kalb/M. Höck.
Abb. 84: nach Th. Schattner (Hrsg.), Archäologischer Wegweiser durch Portugal (1998) 68 Abb. 30.
Abb. 87, 98: © Museo Nacional del Prado – Madrid.
Abb. 99: nach G. Lahusen, Die Bildmünzen der römischen Republik (1989) Taf. 1, 4.
Abb. 102, 103, 107: nach J. P. C. Kent / B. Overbeck / A. U. Stylow, Die römische Münze (1973) Taf. 14,52 u. 53; Taf. 20,77.
Abb. 110, 130: nach J. A. Ocharan Larrando / M. Unzueta Ortilla, in: A. Morillo Cerdán (Hrsg.), Arqueología Militar en Hispania, Gladius Anejos 5 (2002) 307 Abb. 2; 315 Abb. 2.
Abb. 111, 136: nach Journal of Roman Archaeology 8 (1995) 21 Abb. 1; 25 Abb. 5; «SIAM. Ajuntament de Valencia».
Abb. 121, 122: nach G. Delibes de Castro / A. Esparza Arroyo, Los tesoros preromanos de la Meseta Norte y la orfebreria Celtibérica, in: El oro en la España preromana. Revista de Arqueología, Sonderheft (1989) 109; 118; Photo M. A. Quintas.
Abb. 123: nach Arquivo Español de Arqueología 67 (1994) 268 Abb. 2.
Abb. 124: nach N. Santos Yanguas, La conquista del norte de Hispania, in: Latmos 41 (1982) 15 Abb. 47.
Abb. 131–133: nach Germania 79 (2001) 24 Abb. 2; 35 Abb. 10; 39 Abb. 14.
Abb. 135: nach S. Keay (Hrsg.), The Archaeology of Early Roman Baetica, Journal of Roman Archaeology Supplement 29 (1998) 90 Abb. 1.

Adresse des Autors

PD Dr. Martin Luik
Institut für Vor- und Frühgeschichtliche Archäologie
und Provinzialrömische Archäologie
der Ludwigs-Maximilians-Universität
Geschwister-Scholl-Platz 1
D-80539 München